本书是国家社科基金一般项目"民生保障的国家义务研究"(批准号：12BFX090)成果

社会权的
国家保护义务研究

邓炜辉 著

中国社会科学出版社

图书在版编目(CIP)数据

社会权的国家保护义务研究/邓炜辉著.—北京：中国社会科学出版社，2020.7

ISBN 978-7-5203-7176-6

Ⅰ.①社… Ⅱ.①邓… Ⅲ.①公民权—研究 Ⅳ.①D911.04

中国版本图书馆 CIP 数据核字（2020）第169218号

出 版 人	赵剑英
责任编辑	许　琳
责任校对	鲁　明
责任印制	郝美娜

出　　版	中国社会科学出版社
社　　址	北京鼓楼西大街甲158号
邮　　编	100720
网　　址	http://www.csspw.cn
发 行 部	010-84083685
门 市 部	010-84029450
经　　销	新华书店及其他书店
印　　刷	北京君升印刷有限公司
装　　订	廊坊市广阳区广增装订厂
版　　次	2020年7月第1版
印　　次	2020年7月第1次印刷
开　　本	710×1000　1/16
印　　张	17
字　　数	252千字
定　　价	98.00元

凡购买中国社会科学出版社图书，如有质量问题请与本社营销中心联系调换
电话：010-84083683
版权所有　侵权必究

序

当我们主张权利之时,除了试图进行防御以外,往往也会表达某种实质性的利益诉求。社会权利就属于后一种类型。当我们提出社会权利主张之时,其意旨并不是用它去要一种"说法",而是去获得某种生活状态的改善。那么,社会权利的关键问题就不是我们主张什么,而是对谁主张以及以何种理由去主张的问题。因为与防御性权利不同,社会权利不是摆脱控制而是寻求依托,所以,对谁去主张和依据何种理由去主张的问题一直是社会权利的难点和争点。

面对这一难点和争点,邓炜辉博士选中了一个支点——"社会权利—国家义务",并着力证成,力图把社会权利从各种修辞中解脱出来,着陆于现实。这一支点及其论证之所以是重要的,其实践意义不言自明,仅从理论而言,至少它回应了自由主义者对社会权利的某些微词。例如,在哈耶克看来,社会权利被称为实现一种平等的甚或更高的人格尊严为目的的基础性权利,它所要求的是"每个人本身被假设为有资格享受那些特定的利益,而至于谁应当有义务提供那些特定利益或者应当根据何种程序来提供那些利益的问题,它们没有给予任何提示。"哈耶克认为,把社会权利说成是对"社会"提出的要求,实是毫无意义的。因为"社会"不是一个组织,它不能思考、不能行动、不能评价、亦不能以某种特定的方式"对待"任何一个人。[①] 但是,如果社会权利不是被作为向社会诉求的一种权利,而是向国家主

---

① 参见哈耶克《法律、立法与自由》(第二、三卷),邓正来等译,中国大百科全书出版社2000年版,第183页。

张的一种公民权利，它要是被证成的话，可能就不是哈耶克所说的毫无意义。

在我们拥有基本人权之时，为何有社会权利的诉求？这不仅是因为人的需求的多元性可以解释的问题，而且还因为实际享有基本人权或政治性权利，往往需要社会权利提供基本的支持。德国的奥特弗利德·赫费曾揭示一个众所周知而又令人沮丧的现象：除了自卫以外，只要是杀死了他人，无论如何都是侵犯了人权。相反事实是，因为没有提供必要的食物和衣物而把人饿死或冻死了，却用不着对人权的侵犯承担任何责任。美国经济学家威廉·富兰克林·威洛比甚至武断地指出："历史告诉我们，取得政治平等势必会导致要求社会、经济的平等。因为下层阶级不久就会发现，如果他们不能将自己的物质条件提升至与社会其他成员相当的水平，政治权利方面的平等就是毫无意义的。"[①] 这些论述并非夸大了社会权利的重要性，而只是表明社会权利可能与基本人权或政治权利之间存在着相依相生的关系。正是因为社会权利在整个权利体系中具有如此功用，所以它才构成本书展开论证的基础。

本书的论证着力点并非是社会权利的正当性，而是社会权利对为何设定国家义务的支撑？在理论上，权利往往不能被义务证成。按照英国学者莫里斯·罗奇的说法，对义务的强调并不意味着它可以与权利分开，或者反过来说，对权利的强调也并不意味着它可以与义务分开。但"义务所包含的社会权利可能只是一个神话"[②]。然而，在实践中，有些被称为权利的事物却能被义务证实，它存在着，不管我们用什么样的称谓。况且，在制度中社会权利已经被认可，即使不是使用"社会权利"称谓，但它是我们所指的社会权利的那些事物。人们一般认为1848年《法国宪法》第一次把"社会权利"明定于宪法之中。但在该宪法中，作为社会权利的规定并不是十分明确，主要源于

[①] 转引自［美］哈罗德·D.拉斯韦尔、亚伯拉罕·卡普兰《权利与社会：一项政治研究的框架》，王菲易译，上海人民出版社2012年版，第218页。

[②] 参见氏著《重新思考公民身份：现代社会中的福利、意识形态和变迁》，吉林出版集团有限责任公司2010年版，第202页。

人们对此的一种推定。该宪法第13条规定："宪法保障公民的工作权利和经营自由。通过免费初级教育，职业教育，企业主和工人之间的关系平等，储蓄和信贷制度，农业制度，自愿联合，国家、省和市镇创办的适于雇佣无业者的公共工程，社会支持和鼓励工作的改善。社会救助被遗弃的孩子，以及无生活来源的残疾人和老人。"从其表述来看，关于公民扶持和救助的规定只是公民权利（即工作和营业自由）的保障性条款，而非权利性条款（即保障上的一些途径或举措而已）。不过，因为这些规定被置于该宪法"第二章宪法保障的公民权利"之下，往往被认定为"社会权利"。但自1919年德国《魏玛宪法》起，各国宪法逐渐把社会权利确认为公民的基本权利。这已经是不争的事实。

其实，人们对社会权利所形成的诸多疑虑甚至否定，更多的只是一种担忧，即社会权利可能引发权力的误用和滥用，个人自由会因此而丧失。但是，以国家义务支撑的社会权利，虽然放宽了政治权力的作用范围，却并不意味着解除它的锁链。同时，社会权利的特殊限制，也并不会毁损消极的自由价值。赫费说："社会权利只要具有自由功能的意义，从人权来说，它们就与消极的自由权利具有同样的价值。"[1] 如果像本书立足于社会权利是把国家权力责任化的一种策略，那么社会权利使人们从摆脱国家回到依托国家之后，并非丢失了自由。

汪太贤
2020年6月30日于南宁

---

[1] ［德］奥特弗利德·赫费：《全球化时代的民主》，庞学铨等译，上海译文出版社2014年版，第61页。

目 录

绪 论 ………………………………………………………… (1)
  第一节　选题来源与意义 ………………………………… (1)
    一　选题来源 …………………………………………… (1)
    二　选题价值与意义 …………………………………… (2)
  第二节　文献综述 ………………………………………… (4)
    一　"社会权"研究现状 ……………………………… (4)
    二　"国家保护义务"研究现状 ……………………… (7)
  第三节　研究思路与方法 ………………………………… (8)
    一　研究思路 …………………………………………… (8)
    二　研究方法 …………………………………………… (11)

第一章　社会权：权利谱系的现代性变革 ……………… (13)
  第一节　社会权的概念 …………………………………… (13)
    一　社会权概念的确定 ………………………………… (13)
    二　社会权概念的界定 ………………………………… (15)
    三　社会权的外延谱系 ………………………………… (26)
  第二节　社会权思想的历史演进 ………………………… (33)
    一　近代以前社会权思想的萌芽 ……………………… (33)
    二　近代时期社会权思想的形成 ……………………… (36)
    三　现代时期社会权思想的发展 ……………………… (40)
  第三节　社会权的规范效力 ……………………………… (48)

一　德日学界对社会权宪法效力的探讨 …………………… (49)
　　二　社会权规范效力的整体模型 …………………………… (51)
　　三　中国社会权效力的宪法规范分析：以社会保障
　　　　为例 ………………………………………………………… (53)

第二章　国家保护义务：社会权保障的根本径路 ……………… (56)
　第一节　国家保护义务理论之缘起 ………………………………… (56)
　　一　国家义务理论中的"保护义务"概念 ………………… (56)
　　二　德国"国家保护义务"理论的起源：以自由权
　　　　为核心 …………………………………………………… (59)
　第二节　社会权国家保护义务的理论证成 ………………………… (63)
　　一　人性尊严：社会权与国家保护义务的内在关联 ……… (63)
　　二　国家任务"位移"：国家社会权保护义务的现实
　　　　渊源 ………………………………………………………… (73)
　　三　"客观价值秩序"：社会权国家保护义务的规范
　　　　证成 ………………………………………………………… (75)
　第三节　社会权国家保护义务的体系结构 ………………………… (78)
　　一　基础性结构：作为客观法的社会权国家保护义务
　　　　体系 ………………………………………………………… (78)
　　二　派生性结构：作为主观权利的社会权国家保护义务
　　　　体系 ………………………………………………………… (82)
　　三　小结 ……………………………………………………… (86)
　第四节　国家对社会权保护义务的责任分担 ……………………… (88)
　　一　"宪法委托"：立法权在社会权保护义务中的责任
　　　　分担 ………………………………………………………… (88)
　　二　警察行政：行政权在社会权保护义务中的责任分担 … (91)
　　三　权利救济：司法权在社会权保护义务中的责任分担 … (94)

第三章　社会权立宪保护义务的比较 ……………………………… (99)
　第一节　劳动权之立宪保护义务的比较 …………………………… (99)

一　世界各国劳动权立宪保护义务的整体性特征 …………（100）
　　二　中外劳动权立宪保护义务的比较 ………………………（111）
第二节　社会保障之立宪保护义务的比较 ……………………（115）
　　一　世界各国社会保障立宪保护义务的整体性特征 ………（115）
　　二　中外社会保障之立宪保护义务的比较 …………………（127）
第三节　受教育权之立宪保护义务的比较 ……………………（136）
　　一　世界各国受教育权立宪保护义务的整体性特征 ………（137）
　　二　中外受教育权立宪保护义务的比较分析 ………………（148）

第四章　宪法委托：社会权国家保护义务的立法履行 …………（152）
第一节　宪法委托：社会权实现的总体策略 …………………（152）
　　一　"宪法委托"理论在德国的兴起 …………………………（152）
　　二　宪法委托的主要类型及其拘束力 ………………………（154）
　　三　社会权实现：以"宪法委托"为中心 ……………………（155）
第二节　社会权宪法委托义务的立法履行：以受教育权
　　　　为例 ……………………………………………………（160）
　　一　中外受教育权"宪法委托"义务的履行状况 ……………（161）
　　二　上述国家受教育权立法履行状况的比较 ………………（173）
　　三　国家履行社会权立法保护义务的总体态势 ……………（181）
第三节　立法不作为：国家对社会权宪法委托义务之
　　　　消极怠惰 ………………………………………………（183）
　　一　行政立法不作为：国家对社会权立法怠惰的主要
　　　　领域 ……………………………………………………（183）
　　二　社会权行政立法不作为的评判标准 ……………………（184）
　　三　问责制：社会权授权行政立法不作为之控制 …………（189）

第五章　可诉性：社会权国家保护义务的司法实施 ……………（192）
第一节　司法义务：社会权可诉性的理论证成 ………………（192）
　　一　人权的可诉性概念释义 …………………………………（192）
　　二　国际社会关于社会权可诉性的主要论争 ………………（194）

  三　社会权可诉性及其限度的学理证成 ………………（198）
第二节　社会权可诉性的司宪保护 …………………………（203）
  一　域外国家社会权司宪保护的模式与策略 …………（203）
  二　中国社会权司法保护的理论争论与问题 …………（213）
第三节　社会权可诉性的法律适用：以中国为例 ……………（222）
  一　我国受教育权的法律适用状况分析 ………………（222）
  二　我国劳动权的法律适用状况分析 …………………（229）
  三　我国社会保障权的法律适用状况分析 ……………（232）

结　论 ……………………………………………………………（242）

参考文献 …………………………………………………………（247）

后　记 ……………………………………………………………（261）

绪　　论

第一节　选题来源与意义

一　选题来源

自 2004 年宪法修正案明确规定"国家尊重和保障人权""国家建立健全同经济发展水平相适应的社会保障制度"以来，着力保障和改善民生，已经成为"当代中国政治语境下建构和谐社会，改革成果共享的重要方略"。[①] 若从宪法学视角观之，民生保障通常已被转换成为一套权利话语体系加以探讨。虽然目前学界对民生所对应基本人权谱系仍存在一定争议，例如，有学者将其理解为"社会经济权利"，[②] 也有学者将其理解为"生存权和发展权等"，但不论对其作何种理解，其事实上都无法回避将社会权作为其保障的核心内容。正是因为此，本书认为对社会权加以研究，从现实中乃是基于对民生问题的法治考量，从根本上则是对人的主体性价值以及尊严的尊重与关切。

既然已将社会权确定为本书的研究对象，那采取何种范式对其加以研究则是本书首先需要考虑的问题。从传统研究范式来看，学界对于权利话语的研究，多是偏重于对权利本身的正当性加以证成，或借助于国家权力理论（不管是限权还是控权理论）对其保障问题进行探讨。而事实上，我们知道虽然公民权利的保障离不开国家权力，但正

[①] 付子堂、常安：《民生法治论》，《中国法学》2009 年第 6 期。
[②] 参见郑磊《民生问题的宪法权利之维》，载柳华文《经济、社会和文化权利可诉性研究》，中国社会科学出版社 2008 年版，第 228 页。

如孟德斯鸠所言："一切有权力的人都容易滥用权力"，[①] 国家权力出于其自身的利益需求，若不受限制则往往对于公民权利的保障会适得其反。如是，如何限制国家权力则显然已经成为制约权利研究继续深入的关键瓶颈。

好在近年来，陆续有学者开始在此方面进行了新的尝试，其研究成果亦不断得到学界同仁的广泛认可。具体来说，他们认为在公民权利保障过程中，事实上乃存在着三个核心概念，即公民权利、国家权力和国家义务。它们之间存在如下关系，即是"国家义务直接源自于公民权利，公民权利直接决定国家义务，而国家权力只有通过国家义务的中介才能与公民权利发生关系"。[②] 在本书笔者也持此种看法，即我们认为国家义务作为公民权利的根本保障，若从国家义务维度探讨公民权利的保障问题，比单纯的"权利本位"视角应当更具有建设意义。也正是基于此种考虑，笔者认为对社会权保障的研究，必须坚持"基本权利—国家义务"、而非"基本权利—国家权力"的分析框架。

在解决社会权研究范式的基础上，我们综合考虑社会权的权利与国家义务特性，即从权利维度看，虽然社会权同时具有消极和积极属性，但毫无疑问其权利的侧重点乃在于其积极属性部分，由上述权利属性所决定，其所对应的国家义务亦主要系以积极义务为主。通常认为此种积极义务，亦可作广义的保护义务理解。也正是因为此，笔者认为对社会权的研究，应当重点探讨其侧重点、特殊点，即国家保护义务部分。

综上，本书笔者正是基于如上多方面的考虑，进而最终将论题确定为"社会权的国家保护义务研究"。在本书，笔者的所有论述也是仅仅围绕"国家对社会权负有保护义务"这一核心论点而展开。

二 选题价值与意义

如上文开篇所述，选择社会权作为本书的研究对象，主要系出于

[①] ［法］孟德斯鸠：《论法的精神》，张雁深译，商务印书馆1990年版，第225页。
[②] 龚向和：《国家义务是公民权利的根本保障——国家与公民关系新视角》，载《法律科学》2010年第4期。持此种观点的代表性学者还有蒋银华等，例如他认为："国家义务是全面实现公民权利的逻辑前提，国家义务是有效制约国家权力的锐利武器。"可参见蒋银华《国家义务论——以人权保障为视角》，中国政法大学出版社2012年版，第1页。

对民生问题的考量，以及对人性尊严的尊重与关切。在社会转型时期的中国，虽然各种利益和矛盾集中彰显，但总体说来，多数的社会问题仍主要系集中在社会权保障领域，如就业、教育、医疗、社会保障等方面。从某种意义上说，解决好社会权保障问题，对于整个社会的稳定与可持续发展都具有举足轻重的作用。具体至本书，笔者认为至少具有以下方面的正面价值：

第一，宣传价值。由于传统的权利研究范式主要是凸显国家权力，而单纯的国家权力不仅容易滋生权力滥用等腐败问题，同时对其过于强调还容易激起官民之间的对立情绪；而本书强调从国家义务角度对社会权予以保障，则首先表明了一种态度，即国家对公民负有义务，国家因负有义务才享有权力。对社会权予以保障，其乃是公民的一项权利，而非"恩施"，当国家不履行其法定的保障义务时，公民有权提请救济。同时，强调国家对社会权负有保护义务，亦有利于增强国家的"义务本位"意识，杜绝国家权力的滥用。

第二，理论价值。虽然近年来有少数学者开始重视从国家义务视角对公民权利加以研究，但从整体上看，这仍属于"少数派"。如此，通过本书的论述，希望可以继续强化此种"国家义务型"研究范式的影响力。同时，文章对于社会权国家保护义务的缘起相异于自由权、国家保护义务的整体化分析框架、义务层次论的保障径路等，均在某种程度上对研究此类问题注入了新的血液。

第三，现实指导意义。通常社会权与社会法之间乃存在着密切的关联。"社会权将社会法的各个部分联系起来，是社会法各领域的纽带。"① 本书通过借助于"宪法委托"理论以及基本权利的功能体系理论等，进而对社会权国家保护义务的立法履行等进行了系统地、精细化地研究，并得出了一些基本规律，这些规律对于社会权立法保障应当具有一定的参考价值。此外，本书对域外社会权宪法救济进行了详细的探讨，这些探讨对于我国以后建立社会权宪法诉讼机制具有一

---

① 杨士林：《我国社会法的概念及其公法属性——以德国为例》，载刘茂林《公法评论》（第6卷），北京大学出版社2009年版，第67页。

定的参考价值,同时对 1992 年至 2007 年《人民法院案例选》所刊载的社会权案例进行了相关的统计归纳分析,此一分析在某种程度上可以初步推断出我国当前社会权司法保障的基本概况。这为下一步继续完善社会权保障找明了方向。

第二节 文献综述

一 "社会权"研究现状

从整体上看,目前学界对社会权的研究主要是集中在概念、宪法效力、可诉性等方面。

（一）社会权的概念

关于社会权概念的代表作,目前主要有《宪法入门 I：人权保障篇》（许庆雄,1999）、《社会权规范研究》（夏正林,2007）、《社会基本权理论》（郑贤君,2011）、《社会权的概念》（龚向和,2007）、《论对社会权的宪法保护》（莫纪宏,2008）、《社会权概念在欧洲的演变》（郭文姝,2010）等著作或论文。以上学者普遍认为,社会权即是"在宪法上人民向国家请求给付的权利"。但也有学者将其与自由权比较分析,认为"自由权和社会权之分不在于国家义务是积极还是消极,而在于两种义务在两种情形下的地位和作用。社会权以国家积极义务为主要手段达成期待利益的保护、促成和提供,以国家的消极义务作为次要手段达到现有利益的尊重。"[1]

关于社会权概念的外延,荷兰学者马尔塞文在《成文宪法比较研究》中主要将其定义为生存权（包括适当生活水准权、社会保障权等）、工作权（包括劳动权、自由择业权、获得公正和优惠的报酬权、平等工资权、组织和参加工会权、休息和休假权等）和受教育权。[2] 日本学界以其《宪法》第 25—28 条为依据,普遍认为社会权主要应

---

[1] 龚向和：《社会权的概念》,《河北法学》2007 年第 9 期。
[2] ［荷兰］马尔塞文：《成文宪法——通过计算机进行的比较研究》,陈云生译,北京大学出版社 2007 年版,第 132—137 页。

当包括生存权、受教育权、劳动权和劳动基本权。① 在我国，学者郑贤君教授认为社会权利体系可以分为狭义的社会权利、中间分类的社会权利和广义的社会权利。其中，狭义的社会权利仅指与社会保障或社会安全有关的权利，包括社会保险权、社会扶助权等；中间分类的社会权利包括社会安全或者保障的权利与经济权利；广义的社会权利包括经济、社会和文化权利。② 莫纪宏教授认为其主要包括生存权、发展权、公民资格权、社会保障权、劳动权、受教育权、环境权、婚姻家庭方面的权利③；上官丕亮教授认为我国宪法关于社会权的规定，主要体现为劳动权、社会保障权、受教育权、文化权、基本生活水准权、健康权等。④ 此外，夏正林博士在对世界宪法社会权条款进行统计时，主要将其限定在劳动权、受教育权、最低生活保障权、医疗卫生权、住房权利、环境权。⑤

（二）社会权的宪法效力

目前国内学界对社会权宪法效力的研究，最具影响力的是台湾学者陈新民教授，他认为主张社会权具有宪法效力的观点，大致可以分为以下几种：（1）视为方针条款；（2）视为宪法委托；（3）视为制度保障；（4）视为人民的主观权利；等。⑥ 学者夏正林博士认为，社会权效力可以分为可实现性效力和可救济性效力。⑦ 此外，也有不少学者认为社会权不应当具有个案的直接实证效力。其理由主要包括：一是基于国家分权体制及原则之考量；二是社会权内容不尽具体；三是其实现受国家资源及分配的制约等。

---

① 可参见［日］芦部信喜《宪法》，林来梵等译，北京大学出版社2006年版，第232—250页；［日］阿部照哉等：《宪法——基本人权篇》（下册），周宗宪译，中国政法大学出版社2003年版，第234—280页。
② 参见郑贤君《社会基本权理论》，中国政法大学出版社2011年版，第10—11页。
③ 参见莫纪宏《论对社会权的宪法保护》，《河南省政法管理干部学院学报》2008年第3期。
④ 参见上官丕亮《论宪法上的社会权》，《江苏社会科学》2010年第2期。
⑤ 参见夏正林《社会权规范研究》，山东人民出版社2007年版，第250页。
⑥ 参见陈新民《德国公法学基础理论》（下册），山东人民出版社2001年版，第696—701页。
⑦ 夏正林：《社会权规范研究》，山东人民出版社2007年版，第209、210页。

（三）社会权的可诉性

目前，学界系统对社会权可诉性问题进行研究的主要有龚向和教授、黄金荣博士以及孙萌博士，等。其代表作分别为《作为人权的社会权》（2007）、《司法保障人权的限度——经济和社会权利可诉性问题研究》（2009）、《经济、社会和文化权利的可诉性——标准与实践》（2010）。其中，龚向和教授认为，各国社会权立宪及司法救济主要存在以下三种形式：一是宪法明确规定社会权，并将其作为主观权利予以直接司法救济；二是宪法将社会权规定为国家政策指导原则，并将其视为客观权利予以间接司法救济；三是宪法虽未明确规定社会权，但可通过适用正当程序、平等保护原则等予以间接司法救济。① 黄金荣博士认为，"实现经济和社会权利可诉性的根本障碍在于其实现层次义务的主导地位以及这个层次义务的模糊性"；发展社会权可诉性可以从联合国经社文委员会所采用的"最低核心义务"理论、国际人权体制中的申诉机制中吸取养料。② 孙萌博士认为，其本书的创新点之一即是"针对具体的经济、社会和文化权利提炼出具有普适性的最低标准和国际可诉性标准。"③

此外，清华大学聂鑫博士认为，社会权的正当性及其直接司法救济的可行性是存在争议的问题，不同国家在不同情况下对该问题采取了不同态度：有的国家仅把社会权作为不可直接司法救济的宣示性权利；有的则采取了"弱救济"的方式，更多尊重立法和行政部门的裁量权；也有的法院在特殊情况下会采用"强救济"的方式，直接判决强制实现社会权。实际上，法院可能会根据实际情况转化适用"弱救济"与"强救济"。④

---

① 参见龚向和《作为人权的社会权》，人民出版社2007年版，第131—145页。
② 参见黄金荣《司法保障人权的限度》，社会科学文献出版社2009年版，第209页。
③ 孙萌：《经济、社会和文化权利的可诉性——标准与实践》，知识产权出版社2010年版，第8页。
④ 参见聂鑫《宪法社会权及其司法救济——比较法的视角》，《法律科学》2009年第4期。

二 "国家保护义务"研究现状

国家保护义务理论的兴起，最初乃源自于德国宪法法院的判例。在我国，目前学界对国家保护义务的研究还刚刚起步。其主要研究者有台湾地区的李建良教授、吴庚教授以及大陆学者张翔教授、郑贤君教授、龚向和教授、蒋银华博士等。涉及的代表作主要有《基本权利的规范建构》（张翔，2008）、《基本权利原理》（郑贤君，2010）、《宪法理论与实践》（二）和《人权思维的承与变》（李建良，1999、2010）、《基本权利的国家保护义务功能》（陈征，2008）、《国家对基本权利的保护义务》（龚向和，2009）等。

（一）国家保护义务的概念与分类

关于国家保护义务的内涵，德国学者 Christian Starck 认为，它乃指"国家负有保护其国民之法益及宪法上所承认之制度的义务，特别是指国家负有保护国民生命和健康、自由和财产等的义务。"[①] 目前此一概念表述广为国内学者所援引。在国内，最具代表性的学者是张翔教授，他认为国家保护义务内涵可以分为保护公民免受第三方侵害，以及制定法律为基本权利的实现创造条件等两个方面。[②]

关于国家保护义务的分类，学者多认为可以分为广义和狭义两种类型，其中狭义的保护义务仅指"国家负有防止和阻止他人对个人权利侵害的义务"。在采取广义国家保护义务概念的基础上，我国台湾学者吴庚教授认为其可以分为禁止义务、安全义务和风险义务。但对此，有学者批评指出，"这一分类虽然有一定的基础原理与现实基础，但彼此之间不免有些相互交叉，不易于识别各类基本权利的类型与性质。"[③] 此外，也有学者认为国家保护义务宜分为预防、排除和救济三个层次。[④]

[①] ［德］Christian Starck：《基本权利之保护义务》，李建良译，《政大法学评论》1997年第58期。
[②] 参见张翔《基本权利的规范建构》，高等教育出版社2008年版，第126页。
[③] 郑贤君：《基本权利原理》，法律出版社2010年版，第256页。
[④] 龚向和、刘耀辉：《国家对基本权利的保护义务》，《政治与法律》2009年第5期。

(二) 国家保护义务的证成

目前学界对国家保护义务的证成方式进行过系统性研究的，主要是学者李建良教授。他通过对德国宪法法院的相关裁判以及学说进行归纳总结，进而指出国家保护义务的证成方式主要有以下几种：第一，从国家目的理论出发；第二，从宪法规定的条文出发；第三，从人性尊严出发；第四，基于防御权的观点；第五，从基本权利的限制条款与社会国原则予以推论。[①]

(三) 各国家机关对保护义务的责任分担

张翔教授认为国家保护义务首先是立法机关的义务，立法机关通过法律建立制度，为公民消除各种可能的妨碍与侵害，使基本权利得到各种法律和制度的保障。但立法机关的作用也是有限的，在宪法精神对一切公权力行为的笼罩下，行政机关和司法机关也要承担保护公民免受他人侵害的义务。具体来说：（1）立法机关：履行"宪法委托"的义务；（2）行政机关：保护和计划行政；（3）司法机关：法律的合宪性解释。[②]

而此外，学者郑贤君教授国家诸机关的义务至少可以分为（1）立法保障；（2）议会审查法律、法规与行政命令；（3）督察专员；（4）行政机关保障；（5）司法机关保障；（6）国家元首保障。[③]

第三节 研究思路与方法

一 研究思路

文如其题，本书所欲论证和主张的中心论点，即是在现代社会，"国家对社会权负有保护义务"。围绕此一中心论点，笔者对全书布局以及写作思路等作出了如下安排和考虑：

（1）在第一章，将着重引出并考察本书中心论点所涵摄的研究对

[①] 参见李建良《基本权利与国家保护义务》，载李建良《宪法理论与实践》（二），学林文化事业有限公司1999年版，第70—81页。

[②] 参见张翔《基本权利的规范建构》，高等教育出版社2008年版，第139—142页。

[③] 参见郑贤君《基本权利原理》，法律出版社2010年版，第263—276页。

象——社会权。在节安排上,笔者将视域主要是放在社会权概念、历史演进和规范效力三个方面。之所以作如此安排,主要是因为以上三个问题对文章的后续研究都具有重要理论价值和意义。首先,社会权概念的界定,直接影响着哪些具体权利可以被纳入到本书的研究范围;其次,对社会权历史演进进行梳理,有利于深入理解社会权所蕴含的价值精髓,以及其对现代社会的普遍意义;再次,社会权的规范效力,它直接决定着社会权国家保护义务的履行方式、自由裁量空间等。

(2)在剖析完毕本书所欲研究的对象之后,本书须重点解决的两个理论问题:一是国家对社会权为何负有保护义务;二是国家如何对社会权负有保护义务。为了体系安排上的紧凑性,笔者在第二章提出了一个基本理论观点,即"国家保护义务是社会权保障的根本径路",进而试图将上述两大理论问题同时予以囊括。在节的具体安排上,笔者采取了递进式的设计思路,即初步提出国家保护义务理论(理论模型)→证成国家对社会权应当负有保护义务(即"为什么")→阐述社会权国家保护义务的体系结构(即"是什么")→国家如何履行对社会权的保护义务(即"怎么样")。

(3)"理论的生命力在于与实践的结合。"虽然第二章已经对社会权国家保护义务的各逻辑分命题进行了详细地理论论证与阐述,但要想使其获得真正的生命力,必然需要将其置于实践环节加以检验和运用。也正是基于此种考虑,本书后三章分别从静态和动态两个维度考察了国家履行社会权保护义务的现实状况。

在静态维度,第三章以社会权为分析支点,通过对世界各国劳动权、社会保障权和受教育权立宪规定的统计分析,进而总结出其国家保护义务设置的整体性特征;同时,在此基础上还比较分析了我国宪法相关规定与国际人权法以及与上述其他国家宪法规定的优势与不足。

(4)在动态维度,第四章重点分析了国家对社会权宪法委托义务的立法履行问题。在本章,笔者的分析思路为:首先,通过对典型国家社会权实践径路进行归纳,进而推演出"宪法委托是社会权实现的总体策略";其次,以受教育权为例,比较分析了几个典型国家或地区,如德国、日本、中国(包括台湾地区)关于社会权宪法委托义务的立法履行状况,进而在此基础上归纳出在现实中,国家履行社会权立法保护义务的总体态势;再次,针对上述立法义务的积极性特征,考虑到此种积极义务很有可能存在消极懈怠履行的可能,所以在第三节笔者专门探讨了社会权国家立法保护义务不作为的问题。

(5)实践证明,虽然宪法委托是社会权实现的总体策略,但绝不是唯一策略。在某些特殊情形下,社会权亦可以表现为一种主观权利,对此国家司法机关应当为其提供程序上的救济保护义务。正因为此,本书第五章探讨了社会权的可诉性,即社会权国家保护义务的司法实施问题。具体来说,本章笔者的分析思路为:第一节对社会权可诉性的正当性以及可行性等进行了理论证成;随后,第二节分析了当前各国宪法实践中,社会权是否可以以及是如何通过司宪获得保护的;最后,第三节以社会权各项具体权利为分析支点,进而探讨了其在我国的法律适用现况。

总体而言,本书的写作思路和大致框架可以用下图表示:

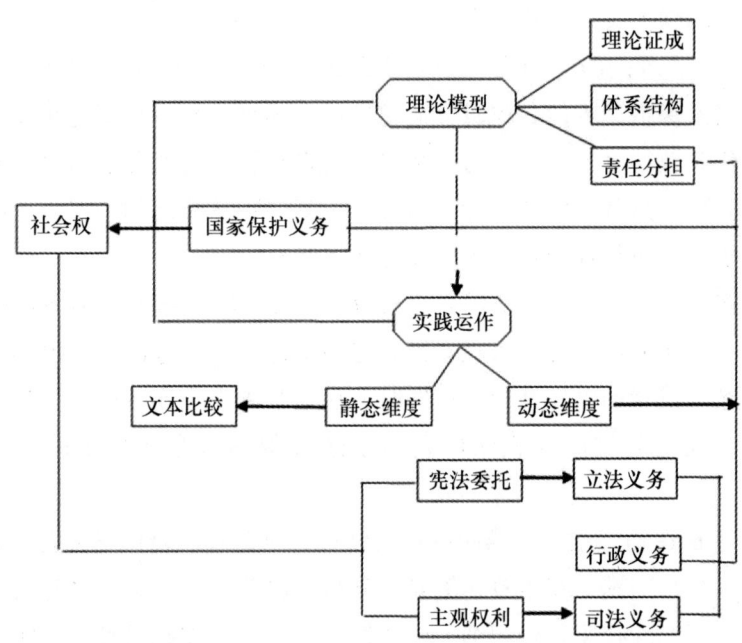

二 研究方法

本书对社会权国家保护义务的研究,主要包括理论与实践两个面向。在上述两个面向的写作过程中,笔者主要运用了下述几种研究方法:

第一,价值分析法。正如某学者所言,"任何一种法律制度,都体现着人们对一定价值目标的选择和取舍,都蕴含着一定的价值观。"[①] 社会权,作为本书中心论点所指向的研究对象,其本身即同时兼具工具性和目的性价值。质言之,首先,社会权能够作为一项独立人权类型诞生,即在于其具有追求实质平等、保障人性尊严的工具性价值;其次,相对于国家保护义务而言,从公民权利决定国家义务的基本原理出发,其无疑又具有目的性价值。围绕上述两方面的价值,在论述社会权概念、历史演进,以及证成国家对社会权负有保护义务的过程中,均不同程度地使用了价值分析方法。

第二,规范分析方法。在逻辑上,社会权由人权的"应有状态"转化成为"实有状态",通常首先需要将其转换成为法定人权。在具体转换过程中,社会权先行获得了国际人权法以及宪法的认可。为了总结归纳出当前各国关于社会权入宪,以及其国家保护义务规定的整体性特征,本书第三章采用了规范性分析方法,对上述各国宪法文本进行了重点考察。

第三,实证分析方法。理论的生命乃在于指导实践,本书对国家社会权保护义务的研究,除包括理论以及静态的文本考察外,还包括对其义务履行的动态分析。对于此种动态分析,本书主要系采取了实证分析方法。具体来说,这种方法运用不仅体现在对社会权国家保护义务履行策略的总体性把握,同时也体现在对其保护义务立法和司法履行的具体分析上。

第四,比较分析方法。本书对于比较分析方法的使用,多系将其

---

① 易有禄:《立法权正当行使的控制机制研究》,中国人民大学出版社2011年版,第7页。

同时与上述规范分析方法、实证分析方法相结合。例如，在本书第三章，对于各国社会权国家保护义务立宪规定的考察，即主要利用了比较分析方法。此外，对于社会权的司宪适用等问题，此种分析方法亦有相应之使用。

第一章 社会权：权利谱系的现代性变革

虽然社会权的核心理念，早在18世纪资本主义发展之初，即已伴随形成，但总体而言，社会权作为一种实在法被置于法体系之中，仍系现代之事，它是以资本主义社会的发展剥夺了无产阶级大众生存下去的可能性为历史背景的。具体而言，在20世纪之前，人权运动的发展以及近代立宪诸理论的诞生，都系以争取自由权，即"免于国家权力干涉的自由"，为其核心内容。此后，伴随着资本主义自由经济体制的高速发展，处于社会底层的无产阶级愈益发现仅仅依靠传统的自由权保障，并不能真正解决日益加剧的贫富差距、温饱、失业，以及偏差教育等问题，要切实根除上述弊病，国家必须突破"守夜人"的角色定位，并"以社会的伦理主义加于个人的自由主义"①。有鉴于此，20世纪的各民主法治国家纷纷建立起了各种社会福利、社会安全制度，而在此之中，社会权作为一种新人权类型亦被逐步推向了前台。

第一节 社会权的概念

一 社会权概念的确定

尽管立基于维护人之尊严、促使社会和经济上的弱者真正享有实

---

① ［日］美浓部达吉：《宪法学原理》，欧宗祐等译，中国政法大学出版社2003年版，第362页。

质自由与平等的社会权兴起具有历史的必然性，但在学术界为何会使用"社会权"概念来表征这类新型人权，其事实上经历了一个演进的历程。

自20世纪伊始，各国学者关于社会权思想所对应的概念表述并不一致。例如，在法国，有学者将其表述为"债权之权"（droits-créances），即"在债权之权之下个人和国家之间的关系类似一种'债权和债务'的关系，国家对个人负有保证其能体面的生活、在社会中能获得救济和保障等等方面的义务，个人对国家享有债权，可以要求国家积极作为提供某种形式的利益"。① 在德国，最早提出"社会权"相似概念的系著名学者卡尔·施密特，他在《宪法学说》一书中将个人权利划分为"自由权""政治权利"和"社会主义的权利"三大类型，而最后者就其实质内涵即是我们今天所讲的"社会权"。尽管如此，施密特在该著作中还是认为"真正的基本权利只是个人主义的自由权，而不是社会的要求"。个人享有国家积极给付的权利，包括劳动的权利、受生活照顾与扶助的权利、受教育的权利，其本质上都具有社会主义的性质。这类权利预设了享有权利的个体被嵌入其间的国家组织，因而必须受到限制。② 在日本，从原初意义上看，社会权的"权利"概念主要系渊源于德国公法学者耶林内克（Georg Jellinek）"身份理论"中个人对国家的"积极地位"理论而发展起来的，它经历了从"积极地位""受益权""积极的受益关系""生存权""社会权"等一系列概念的演进。并且，据有关研究显示，这种"权利"概念最早被使用不是在于其作为请求权已被制度承认，而是作为与"自由权"相对应的概念而出现并被确立的。③

具体来说，依照耶林内克的"身份理论"，国家的统治乃在于对于"自由人"的支配，在国家承认人格的范围内，其不仅需要划定国

---

① Cécile Rapoport, L'opposabilité des «droits créances» constitutionnels en droit public fran, cais. 转引自郭文姝《社会权概念在欧洲的演变》，博士学位论文，中国人民大学，2010年。
② 参见［德］施密特《宪法学说》，刘锋译，上海人民出版社2005年版，第176、181页。
③ 参见凌维慈《公法视野下的住房保障——以日本为研究对象》，上海三联书店2010年版，第79页。

家与国民之间的界限,同时还必须赋予个人法律上的能力。就个人相对于国家之地位而言,其依次可以区分为"被动的地位""消极的地位""积极的地位"以及"主动的地位"。其中,个人相对于国家的"积极地位",即是要求国家必须采取各项积极举措,承认个人有请求法定个别事物的权利,并对个人的利益予以照顾、维护和促进。受这一"积极地位"学说的影响,日本学者美浓部达吉率先通过对日本宪法第25—27条进行分析,进而提出最低限度的生活权、受教育权、劳动权都应归类为"国民的受益权"范畴。而我妻荣通过倡导一种"生存权的基本权"观点,更是开创性地表明基本人权应当包括自由和生存两种类型,虽然它们产生的历史背景有所不同、其具体权利性的程度亦存在差异,但并不妨碍将上述两者都称为"基本人权"。此后,学者宫泽俊义等在继承前人的基础上,终于通过融合德国的"社会国"原理以及耶林内克的公权理论,逐渐形成了日本宪法学上社会权的通说。他认为社会权的思想基础系出于对个人的尊重,回顾人权朝"自由主义下的自由权→民主主义下的参政权→社会国家下的社会权"进化的历史,人权概念除自由权、参政权之外,亦包含社会权。①在性质上,社会权应与自由权相对应、与受益权等概念相区别,在内容上,其应当涵盖日本宪法第25条至28条的规定。

总而言之,社会权的兴起,在本质上乃系近代自由主义国家为解决资本主义生产方式之不可避免的弊害与矛盾,保障所有国民皆可过有尊严的生活,以迈向福利国家,从而产生的一连串基本人权。在现代市民法秩序下,社会权能够作为一项基本人权而诞生。

二 社会权概念的界定

(一)既有界定径路及其缺陷

目前,学界对于"社会权"术语的使用还远未达成共识。根据人权学者龚向和教授的研究,国内学界关于"社会权"概念至少存在九

---

① [日]阿部照哉等:《宪法(下)——基本人权篇》,周宗宪译,中国政法大学出版社2003年版,第38页。

种以上的界定方法。① 就总体而言，作为人权的社会权概念，虽然其研究径路存在诸多差异，但也并非毫无规律可循。一般说来，宪法及人权法学者对于社会权概念的界定主要存在以下两种分析径路：

第一，依据权利规范本身所包含的价值理念、实现方式等对社会权进行抽象概括。例如，日本学者芦部信喜认为，"社会权是进入20世纪之后，基于社会国家（福利国家）的理想，为了特别保护社会性、经济性的弱者，实现实质平等，而受到保障的人权。其内容在于保障国民营构值得作为人的生活。"② 陈新民教授曾明确指出在宪法学上，诸如生存权、工作权等基本权利已经被划入另一个领域，学界称之为"社会权"以别于其他的自由权。社会权之所以得以肯定，是"为了解决国家的社会问题，并且，为了维持每个国民能获致合乎人类尊严之生活，且能合乎社会正义的拥有真正而非形式上的法上的自由，来发展其能力及人格。"③ 学者莫纪宏教授指出，社会权是"个人获得完全社会化以及作为社会交往的主体生存和发展所必需的基本权利"。④ 夏正林博士认为，"社会权通常是对含有国家积极作为的价值诉求的基本权利的概括，又称为积极权利"。⑤ 此外，亦有学者通过"受益权""积极的基本自由"等概念，表达了社会权所欲表达的学术内涵。例如，我国老一辈宪法学家王世杰、钱端升即认为，积极的基本权利，也可称为受益权，这种权利实即人民获受于国家的利益。它与自由权相异，是以社会全体为出发点，与社会主义相联系。⑥

第二，依据国际或区域人权文件等所确定的事实对社会权进行界定并归类。例如，学者郑贤君教授即认为社会权只是一个笼统的指称，其权利体系应当包括广义的、中间分类的和狭义的社会权利。⑦

---

① 参见龚向和《作为人权的社会权》，人民出版社2007年版，第14页。
② ［日］芦部信喜：《宪法》，林来梵等译，北京大学出版社2006年版，第242页。
③ 陈新民：《德国公法学基础理论》，山东人民出版社2001年版，第691页。
④ 莫纪宏：《论对社会权的宪法保护》，《河南省政法管理干部学院学报》2008年第3期。
⑤ 夏正林：《社会权规范研究》，山东人民出版社2007年版，第63页。
⑥ 参见王世杰、钱端升《比较宪法》，商务印书馆1999年版，第144页。
⑦ 参见郑贤君《社会基本权理论》，中国政法大学出版社2011年版，第10页。

其中，广义的社会权利，是指《经济、社会和文化权利国际公约》（下称《经社文公约》）中规定的经济、社会和文化权利，具体来说，它包括工作权、获得公正工作条件的权利、工会权、社会保障权、适足生活水准权、健康权，以及家庭、母亲和青少年获得特殊保护的权利、受教育权以及文化权等内容。参照《欧洲社会宪章》第1条至19条的规定，中间分类的社会权主要涵括了以个别劳动关系、集体劳动关系、对社会基本的保障为内容的经济权利，以及包括健康保障权、社会安全权、社会照养权，以及行使社会工作的权利在内的狭义社会权。而此外，荷兰学者马尔塞文在其《成文宪法》一书中，对社会权的界定亦采取了此种分析范式。即他认为《世界人权宣言》中的"社会权利"应包括以下八类权利：社会保障权、劳动权、获得公正和优惠的报酬权、平等工资权、自由择业权、组织及参加工会权、休息和休假权、享受适当的生活标准权、受教育权。①

仔细斟酌以上两种研究径路，我们可以发现它们之间事实上，即存在某种内在的逻辑联系，例如，前项研究径路主要系针对社会权概念的内涵界定，后项则主要为了厘定其外延即社会权的权利内容和范围，但它们同时亦存在诸多相互不一致甚至冲突的地方。具体来说，针对以上两者间的逻辑联系，不少学者认为立基于两大国际人权公约即《公民和政治权利国际公约》（以下简称《公民权利公约》）以及《经社文公约》的区别，只有后者才包含对国家的实体性的积极作为的需求，因此，社会权作为一个权利群概念，应当涵括后者所规定的各项经济、社会和文化权利。作为例证，学者郑贤君教授即曾表示："自由权指公民权利和政治权利；社会权指经济、社会和文化权利。"② 此外，学者黄金荣博士亦认为，"社会权"是对经济和社会权利最经常使用的名称之一，对社会和经济权利内容的界定主要应以《经社文公约》为基础。③

---

① 参见［荷兰］马尔塞文《成文宪法——通过计算机进行的比较研究》，陈云生译，北京大学出版社2007年版，第226页。
② 郑贤君：《基本权利原理》，法律出版社2010年版，第132页。
③ 参见黄金荣《司法保障人权的限度》，社会科学文献出版社2009年版，第18、20页。

对于上述此类观点，美国学者唐纳利等曾表示了异议。他认为，虽然在国际讨论中，关于"公民和政治权利"与"经济、社会和文化权利"的议论几乎已经成为一种条件反射，但这种二分法确实是误导性的。因为，所有的人权都是"相互依赖和不可分割的"，它既需要国家积极作为，又要求对国家进行限制。并且，通常一项权利相对积极还是消极，乃取决于特定之历史环境。以足够食物之获得为例，虽然《经社文公约》第11条通过适当生活水准权已将其认定为一项基本人权，但对于其权利的作用形式，却可能呈现出完全相反的状况。比如，在美国堪萨斯麦地里，食物权主要是一项消极权利；在东洛杉矶或瓦兹，则主要表现为一种积极权利。①

就笔者而言，我们认为虽然所有的人权都是相互依赖、不可分割的，但是这并不能成为阻碍人权具体分类的理由。因为，科学地对人权内容体系加以解构，不仅有利于厘清人权的内部结构及其作用形式，同时更有利于从整体上把握和促进人权建设。就目前来看，将人权划分为自由权和社会权两种类型，已经得到了学界的普遍承认和认可。作为例证，学者郭文姝博士即曾在分析正反各方意见之后，明确指出"自由权和社会权二分法本身并不构成社会权概念存在的障碍，二者之间的差异和区别也是无法抹去的。相反，以自由权作为参照概念更容易理解社会权的概念"。② 对此观点，我们亦表示认同。然而，它们是否即分别等同于公民和政治权利以及经社文权利，则仍有进一步商榷之必要。在具体剖析之前，我们首先必须澄清和明确以下事实：

第一，"国家积极作为义务"并非社会权的专属。就目前而言，许多学者在界定社会权概念时，都将"积极作为"这一国家行为模式视为社会权的本质特征。例如，国内知名学者林来梵教授认为，社会权乃是"通过国家对经济社会的积极介入而保障的所有人的社会生活

---

① 参见［美］唐纳德《普遍人权的理论与实践》，王浦劬等译，中国社会科学出版社2001年版，第27、33页。
② 参见郭文姝《社会权概念在欧洲的演变》，博士学位论文，中国人民大学，2010年。

或经济生活的权利"。① 夏正林博士认为"社会权体现了要求国家积极作为这一价值取向,在规范上,它体现为国家实体性积极作为的义务"。② 针对以上种种观点,我们认为国家积极作为虽然是实现社会权的重要保证,但其并非系社会权概念的充分要件。换句话说,仅仅依靠国家积极作为这一行为模式,并不能推断社会权概念的成立。因为,从某种意义上说,所有的权利都需要国家承担积极的保护义务和救济义务,即使是传统人权中的自由权,其亦蕴含国家积极作为的因素。而对此,国际人权学者亨利·舒亦表示了相同的观点。他认为,任何一种权利的充分实现,都必须同时借助多种义务的履行,如其包括避免剥夺、保护个人不受剥夺,以及帮助被剥夺者等多项义务内容。③ "消极"与"积极"之间的区分,与公民和政治权利、经济和社会权利之间的区别并不吻合,而且在任何情况下都很少具有或根本不具有道德意义。

第二,单纯依赖《经社文公约》仍无法准确界定"社会权"的外延谱系。在国内,虽然有学者曾明确指出《经社文公约》所规定的各项权利,"与自由权相比,其共同属性都需要国家干预,且其价值指向也大体相同,都在一定程度上追求实质平等,不满足于早期自由权属性中的形式平等。"④ 而在日本,学者大沼保昭亦指出已有越来越多的日本学者在其国内直接将《经社文公约》称为《社会权公约》⑤,但社会权是否即是上述所列经济、社会和文化权利的简称呢?对于此种观点,我们认为仍有进一步分析之必要。具体来说,首先,以工会自由为例,虽然《经社文公约》第8条、《公民权利公约》第22条均对公民组织和参与工会的自由有明确规定,但从以上两者的关系来看,《公民权利公约》所规定的工会自由无疑处于更根本性的地位。

---

① 韩大元等:《宪法学专题研究》,中国人民大学出版社2004年版,第340页。
② 夏正林:《社会权规范研究》,山东人民出版社2007年版,第63页。
③ See Henry Shue, *Basic Rights: Subsistence, Affluence and U. S. Foreign*, Princeton University Press, 1996, pp. 13 – 87.
④ 郑贤君:《基本权利原理》,法律出版社2010年版,第141页。
⑤ 参见[日]大沼保昭《人权、国家与文明》,王志安译,生活·读书·新知三联书店2003年版,第11页。

因为，从以上两条款所使用的限制性语词来看，前者只是为了"促进和保护他的经济和社会利益"，后者则系为了"他的利益"，在内容上显然系后者涵盖了前者，并对前者产生终局性影响。如是，我们可以认定工会自由，虽然它可能成为一项经济性权利，但它在本质上仍系属于自由权范畴。无独有偶，根据学者许育典教授的论述，工作权中的"职业自由"基本上并没有"社会权"的性质，因为社会权的核心内涵，即在于基于社会国家理念而让所有人都能获得合乎人性尊严的生存保障，故职业自由既不包含请求按自己的选择，提供一工作职位的权利，也不包含对曾选择工作职位的存在保障。其次，关于文化权利的性质归属问题。正如挪威学者艾德所言，"无论何时，只要使用'经济、社会和文化权利'的表达，多数情况下，注意力是放在经济和社会权利上，不管是这些权利的支持者还是反对者，概无例外"。[①] 究其根源，导致这一局面的产生，我们认为这与文化权利的权利属性有莫大关联。具体来说，文化权利作为一种涉及身份认同的权利，在某种程度上，它与公民和政治权利有更多的相同之处。从实际情况来看，也已有学者通过论述证明，即"只要规定信仰自由、科学研究自由、艺术创作自由、受教育权和平等权，则各类文化可获得一定的生存空间。"[②]

（二）目的与手段并重：界定社会权概念的基本径路

如前文所述，在宪法与人权法视域中，对社会权概念的界定主要存在价值分析以及规范分析等两种径路。其中，通过采用规范分析径路对《经社文公约》所规定的各项经济、社会和文化权利进行去伪存真，则基本上可以得出社会权外延的大致轮廓。但众所周知，外延仅仅是内涵的外在表现形式，制约某项权利是否能够成为社会权的关键，乃在于要看其是否符合社会权概念所蕴含的价值目标。因为，"一切权利制度的安排都与关于权利的价值理念密切相关"。[③] 从历史

[①] ［挪威］艾德：《经济、社会和文化的权利》，黄列译，中国社会科学出版社2003年版，第328页。

[②] 参见郑贤君《社会基本权理论》，中国政法大学出版社2011年版，第41—42页。

[③] 喻少如：《行政给付制度研究》，人民出版社2011年版，第81页。

主义视角出发，社会权作为一种新人权类型的诞生，主要在于其价值追求对于传统自由主义发展模式之超越。在整个人权发展体系中，社会权主要系相对于自由权而存在的，因而对其内涵的界定，必须以其价值理念或目标为基础，并将其与自由权紧密联系并区别开来。

1. 尊严与平等：社会权概念所涵摄的终极目的

人性尊严是人权的根源，"所有人的不可剥夺的权利都来源于人的内在尊严"。人权对于人之目的性价值，即在于不断满足人的有尊严的生存和发展需要。在通常意义上，由于生存是实现人之尊严的首要条件，而基于尊严的分析方式又总是将人和社会视为一个整体，因而，要真正做到实现人之为人的尊严，就不仅需要尊重每个人的独立自主，不贬低人作为人的价值，不使人以蒙羞的方式对待每个人，同时还必须保证每个人都能够获得实现独立自主的前提条件——最低限度的生活所需。一言以蔽之，"最低限度的生活"乃系人性尊严获得保障的前提条件。人性尊严所具有的这一目的性价值，为"人为什么享有权利"提供了终极价值支持，并且同时成为了自由权和社会权的价值基础。作为例证，《世界人权宣言》《经社文公约》等国家人权文件均确认了人性尊严的最高价值位阶。并且，在此基础之上，它们还承认"只有在创造了使人可以享有其经社文权利，……才能实现人类享有免于恐惧和匮乏的自由的理想"。

自由和平等是支持人的尊严的两项基本价值。在某种意义上，社会权的出现与平等价值中的实质平等的拓展，以及对人道正义的追求是分不开的。关于自由和平等的关系，美国学者德沃金曾作过经典表述，他认为自由和平等只是一种人道主义理想中相互影响的两个方面。如果说自由的优先性必须得到保障，那它绝不是通过牺牲平等，而是以平等的名义。"自由和平等之间任何真正的竞争，都是自由必败的竞争。"① 一言以蔽之，平等是自由得以成立并展开的前提性条件。也正是因为此种因由，带有资本主义色彩的近代自由主义人权观

---

① ［美］德沃金：《至上的美德：平等的理论与实践》，冯克利译，江苏人民出版社2003年版，第128页。

在经过几个世纪的演进之后，逐渐发展成为了一种全面性的人权观，即"社会权和自由权构成相互依存的关系，实现人权必须是两者的全面性实现。"① 具体来说，社会权所预设的价值核心，即在于对于平等价值（尤其系实质平等）的追求。根据罗尔斯的公平正义理论，公平的机会平等即意味着一种自由主义的平等。在原初意义上，这种自由主义的平等，乃系一种形式上的机会平等。然而，随着资本主义经济的高速发展，贫困、失业等社会问题日益打破这种自由与形式平等之间的均衡。自由成了有产者的专利，处于饥饿和失业状态下的人则成了专制主义的原料。面对如此恶劣且复杂的社会局势，越来越多的人开始呼唤必须在一定程度上对形式平等原则加以修正。而"从功能的角度分析，平等原则只有在经济和社会的领域中同社会权等携起手来，才能起到实质上的作用"。② 如是，一种新型的人权观念即社会权逐渐开始走向了前台，它要求在优先维护自由权和形式上的机会平等的基础上，还必须对经济利益进行再次分配以达到一种更实质性的平等。

2. 适当生活水准：社会权概念所涵摄的现实目标

承前文所述，在抽象意义上，尊严和平等是社会权追求的终极价值渊源。从历史演进的过程来看，社会权主要是作为自由权的补充物而存在的，它系为了因应传统自由权无法解决的诸如贫困、失业等社会问题而逐渐发展起来的。因而，就社会权的结构来看，它应当具有"二重保障"架构，即一方面它必须继续坚持形式上的机会平等以保证追求自由的主体性地位，同时另一方面，也是本质性地，即它必须切实保证实现上述机会平等的前提条件——起点意义上的实质平等。在现实中，这种起点意义上的实质平等，主要应当表现为适当生活水准之获得。

所谓生活水准，根据经济学家阿玛蒂亚·森的理解，它主要是指一个人可以获得的进行功能活动的可行能力的集合。其中，能够或不

---

① ［日］大沼保昭：《人权、国家与文明》，王志安译，生活·读书·新知三联书店2003年版，第335页。

② ［日］大须贺明：《生存权论》，林浩译，法律出版社2000年版，第35页。

能够实现的各种各样的生活状况,称之为"功能活动";而实现它们的能力,则称之为"可行能力"。在具体实践中,由于生活水准的价值乃"取决于过各种各样的生活的可行能力,尽管所选择的实际生活方式应当具有特别的重要性,但有能力作出其他的选择也具有某种价值"。① 因而,对于适当生活水准的界定,必须同时重视对其可行能力以及功能活动范围的分析。联系《经社文公约》等国际人权文件规定,有学者曾提出适当生活水准的"适当"标准可以通过定性评估加以确定:首先,它是一个最低合理标准——"能满足人的固有尊严";其次,它是一个可能达到的最高标准——各缔约国根据自己的经济、社会条件所能达到的最高标准。② 就笔者而言,我们认为由于在理论上"对经过提炼的功能活动的确认,部分的反映了可行能力的概念。"因而,在现实层面,对适当生活水准之"适当"标准的界定,必须辩证看待可行能力与功能活动的关系。具体来说,适当生活水准虽然确实涵盖了上述两层含义,但基于社会权所蕴含的终极价值理念,乃在于维护人之固有的尊严,以及保证权利主体在社会经济领域享有起点意义上的实质平等,因而在此种意义上,可以说社会权所欲保障的适当生活水准,主要系在最低限度意义上使用的。质言之,所谓适当生活水准,即是系意指一种具有"最低合理标准"的生活水准,其现实目标乃是在于为满足人的固有尊严而必须具备的功能活动选项,任何个体都应当具备与之相适应的最起码的可行能力。当其可行能力不足以达到这一最起码标准时,国家必须对其给予相应的救济。而除此之外,对于上述学者所提出的"可能达到的最高标准",我们则认为它更多的乃是体现为对一种多元性功能活动的优化选择,其实现主要依赖于行为主体之可行能力的自主提高。

既然在社会权保障中,适当生活水准的实现必须以社会成员具有"最起码"的可行能力为前提要件。那么,在现实中,应该采取何种

---

① [印]阿玛蒂亚·森:《生活水准》,徐大建译,上海财经大学出版社2007年版,第45页。
② 参见刘连泰《〈国际人权宪章〉与我国宪法的比较研究》,法律出版社2006年版,第231页。

标准来满足或实现上述前提条件呢？对此，我们认为：第一，任何人不得生活在这样的条件下，即唯一满足自己需求的方式是使自己受到羞辱或被剥夺基本自由，例如通过乞讨、卖淫或奴役劳动；第二，从纯物质角度看，其可行能力必须能够保证获得高于实现有关社会贫困线以上生活的功能活动。同时，在通过贫困线具体确定最起码之可行能力时，我们必须认识到，它绝非是一种主观的最小满意，而系一种最低的客观条件，这种最低水平应当包括在质和量两方面都加以限定的住房、医疗、教育、食物、卫生设备以及工作安全等各种条件。

3. 国家义务：社会权概念所涵摄的手段价值

法哲学家凯尔森曾明确指出，"'权利'与'相对义务'二词是相互关联的表示。它们标志着从不同方面出发加以考虑的相同的观念"。① 根据这一权利义务关系原理，人权在宪法学视野中基本上总是与国家所承担的人权义务相对应。就社会权而言，基于社会契约和社会国等宪制原则，国家无疑是其权利保障之最重要的义务主体。对于社会权概念的具体界定，国家义务的手段性价值无疑必含其中。

关于社会权国家义务的性质，上文已进行过些许辩驳。例如，"社会权和自由权都与一组组义务相联系，包括积极义务和消极义务，它们既要求某种行为的容忍，也要求提供和分配资源。"② 根据《经社文公约》等国际人权文件，以及德国基本权功能体系理论，无论是自由权还是社会权，国家都对其负有尊重、保护和给付的人权保障义务。其中，尊重义务是指国家不得对其予以非法干涉或侵犯；保护义务是指国家必须防止第三方对上述人权予以侵犯；给付义务是指国家必须营造合理的制度、途径等去促进人权的实现，当公民通过其努力仍不足以实现时，国家应直接向其提供物资或服务，进而使其免于匮乏从而保障其生命和尊严。

虽然国家对所有人权都应当负有尊重、保护和给付的义务，但在

---

① [奥] 凯尔森：《法与国家的一般理论》，沈宗灵译，中国大百科全书出版社1995年版，第87页。

② Jeremy Waldron, *Liberal Rights*, *Collected Papers 1981 – 1991*, Cambridge University Press, 1993, pp. 203, 204.

具体的人权类型中，以上诸义务的地位及作用方式，显然是存在差异的。例如，国际人权学者 Elisabeth Koch 即曾表示，"在法律语境中，公民权利典型的重心乃在于人权义务的前两个层次，即尊重和保护义务层次，而社会权的重心则在第三个层次，即实现义务层次"。① 而我国人权学者龚向和教授亦认为，"设立社会权的目标不是实现由国家消极义务所尊重的那部分利益，而是实现由国家积极义务所保护、促成和提供的那部分利益，否则就不是社会权而只是自由权，也没有必要作此划分"。② 对于上述观点，我们亦基本表示赞成。具体来说，对于社会权概念的界定，毫无疑问应当反映其设立的根本价值目标以及其实现手段，并将其与自由权严格区别开来。具体来说，国家给付义务是社会权概念所蕴含的最显要特征之一，但这不意味着社会权即不包括国家的尊重和保护义务（指狭义）。因为，"尊重义务和保护义务都意味着事先存在一个尊重和保护的对象"。③ 总之，就社会权以上三种义务的逻辑关系来看，我们认为国家给付义务是社会权概念所涵摄的原生性义务，尊重和狭义保护义务是它的派生性义务。质言之，社会权的国家给付义务并不是因为国家没有履行其尊重和狭义保护义务引起的，相反，它们根源于国家给付义务履行的结果。尊重义务系出于对国家给付义务及其履行结果的尊重，狭义保护义务则一方面系源于对尊重义务的违反，另一方面则源于国家给付义务的不履行以及不适当履行。

通过上文论述，社会权作为一种新型人权类型的诞生，其主要系为了因应资本主义高度化发展而产生的贫困、失业等社会弊病，而经由社会主义者、福利国家主义者所逐步提出。与传统自由权相比，虽然它们的终极目的都是为了维护人之为人而固有的尊严，但从更具体的视角来看，社会权的价值重心明显更侧重于对平等、尤其实质平等的关注。在某种意义上，社会权乃是作为自由权的补充物存在的，其现实目标仅是

---

① Ida Elisabeth Koch, "The Justiciability of Indivisible Rights", *Nordic Journal of International Law*, Vol. 72, No. 1, 2003, p. 27.
② 龚向和：《作为人权的社会权》，人民出版社2007年版，第17页。
③ 黄金荣：《司法保障人权的限度》，社会科学文献出版社2009年版，第188页。

为了让每一个人都享有为维系其人之尊严而必须具备的"适当生活水准"。社会权的实现，必须依赖于国家、社会以及个人之义务的履行，但就上述义务主体的地位而言，国家义务无疑系处于其最重要、最核心的地位。虽然国家对社会权实现负有尊重、保护和给付的人权义务，但其核心内容乃在于国家给付义务的履行，尊重和狭义保护义务都只是其逻辑衍生。总而言之，根据以上所分析的内容与结论，我们认为所谓社会权，即是指相对于传统的、古典的自由权，以作为一个"人"的立场，主要是要求国家在社会经济领域采取各种积极举措，建立起某些社会福利制度并提供相应服务，以保证所有国民的可行能力，都能够达到为维系人之最低尊严而必须具备的适当生活水准。

三　社会权的外延谱系

尽管社会权作为一种法定人权出现在宪法文本中已有近百年历史，但绝大多数国家通常都未将其作为一个整体性权利概念，置于宪法和法律文本中。作为例证，根据荷兰学者马尔塞文对107部宪法的统计研究，在宪法中明确使用"社会权利"这个词或类似词的只有18个国家，仅占全部统计宪法的12.7%。[①] 而对于其他大部分国家来说，它们对于社会权的保障，都仰赖于对社会权子权利内容的具体规定。然遗憾的是，学界至今仍未能就社会权的外延达成一致意见，而既有的研究成果也多系学者的"自说自话"。为了突破上述瓶颈，我们认为有必要正本清源，厘清社会权的外延谱系，为学界进一步精确化研究社会权创造一个有利平台。

（一）当前学界对社会权外延谱系的厘定

目前学界对社会权外延的探讨，多系采取规范分析的方法，并以国际或区域性人权文件及各国宪法的文本规定为蓝本。例如，在国际层面，挪威学者艾德即依据《经社文公约》等指出，"社会权利的核心是适当生活水准权。享有此项权利至少要求每个人得以享有必须的

[①] 参见［荷兰］马尔塞文《成文宪法——通过计算机进行的比较研究》，陈云生译，北京大学出版社2007年版，第117页。

生存权：适当的食物和营养权、穿衣、住房和必要的关爱照管的条件。……为能够享有这些社会权利，还有必要享有某些经济权利，如财产权、工作权和社会保障权"。① 在区域层面，有学者认为，《欧洲社会宪章》第1—19条分别规定了四类不同性质的社会权规范组别，即个别劳动关系、集体劳动关系、对社会基本的保障、社会法上的事项。根据这些规定，其中前三类属于经济权利的内容，第四类是狭义社会权内容，总体内容不包括文化权利。②

在国家层面，虽然已有不少国家宪法都对社会权给予了特别规定，但因各种原因学者们对社会权外延的理解并不一致。例如，根据《希腊共和国宪法》（1975）第二编"个人权利与社会权利"章节的规定，我国林喆教授即认为该宪法主要涵括了非盈利性结社权、和平集会权、讲授与学术自由、受义务教育权、劳动与罢工权、居住权以及环境权等。而根据《葡萄牙共和国宪法》（1982）有关"社会方面的权利与义务"的规定，其则只包括了健康保护权、社会保障权、住宅权、生活环境权以及家庭权等。③ 此外，日本学者芦部信喜认为，日本国社会权规范主要涵盖在其宪法第25—28条，分别包括生存权、受教育的权利、勤劳的权利、劳动基本权等社会权。"④

我国多数学者认为我国宪法中的社会权规范主要涉及宪法第42—46条。此外，也有学者认为现行宪法第8、11、13、16—19、21、26条亦规定了国家在发展社会权方面的职责。尽管如此，我国学者对社会权外延的理解仍具有很大的不确定性。例如，学者夏正林博士在对世界各国宪法文本有关社会权条款进行统计分析时，即认为社会权只包括了劳动权、受教育权、最低生活保障权、医疗卫生权、住房权利、环境权。⑤ 而王惠玲博士在对世界107部宪法进行比较研究时，则将社会权范围主要限定在社会保障权、受教育权、劳动权、休息权、罢工权、健

---

① ［挪威］艾德：《经济、社会和文化的权利》，黄列译，中国社会科学出版社2003年版，第16—17页。
② 参见郑贤君《社会基本权理论》，中国政法大学出版社2011年版，第10—11页。
③ 参见林喆《公民基本人权法律制度研究》，北京大学出版社2006年版，第74页。
④ 参见［日］芦部信喜《宪法》，林来梵等译，北京大学出版社2006年版，第242页。
⑤ 参见夏正林《社会权规范研究》，山东人民出版社2007年版，第239—251页。

康权以及环境权等方面。① 此外，亦有学者如莫纪宏教授即从学理角度出发，进而认为社会权包括公民资格权、生存权、劳动权、受教育权、发展权、环境权以及婚姻家庭中的权利等。

（二）确定社会权外延谱系的双重视角

虽然学界就社会权外延的具体内容仍存在诸多不同看法，但它们亦并非毫无规律可循。在现实中，各国关于社会权外延谱系的基本构造，它不仅受制于国际人权文件以及宪法文本对社会权内容的具体规定，同时看一项权利是否属于社会权，必须将其置于社会权内涵之中加以权衡。质言之，正如学者莫纪宏教授所言，要在法理上清晰勾画出社会权的外延体系，必须"以社会权在保障个体社会化中的作用为基础来全面认识社会权在不同领域所表现出的不同的权利内涵"。② 综合以上两方面的考虑因素，我们认为社会权外延谱系的确定，可以同时统合上述学理以及规范分析两种径路，并可从国际法和国内法两个视角加以分析。

1. 国际法视角下的社会权外延谱系：以《经社文公约》规定为中心

对于国际法视角下社会权外延谱系的确定，我们首先赞同以《经济、社会和文化权利国际公约》为分析蓝本，但对于该公约所规定的各项具体权利是否都应当纳入社会权范畴，我们认为则还要进一步加以甄别。因为，如前文所述，在《经社文公约》中亦同时含有诸多自由权的内容。

根据前文学者艾德所述，适当生活水准权乃是社会权的核心。对于此种观点，笔者不仅深表赞同，而且还认为在国际层面，对社会权外延谱系的具体分析应当以此为逻辑起点。

首先，根据《经社文公约》第 11 条第 1 款规定："人人有权为自己及其家庭获得相当生活水准，包括足够的食物、衣着及住房，并不

---

① 王惠玲：《成文宪法的比较研究：以107部宪法文本为研究对象》，对外经济贸易大学出版社2010年版，第88页。

② 莫纪宏：《论对社会权的宪法保护》，《河南省政法管理干部学院学报》2008年第3期。

断改善生活条件。"我们至少可以归纳出如下两层意义：第一，将适当生活水准权作为社会权外延谱系的核心，不仅具有学理基础，即与上述学理层面社会权所涵摄的现实目标完全吻合，同时亦具有了规范依据；第二，该条文中所表述的"足够的食物、衣着和住房，并不断改善生活条件"，事实上已经表明了适当生活水准权与食物权、住房权以及狭义的社会福利权等社会权之间的关系。即上述各项社会权都是适当生活水准权的具体内容和表现。当然，还必须特别指出的是，虽然《经社文公约》第11条所规定的适当生活水准权没有将健康权纳入其中，但鉴于另一国际人权文件即《世界人权宣言》第25条已明确将"适当生活水准"表述为"足以维持他本人及其家属的健康与福利，包括食物、衣着、住房、医疗和必要的社会服务"，而《经社文公约》第11条又专门就健康权进行了规定，因而本书认为健康权也应属于适当生活水准权的具体内容之一。

其次，适当生活水准权作为社会权的一项目标性权利，其具体实现必须有赖于国家、公民个体以及其家庭等义务主体的义务履行。对于上述义务的履行，通常认为公民个体乃负有第一位义务，即其必须通过努力谋求工作进而达致其适当生活水准的获得。然而，基于社会之情势，并不是所有的公民个体具有工作意愿就都能找到工作或者找到工作就都能够保证其获得适当之生活水准，此时，通常认为，在此种情形下，国家乃负有保证公民工作权之义务。也正是因为此，即"工作权利对享受粮食、衣物、住房等某些谋生和生活权利至关重要"[①]，因而，《经社文公约》第6条、第7条分别规定了公民享有工作以及公正和良好的工作条件的权利。此外，在通常情形下，由于是否接受教育以及受教育程度如何不仅影响到公民的就业，同时制约着公民适当生活水准的最终实现。因而，作为保障公民工作权的辅助手段，《经社文公约》第13条又明确规定了公民受教育的权利。

---

① 杨冠宇：《联合国人权公约机构与经典要义》，中国人民公安大学出版社2005年版，第18页。

再次，虽然适当生活水准权的实现首先必须依赖于公民个体的自身努力，但并不是所有公民个体通过自身的努力就能够达致适当生活水准的获得。通常在此一情形下，公民个体首先必须仰赖于其家庭其他成员的救济；在当其家庭其他成员亦不能给予其合适支持时，国家须承担起最终的社会保障责任。基于如上逻辑，《经社文公约》第10条明确规定了对"家庭的保护和协助"；第9条明确规定，"人人有权享受社会保障，包括社会保险。"

总而言之，通过如上分析，我们认为在国际层面，社会权概念的外延应当包括适当生活水准权、食物权、住房权、健康权、工作权、受教育权、社会保障权等多项内容。具体来说，其谱系结构如图1.1所示：

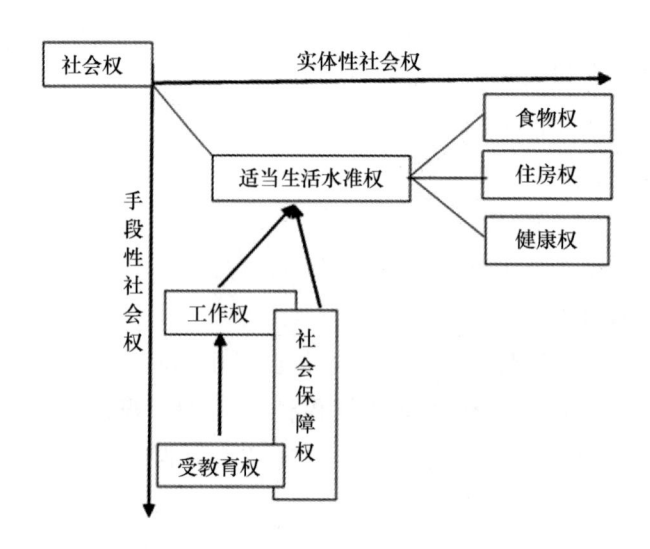

图1.1 国际法视角下的社会权外延谱系

（二）国内法视角下的社会权外延谱系：以中国为中心

从世界范围来看，虽然并不是所有国家都在宪法中规定了社会权，也不是只有在宪法中规定有社会权条款才意味着其国内存在社会权保障的事实，但从目前学界的研究现状来看，绝大多数学者对社会权的研究均是从国际人权文件以及宪法等规范文本出发的。笔者亦不例外。具体来说，我们认为对社会权外延谱系的研究，除可以参考上述国际人权文件所规定的普遍性模型之外，对其具体深化研究还必须考察其国内法尤其是宪法关于社会权内容的具体规定。

虽然各国关于社会权内容的具体规定，因其国情不同而存在诸多差异，但总体说来，其仍存在一些共同特征。若单纯从宪法文本角度考察，目前各国宪法关于社会权的立宪规定大致存在以下三种形式：（1）将社会权与其他权利不加区分地集中规定在一个名为公民的基本权利或类似的标题之下；（2）将社会权与其他权利分成不同的章节加以规定；（3）将社会权规定散落在总纲、基本国策、经济社会制度等其他章节中。

其中，对于第（1）和第（3）种方式来说，由于其权利本身即是置于整个宪法制度或基本权利当中，因而对于哪些权利应当属于社会权范畴，我们必须有一个判断的过程。而判断的依据，无疑应当是社会权的内涵。即只有符合社会权内涵的宪法规范，才能将其纳入社会权规范范畴。而对于第（2）种规定方式，虽然其宪法以专章的形式对社会权问题进行了明确规定，但这并非表明在这一专章中所规定的所有权利内容就都系属于社会权范畴。以上述《希腊共和国》宪法为例，虽然其单独规定了"个人权利与社会权利"章节，但对于其所规定非营利性结社权、和平集会权、学术自由、讲授自由等权利内容，就显然不符合社会权的内涵要求。

就我国而言，现行宪法关于社会权的规定，主要采取了第（1）和第（3）种立宪方式。其中，根据学者夏正林博士的论述，体现为第（1）种立宪方式的主要有"公民基本权利与义务"章节中的第33条第3款、第42至第48条；而体现为第（3）种立宪方式的主要有"总纲"中的第14条、第19至22条、第26条。[①] 对于上述条款所体现的社会权外延谱系，有学者将其归纳为劳动权、社会保障权、受教育权以及文化权。同时，该学者还认为，虽然我国宪法没有明确规定基本生活水准权和健康权，但通过结合宪法第33条第3款、第14条第3款，可解释出我国公民享有的"基本生活水准权"；通过结合第45条第1款、第

---

① 参见夏正林《社会权规范研究》，山东人民出版社2007年版，第221—224页。

21条第1款,可以解释出作为社会权的"健康权"。①

就笔者而言,我们认为上述观点诚有商榷之必要。首先,对夏博士所列举的我国宪法文本所规定的各社会权条款,我们认为虽然上述大多数条款都应被列为社会权谱系范畴,但也有个别条款所体现的并不是社会权甚至基本权利的内容。例如,上述总纲第20条、第21条、第26条以及基本权利章节的第46条,在内容维度上,其即与社会权的内涵相去甚远;而其第47条除男女同工同酬可纳入劳动权范畴外,其所规定的平等权事实上亦并非社会权范畴。其次,对于上官丕亮教授所提出的我国宪法社会权外延谱系,笔者基本上予以赞同,但对于上述健康权以及基本生活水准权的推导则保留意见,因为上述推导虽然有利于将我国宪法与《经社文公约》的相关规定相接轨,但仅仅依靠如上条文加以推导仍显得有点牵强。

总体说来,我们认为若以我国现行宪法文本为规范依据,其所规定的社会权条款主要应当包括以下几个方面:

第一,劳动权。根据我国宪法第42条规定,现代意义上的劳动权,它不仅是公民依法享有的一项社会基本权利,同时也是公民的一项基本义务。作为一项社会基本权利,劳动权所暗含的国家保护义务主要包括:(1)通过各种途径创造和改善劳动就业及劳动条件,强化劳动保护提高劳动报酬以及福利待遇;(2)对就业前的公民进行劳动培训;(3)发展劳动者休息及休养设施,规定职工工作时间及休假制度。而除此之外,宪法第47条第2款所规定的同工同酬亦应被视为系劳动权的具体内容。

第二,获得物质帮助权(或称为社会保障权)。就我国而言,现行宪法第45条明确规定了公民在年老、疾病以及丧失劳动能力等特殊情形下有权获得物质帮助,国家必须通过发展社会保险、社会救助以及医疗卫生事业等保证公民上述权利的实现。对此规定,笔者认为若严格从宪法文本出发,可以断定该条款所表述的乃是公民有获得物质帮助的权利,社会保障只是作为一种手段性价值,用以保证上述获

---

① 参见上官丕亮《论宪法上的社会权》,《江苏社会科学》2010年第2期。

得物质帮助权的实现。不过，若将上述条款与国际人权公约以及其他国家宪法的相关规定相比较，则可以发现该获得物质帮助权事实上只是社会保障范畴的社会救济权内容。如是，将宪法第 45 条、第 44 条、第 14 条第 4 款的相关规定结合起来，我们认为亦可以将其视为社会保障权，或将其称之为作为社会权的社会保障制度。

第三，受教育权。我国现行宪法第 46 条明确规定了公民有受教育的权利和义务。而除此之外，宪法在其总纲第 19 条还规定了国家为发展社会主义教育事业所应承担的多项宪法义务。这些义务主要包括：（1）举办各种学校，普及初等义务教育，发展中等教育、职业教育、高等教育以及学前教育；（2）发展各种教育设施，扫除文盲，对工人、农民、国家工作人员及其他劳动者进行各种教育和培训；（3）鼓励社会各界依照法律规定举办各种教育事业。

第二节　社会权思想的历史演进

世界历史已经证明，在任何国家或社会的任何时期，"贫困者都不是自由者"。如果没有经济上的安全和独立，真正的个人自由便不会存在。社会权作为一种独立人权类型的诞生，无疑是历史发展的必然。立基于主流人权理论的"人权的不可分割和相互依存性"原理，社会权理念的萌芽、形成与发展都与人们对自由与平等的追求息息相关，并蕴含于其中。在现代社会，强调社会权不仅是社会主义社会的一贯主张，同时即便是在那些严格遵循自由主义的国度和社会，其关于社会权理念的倡导与贯彻也从未停止过。

一　近代以前社会权思想的萌芽

马克思主义人权观认为，人权的概念并非自古有之，它"是历史地产生的，是人们的权利要求和权利积累不断增长的结果"。[①] 自上古到中世纪，有关人权的思想虽然已在西方社会开始萌芽，但其终究没

---

① 夏勇：《人权概念的起源》，中国政法大学出版社 2001 年版，第 61 页。

有形成完整的、系统的人权体系，也没有所谓的自由权以及社会权之说。

在原始社会时期，当时的社会观念普遍认为存活的需要是压倒一切的，但这种需要的指向主要系针对自然界以及生存意义上的敌人，而并非意在要享有并维系一种社会上的权利或自由。在古希腊罗马时期，虽然柏拉图、亚里士多德等哲学家也探讨过有关自由与生存的问题，但严格说来，他们最为关注的是——尽管程度上有所不同——善及其在城邦的实现。例如，在柏拉图眼里，"人的生存就是追求善"，而揭示至善乃是他哲学的全部目的。亚里士多德虽然也曾谈论过富人应当对穷人慷慨，但其并不是从穷人应享有经济、社会和文化权利的角度来考虑问题。[①] 尽管如此，在这一时期仍然存在社会权理念的些许萌芽。例如，智者学派中的希庇亚等人在批判雅典民主制度及其法律的同时，就提出了关于人的权利和所有人都有实现同一目的自由和平等的说法。特别是塞涅卡（Seneca）在抨击当时盛行的奴隶制度、剑术决斗和把人扔进野兽中进行表演时，更是明确表达了关于人的尊严的强烈情绪。[②] 在一定程度上，可以说，智者学派倡导的"人的尊严，自由和平等的自然法基础"，乃是社会权理念的最初起源。在此之后，人权（包括自由权和社会权）作为人类社会发展的一种目标性价值，"一直都隐含在斯多噶学派以来的政治思想中，且是罗马人传播斯多噶平等概念的一个结果。"[③]

在中世纪，《圣经》系基督教文献中的绝对经典，它主要阐述了上帝教人以真正的幸福和得救的方法。在此之中，"摩西十诫"作为《圣经·旧约》经典之中的经典，其有关弱者保护的法例，可以堪称人类最早期的社会权法案。根据加尔文主义者约翰内斯·阿图修斯的研究，"十诫"中所描述的各种自然权利主要可以分为"灵魂的权

---

① See Joseph Wronka, *Human Rights and Social Policy in the 21st Century*, University Press of America, 1998, p.44.
② [德] 海因里希·罗门：《自然法的观念史和哲学》，上海三联书店2007年版，第22页。
③ [英] 登特列夫：《自然法法律哲学导论》，李日章等译，新星出版社2008年版，第54页。

利"和"社会的权利"两个门类。其中，就后者而言，它又可以细分为"自然的生命权"和"身体自由和被保护权""纯净和纯洁权"、财产权、名誉权、"家庭权"等多种子类型。① 仔细分析以上各权利内容，可以发现它们在性质上不仅体现为一种"禁止性"的消极人权，同时亦表现为一种积极的受益权或自由。具体来说，其主要可以表现为两个方面："第一，人有义务去满足他人的基本生存权，如救济穷人、怜悯孤儿寡妇、工作权和休息权等；第二，强调正义、公平、履行义务寻求公正的社会经济权。"②

在这一时期，除"摩西十诫"之外，作为公认的基督教思想集大成者、经院哲学派代表人物托马斯·阿奎那亦在相关论述中提及并倡导了社会权的若干理念。具体来说，这种相关论述主要表现在以下方面：第一，在论述"怎样达到政治社会中的幸福生活的目的"时，他明确指出由于尘世的幸福生活的目的是享受天堂的幸福，因而君主有义务促进社会福利，使其能够适当导致天堂的幸福。为保证个人幸福及社会安宁，"必须依靠统治者的智慧保有那种为幸福生活所不可缺少的物质福利的充裕。"③ 第二，针对社会弱势群体的利益需求，他在致布拉班女公爵的信中，认为对于没收犹太人重利盘剥之钱、基督徒臣民供奉之钱、大臣苛征之钱，如果未能找到受害人，则应当将上述之钱"用于贵国的公益方面，以济贫恤穷或为社会谋福利"。④ 第三，在探讨财产权问题时，他认为"物质财富是为了满足人类的需要而准备的"，富人应当对穷人负有博爱的义务。若存在明显且迫切需要，穷人"可以公开地或者用偷窃的办法从另一个人的财产中取得所需要的东西。严格地说来，这也不算欺骗或盗窃"。⑤

总之，在前近代时期，虽然自古希腊伊始就存在有关社会权理念的萌芽，但总体而言，它并没有形成独立的人权（包括社会权在内）

---

① 参见［美］维特《权利的变革——早期加尔文教中大法律、宗教和人权》，苗文龙等译，中国法制出版社2010年版，第201、209—210页。
② 龚向和：《社会权的历史演变》，《时代法学》2005年第3期。
③ 《阿奎那政治著作选》，马清槐译，商务印书馆2010年版，第88页。
④ 《阿奎那政治著作选》，马清槐译，商务印书馆2010年版，第91页。
⑤ 《阿奎那政治著作选》，马清槐译，商务印书馆2010年版，第143页。

概念及完整的人权体系。在这一历史时期，就国家与公民的"权义关系"而言，国家权力本位与公民义务本位仍是其发展的主轴。在此过程中，公民个体要么只负有繁重的义务而不知权利乃为何物，要么其孱弱的权利观念总是淹没于道德以及宗教义务之中。尽管如此，历史实践已经证明，上述有关人的尊严、自由与平等等自然法理念的兴起，对社会权作为人权的最终形成无疑产生了最为深远的影响。

二 近代时期社会权思想的形成

根据基督教教义，无论采行哪种所有制，每个人的生存需要都必需获得满足。在此宗教背景之下，17 世纪诞生的近代自然法学派代表人物，如霍布斯、洛克等，皆认为私产权和生存权可以并行不悖，当两者在某些极为特殊的情况下相冲突时，私产权甚至还必须让位于生存权。但总体说来，这一时期的生存权概念并不等于社会权，它离现代社会权所欲达致的"可以被接受的最起码社会标准"仍有很大一段差距。

在近代，虽然霍布斯不总是被当作自由主义思想的一个主要来源，但就整个历史发展来看，其对自由以及个人"自我保存"等问题的阐述，无疑对社会权理念的演进具有重要启迪。具体来说，第一，他首次将权利与自由相等同，认为所谓权利，即是指每个人都有按照正确的理性去运用他的自然能力的自由。人们除了具有自我保存的基本权利之外，其还拥有着"买卖或其他契约行为的自由，选择自己的住所、饮食、生业，以及按自己认为适宜的方式教育子女的自由等等都是。"[①] 而这些所谓的经济自由、教育自由等，正是属于现代社会权之消极防御权层面所表征的内容。第二，霍氏认为自然权利的首要基础，即是"每个人都尽其可能地保护他的生命。"[②] 社会和政府的创造，其纯粹系基于以自我为中心的工具主义考量。在自然原初状态下，人人生而平等并时刻处于像狼一样的相互争斗之中，正是为了摆

---

① ［英］霍布斯：《利维坦》，黎思复等译，商务印书馆 2010 年版，第 165 页。
② ［英］霍布斯：《论公民》，应星、冯克利译，贵州人民出版社 2003 年版，第 7—8 页。

脱这种战争状态，人们始才接受理性的指导，进而通过契约形式转让自己的自然权利以缔结成为国家。由此，国家据以成立的唯一职责即在于为人民求得生存与安全。在这里，是所谓"生存与安全"，它不仅意指保全生命，而且也包括每个人通过合法的劳动、在不危害国家的条件下可以获得生活上的一切满足。第三，霍布斯作为英国济贫系统的支持者，其对失业者所采取的宽容态度，即他认为对于那些"'并非由于自身的错误'，而是'由于不可避免的意外事故'发现他们自己'不能通过自身的劳动维持自己'，这些人不应该留给某种'私人的慈善'带来的幸运，而是应由'国家的法律来救济'"，①更是对社会权的最终形成具有积极促进意义。

约翰·洛克，作为近代西方自由主义的奠基人，他"第一次把'生命、自由和财产'排列在了一起，称之为一种权利，并作为现代社会和政府的目的。"②从《政府论》下篇的相关论述来看，洛克的上述自然权利理论事实上就暗含着丰富的积极人权思想。第一，虽然洛克承认"人一出生即享有生存的权利"，但这并非洛克理论的核心因素。在他眼里，个人的自我生存，是在使全人类生存的权利和责任的联系中出现的，保护社会全体应当优先于个人的要求。作为例证，他在"论征服"篇章中就明确指出，"如果没有足够的东西可以充分满足双方面的要求，即赔偿征服者的损失和照顾儿女们的生活所需时，富足有余的人应该减少他的获得充分满足的要求，让那些不是如此就会受到死亡威胁的人取得他们的迫切和优先的权利"。③第二，在政府的建制问题上，他认为"个人的安全与幸福不是维持政府的条件，而是所以要建立政府的唯一目的"。④立法权，作为每一个国家中

---

① ［英］安东尼·阿巴拉斯特：《西方自由主义的兴衰》（上），曹海军等译，吉林人民出版社2010年版，第171页。
② 李宏图：《从"权力"走向"权利"：西欧近代自由主义思潮研究》，上海人民出版社2007年版，第43页。
③ ［英］洛克：《政府论》（下篇），叶启芳、瞿菊农译，商务印书馆2010年版，第118页。
④ ［美］威廉·邓宁：《政治学说史》（中卷），谢义伟译，吉林出版集团有限公司2009年版，第190页。

的最高权力,其必须以社会公众福利为限,即它"决不能有毁灭、奴役或故意使臣民陷于贫困的权利"。① 在此,洛克虽然没有明确言及政府应通过一种积极的作为去保障公民的生存自由,但通过上述激进的言词,其至少已经表明"自由主义传统,甚至当它 17 世纪起源时,就具有这样一种理论渊源,即允许——实际上是要求——研究人权的一种比较宽泛的和比较人道的途径"。② 第三,在"论财产"篇章中,其有关财产有条件的无限积累的论述,事实上暗含着对经济、社会人权的辩护。他认为,当一个人所占有的物品已经超过其必要用途和可能提供给他的生活需要限度时,他就不应再享有此权利,除非他将多余的那部分已经送给了旁人。由于上帝在赋予人类共同享有土地和其中一切的同时,也赋予了人们以平等和自由的权利,因而现实中,当无限的个人积累威胁到其他人的实际生活时,政府就必须采取针对性的政治行动,即限制积累。

在 18 世纪,古典自由主义"经济学之父"亚当·斯密系第一个以"可被接受性"(decency)之概念界定最低生活水准的政治思想家。虽然他没有明确提及社会权主张,但上述"可被接受性"之概念无疑为现代社会权的诞生提供了非常重要的思想渊源。在《国富论》当中,亚当·斯密明确指出,"只有给全体人民提供食物、衣服和住所的人们,同时能分享自己劳动产物的部分,使自己的衣食住也过得去,这才是公平"。③ 即便是在最低级的普通劳动中,他的工资也至少必须能维持其生活。并且,在大多数的场合,它们还应该多少多一点儿。在斯密眼中,"显然最低工资是合乎普通的人性的。"为保证上述"可被接受性"的最大限度实现,斯密还强调国家必须提供教育和最低限度的公共事业。他认为,"在一个文明和商业社会里,对普通百姓的教育比对某些富有阶层的人的教育更需要国家的关注"。④ 国家必

---

① [英]洛克:《政府论》(下篇),叶启芳、瞿菊农译,商务印书馆 2010 年版,第 84—85 页。

② [美]杰克·唐纳利:《普遍人权的理论与实践》,王浦劬译,中国社会科学出版社 2001 年版,第 112—113 页。

③ [英]亚当·斯密:《国富论》,谢祖钧译,新世界出版社 2007 年版,第 65 页。

④ [英]亚当·斯密:《国富论》,谢祖钧译,新世界出版社 2007 年版,第 595 页。

须通过在每个教区或地区建立一所小学,以方便、鼓励,甚至使大部人民获得读、写、算等最基本的教育。虽然斯密总是乐观地相信即使是处境最差者,其在自由市场中的生活水平仍可以跨越"可被接受性"的门槛,但事实上,这种乐观仅仅是一种"乌托邦"的设想。作为理论上的局限性,他不仅没能明确指出基本需求之满足是否应当属于公民的一项基本权利,同时也没有表明对于那些在现实中确实存在的未能越过上述门槛的公民,国家是否应当以"可被接受性"之理由,对其进行相应的行政干预或救济。

此后,以英国贫民和基督教教徒家庭身份出身的托马斯·潘恩,终于在继承洛克、斯密等自由主义者福利思想的基础上,通过倡导一系列激进的社会福利改革方案,破天荒地将"天赋权利"从生存权范畴——它集中体现为参政选举权——扩展至社会权领域。在《人权论》中,他明确指出,"天赋权利就是人在生存方面所具有的权利。其中包括所有智能上的权利,或是思想上的权利,还包括所有那些不妨害别人的天赋权利而为个人自己谋求安乐的权利"。[1] 政府无论采用何种组织形式,其唯一目的都应是谋求和保证人们追求自由、平等和获得幸福的权利。当个人的天赋权利转变成公民权利时,若他们缺乏行使上述权利的能力,政府则必须承担相应的保证责任或义务。例如,通过分析当时欧洲社会不满的根源,潘恩就呼吁国家必须施行普及公费教育、设立儿童津贴和养老金、为失业者安排就业门路、对私有财产征收累进所得税等社会改革方案,同时还强调上述改革之举措,"不是施舍而是权利,不是慷慨而是正义"。[2]

总之,在近代伴随着人权概念的演进,私产权和生存权作为人权内容的两大分支总是相伴而行。在 17 世纪,虽然霍布斯、洛克等早期启蒙思想家普遍同意应当通过税收等方式来保障和救济穷人,但在终极意义上,他们仍然认为国家系以保障私产为首任。但到 18 世纪中后期,受当时国际政治、经济、社会局势的影响,亚当·斯

---

[1] 《潘恩选集》,马清槐等译,商务印书馆 1982 年版,第 142 页。
[2] Paul Hunt, *Reclaiming Social Rights*, Dartmouth Publishing Company, 1996, p. 7.

密、潘恩等思想家相继提出了应当以"可被接受性"之概念判定最起码生活需要之标准以及社经之基本需求乃是一种"权利"和"正义"的主张,并在全世界产生了深远影响。至此,我们认为近代以来,虽然以上思想家都没有明确提及社会权概念,但正如学者陈宜中所言,"把潘恩的社经正义和社经权利主张,加上亚当·斯密的'需要'和'可被接受性'等概念,我们所得到的便是现代社会权论述的大致轮廓"。①

三 现代时期社会权思想的发展

(一) 自由主义阵营对社会权思想的隐性贯彻:以美国为例

如上所述,虽然早在 18 世纪,社会权的大致轮廓就已经成形,但总体而言,近代的人权体系主要是立基于人的消极自由,强调国家对生命、自由和财产的尊重。直到 19 世纪末期,随着公民基础教育的发展,社会权才获得复兴并重新被嵌入到了公民权结构中。在现代,最早明确提出社会公民权概念的系英国社会学家 T. H. 马歇尔,他在 1949 年的"公民权与社会阶级"演讲中指出公民权有三个维度:即市民的、政治的和社会的。其中,最后者即意指本书所称的社会权,它系"从享受少量的经济和安全的福利到充分分享社会遗产并按照社会通行标准享受文明生活的权利等一系列权利"。② 直至目前,虽然几乎所有的西方资本主义国家都已将社会权的核心理念——基本需要之满足,作为一项最基本的"社会正义"原则而加以贯彻和执行,但其在内部,就社会权概念本身存立的必要性,以及其作为基本人权的正当性等问题,仍存在诸多争议。

以严格奉行"自由中心主义"的美国为例,早在 20 世纪三四十年代,其时任总统罗斯福即提出了诸多有关社会权色彩的"新政"方案,如倡导"四大自由"原则、"第二权利法案"等。具体来说,罗

---

① 陈宜中:《国家应当维护社会权吗?——评当代反社会权论者的几项看法》,《人文及社会科学集刊》1992 年第 6 期。

② Marshall, "Citizenship and Social Class", In T. H. Marshall & Tom Bottomore (eds.), *Citizenship and Social Class*, London: Pluto Press, 1992, p. 8.

斯福认为"一个成熟的工业社会不能由自由放任的宪法统治,……每个人都有舒服的生存的权利,无论是正式的,还是非正式的,通过政治的或经济的手段,政府都应尽可能想方设法用国家的财富使每个人通过工作获得足够的物质条件"。① 每个公民除了有充分发表言论和意见的自由、利用自己偏爱的方式崇奉上帝的自由外,其还应当享有"不匮乏的自由"和"不虞恐惧的自由"。为了保证上述自由的实现,每个公民都应有权获得足够的食物、衣着和娱乐,有权获得足够的医疗照顾、舒适的住房、良好的教育,以及足以免于对年老、患病、事故和失业的经济恐慌。② 与上述政见相呼应,美国最高法院在该时期通过"西岸宾馆诉帕里什"③(West Coast Hotel Company v. Parrish)等一系列案件,亦表示社会保障乃是一项普遍的公民权利,它系公民自由内容的扩张,国家应当有义务对贫困者、年老以及失业者等给予最基本的援助或救济。

到20世纪60年代末,受总统尼克松政见以及国内经济局势等因素的影响,美国最高法院开始扭转承认社经基本需求乃系一项基本人权的趋势,并认为宪法中不能包含社会经济保障的内容。而与此同时,美国学术界亦围绕宪法是否应当包含工作权、充足收入、医疗保健等社会权内容而展开了激烈的争论。最终,多数论者认为社经基本需求乃实现道德人的必要条件,依据"道德人"(moral agency)等概念可以推导出社经基本需求之满足,乃系一项最基本的社会正义原则,但对于是否有必要以基本权形式对其予以进一步矫正,则未能达成统一意见。其中,著名法哲学家罗尔斯、德沃金等均认为在社经问题上,基于现实考量,"社会权"概念未必是表达基本需要原则的最佳方式,利用"正义"语言以代替"权利"语言应当更适当一些。

---

① See Franklin D. Roosevelt, "New Conditions Impose New Requirement upon Government and Those Who Conduct Government, Campaign Address at the Commonwealth Club, San Francisco, Calif. (Sept. 23, 1932)", in *the Public Papers of Franklin D. Roosevelt*, Vol. 1, 1938, p. 754.

② See Franklin D. Roosevelt, *National Service Law Necessary: A Second Bill of Rights*, 10 Vital Speeches Day, 1944, pp. 194, 197.

③ West Coast Hotel Co. v. Parrish, 300 U. S. 379 (1937).

在《作为公平的正义》一书中，罗尔斯就曾明确表态"在关于宪法实质的问题上，以及关于基本正义的问题上，我们力图仅仅诉诸每一位公民都能够加以赞成的原则和价值"。① 就正义诸理论而言，它应当同时包含两项基本原则，即政治自由的公平价值原则和公平的机会平等和差异原则。其中，前者作为正义的第一位原则，不论其系成文的还系不成文的，都应当属于"宪法权力"（constituent power）的范畴，尤其是对于那些诸如平等的政治自由、思想自由和结社自由等，更应当通过宪法来加以保障。对于后者，根基于社会的"基本善"观念，社会的和经济的不平等，首先必须满足使其适合于最少受惠者的最大利益；其次必须依系于在机会公平平等的条件下职务和地位向所有人开放。尽管如此，他认为在具体的宪制秩序中，这一原则的绝大部分内容仅只能应用于立法阶段，而非立宪大会阶段。质言之，在罗尔斯的正义理论中，其第二位正义原则仅仅系表征一种"纯粹背景程序正义"，在此之中，差异原则作为一种互惠性原则，虽有权要求"财富和收入方面的差别无论有多么大，人们无论多么情愿工作以在产品中为自己挣得更大的份额，现存的不平等必须确实有效地有利于最不利者的利益"，但归根结底，其所要求的东西并不能当然、直接被视为系宪法实质问题，只有在某些特定情形下，如在为所有公民的基本需求提供最低社会保障等，才存在些许例外。

继罗尔斯之后，德沃金一直被人们视为20世纪美国自由主义中立的最明显也是最坦率的拥护者，他倡导的"自由主义平等观"也极力主张公民自由应与一定的社经基本需求相联系，并认为"作为公平的正义是建筑在一个自然权利的假设之上的，这个权利就是所有男人和女人享有平等的关心和尊重的权利。"② 从伦理个人主义的基本立场出发，完备的自由主义理论应当同时满足重要性平等原则和具体责任原则。依据上述原则，每个人对其是否成功虽然应负有具体的和最终

---

① ［美］罗尔斯：《作为公平的正义》，姚大志译，中国社会科学出版社2011年版，第54页。

② ［美］德沃金：《认真对待权利》，信春鹰、吴玉章译，上海三联书店2008年版，第244页。

的责任，但由于"从客观的角度讲，人生取得成功而不被虚度是重要的，而且从主观的角度讲这对每个人的人生同等重要"。① 因而，政府必须采取法律和政策，以保证在政府所能做到的范围内，公民的命运不受他们的其他条件，诸如经济前景、特殊技能或其他不利条件的影响。

虽然罗尔斯、德沃金等学者均未能明确提及并认可社会权概念，但其在正义理论以及资源平等理论中所倡导的对于弱者社经基本需求的关注，还是从另一个侧面印证了社会权之核心理念与现代自由主义间千丝万缕的联系。在罗尔斯视域下，虽然正义的第一位原则所关注的政治权力的获得和行使具有优先适用的能力，但这种优先适用并非排斥正义的第二位原则。依据正义的两项基本原则，社会的基本结构应同时具备两种并列的功能。其中，"在一种功能中，基本结构规定和确保了公平之平等的基本自由，并建立了一种正义的立宪制体。在另一种功能中，它提供了对自由和平等的公民而言最合适的社会正义和经济正义之背景制度"。② 就德沃金而言，其在《至上的美德》等著作中亦多次表明在一个秩序良好的现代社会，平等与自由总是相容的，即便出现了某些冲突情况，自由也必须让位于平等。例如，他认为"自由和平等之间任何真正的竞争，都是自由必败的竞争"。③ 在此基础之上，他所倡导的"资源平等观"，即社会只提供正常生活所需要的资源，个人应对这种资源转化为个人福利负责，事实上即蕴含并反映着社会权的核心理念——社经基本需求之满足。质言之，立基于社会道德伦理，即人们正当拥有不同数量的财富，不能仅因其与生俱来的生产他人所需物品能力的不同而不同，因而国家必须有效调整并纠正上述由市场自发分配所导致的缺陷与不足，以便使某些人得到他理应得到却因各种初始优势、运气和与生俱来的能力较差而未得到

---

① [美]德沃金：《至上的美德：平等的理论与实践》，冯克利译，江苏人民出版社2003年版，导论第6页。
② [美]罗尔斯：《作为公平的正义》，姚大志译，中国社会科学出版社2011年版，第62页。
③ [美]德沃金：《至上的美德：平等的理论与实践》，冯克利译，江苏人民出版社2003年版，第128页。

的资源份额。

20世纪80年代以后,受新科技革命以及经济危机等因素的持续影响,美国等资本主义国家关于福利国家以及社会福利理论正当性的反思和质疑,呈现出了愈演愈烈的态势。以诺齐克为代表的"右翼"自由主义学者极力倡导建立一种"最弱意义的国家"秩序。他认为在现代社会,正义只与个人的自愿行为相关,除防止暴力、偷窃、欺骗以及强制履行契约之外,国家既"不可用它的强制手段来迫使一些公民给别人提供帮助,也不能用强制手段禁止人们自利或自我保护的活动"。[①] 受上述自由主义观念以及社会时局的影响,80年代的里根政府通过国会几乎缩减了所有社会保障计划和项目的开支,并就多数贫困家庭享有社会救济的时间、有劳动能力的成年人接受救济补助的期限等进行了明确限制。尽管如此,里根政府仍然认为消减福利开支并没有伤害真正需要救济的民众,而是鼓励穷人通过努力寻求工作机会进而早日摆脱贫困。此后,美国历任政府所推行的社会保障计划也基本上都沿袭了这一改革思路,即"强调政府与社会福利受益人的双向义务,即政府有义务对穷人提供帮助,而受到帮助的人有义务发展自己自立自强、有利于社会的态度和行为"。[②]

(二)社会主义阵营对社会权思想的一贯主张

通常认为,"平等是现代性的核心价值之一",[③] 社会主义优越于资本主义的一个显著特征,即在于前者旨在为实现更高层次的平等(主要系指实质平等)创造理念和制度平台。而根据前文所述,这恰好亦是社会权所涵摄的终极价值关怀。若将上述两者统一在社会权视域加以研究,则可发现承认和发展社会权乃是社会主义的本质要求之所在。

1. 社会主义创立者的积极阐述

众所周知,社会主义的核心价值即在于追求建立平等的社会关

[①] 李彬:《谁来关怀弱者——也谈诺齐克与罗尔斯之争》,《伦理学研究》2010年第4期。

[②] 牛文光:《美国社会保障制度的发展》,中国劳动社会保障出版社2004年版,第193页。

[③] 魏波:《以"平等"看待社会主义——现代性与平等的内在张力与克服》,《社会主义研究》2009年第2期。

系。也即，"社会主义本质理论不管其形式有什么变化，它的基本精神是一贯的，即实现人类平等。"① 早在空想社会主义时期，圣西门、傅立叶等空想社会主义者即提出了诸多有关社会平等方面的主张。例如，圣西门认为，他理想的社会乃是建立在完全平等基础上的"实业社会"，在该社会内，"政府应由两个阶级分掌：一个阶级以管理社会的精神福利为目的；另一个阶级则调整社会的物质福利。"②

在科学社会主义创立时期，马克思、恩格斯所提出的社会平等主张，更是体现了社会权所欲保障的具体领域和内容。具体来说，首先马克思认为，"权利决不能超出社会的经济结构以及由经济结构所制约的社会的文化发展。"③ 在社会主义阶段，要避免由个人天赋以及家庭状况等不同所导致的实际消费品的分配不平等，"权利就不应该是平等的，而应该是不平等的。"即作为一种替代性解决方案，可以通过税收或扣除的方式来实现按劳分配制度下所能达到的权利平等。其次，恩格斯在此基础上更为具体地阐述了具有社会权思想的主张，例如他曾明确指出："我们的目的是要建立社会主义制度，这种制度将给所有的人提供健康而有益的工作，给所有的人提供充裕的物质生活和闲暇时间，给所有的人提供真正的充分的自由。"④

此外，马克思还在其论著中强烈地表达了对妇女、儿童等群体之具体社会权的保护。例如，在1886年《马克思临时中央委员会就若干问题给代表指示》中，马克思明确指出，"必须绝对禁止妇女从事任何夜工，也禁止她们从事对妇女较弱的身体有害的，以及可能使她们受到有毒物质及其他有害物质影响的各种劳动"。同时，他还建议通过立法手续限制工作日（限制为8小时），因为"它不仅对于恢复构成每个民族骨干的工人阶级的健康和体力是必需的，而且对于保证工人有机会来发展智力，进行社交活动以及社会活动和政治活动，也

---

① 李冬俐：《社会主义本质与社会平等——社会主义本质理论的人本解读》，博士学位论文，天津师范大学，2006年，内容提要。
② 《圣西门选集》（下卷），何清新译，商务印书馆1962年版，第15页。
③ 《马克思恩格斯全集》（第3卷），人民出版社1995年版，第305页。
④ 《马克思恩格斯全集》（第21卷），人民出版社1965年版，第570页。

是必需的"。此外,他还认为"对儿童和少年工人应当按不同的年龄循序渐进地授以智育、体育和技术教育课程",把有报酬的生产劳动和上述教育形式结合起来,就会把工人阶级提高到比贵族和资产阶级高得多的水平。①

在社会主义列宁发展阶段,列宁认为社会生产力是保障公民政治权利和社会权利的物质基础,"只有在有物质保证的条件下,人民才能享受和行使这些权利(指资产阶级所标榜的民主、自由和平等的权利——笔者注)"。②当前,"俄共的任务是吸引日益众多的劳动群众来运用民主权利和自由,并扩大劳动群众运用民主权利和自由的物质条件"。③同时,在解决经济平等问题时,列宁还指出社会党人应当履行社会权保护义务,即"社会党人并不放弃争取改良的斗争。例如,他们现在也应当在议会内投票赞成任何改善群众生活状况的措施——哪怕是不大的改善也好——,赞成增加遭破坏地区居民的救济金……"④此外,列宁还特别强调了对无产阶级受教育权的平等保护。例如,在他的领导下,俄国国家教育委员会明确指出苏维埃政府在教育方面应当负有如下基本义务,包括实施免费的普及义务教育、组织统一的苏维埃学校、培养师资、增加国民教育经费、广泛建立成人文化教育组织等。

2. 社会主义宪法的格外重视

宪法作为国家的根本大法,若某项权利能够在宪法中明确加以规定,那么一般可以认为该国家对于此项权利是非常重视的。早在20世纪初,社会权即在某些社会主义国家宪法中获得了实证法地位。例如,1918年《苏俄宪法》第17条即明确规定:"为保障劳动者能够真正获得知识,俄罗斯社会主义联邦共和国的任务为给予工人各方面的完全的免费的教育。"此后,1919年《魏玛宪法》更是专辟一篇五

---

① 参见《马克思恩格斯全集》(第21卷),人民出版社1964年版,第214—218页。
② 参见苗贵山《马克思恩格斯人权理论及其当代价值》,人民出版社2007年版,第208页。
③ 《列宁全集》(第36卷),人民出版社1985年版,第169页。
④ 《列宁全集》(第27卷),人民出版社1990年版,第297页。

章规定"德国人民之基本权利及基本义务",其中"经济生活"、"教育及学校"、"共同生活"三章非常全面地规定了各项社会权内容,如生存权、劳动权、社会保险、必要的生活水准、受教育权,以及对妇女和儿童的特别保护与扶助等。

就目前社会权的立宪规定来看,根据学者王惠玲博士对世界107部宪法的统计研究,虽然资本主义国家和社会主义国家的宪法对社会权的规定率都比较高,但是两者之间的差距仍非常明显。具体来说,社会主义国家宪法乃是百分之百规定了社会权利,而资本主义国家的规定率只有67.6%。

而根据另外几组统计数据,(1)若将社会权外延谱系限定在劳动权、受教育权、休息权、社会保障权、健康权、住宅权、适当生活水准权等7个方面,则可发现社会主义国家宪法对社会权各项内容的平均规定率(57.1%),同比资本主义国家宪法至少高出14%。(2)根据统计,社会主义国家宪法的规定率明显高于资本主义国家的有7项,具体包括:游行示威(相差72.5个百分点)、被选举权(相差35.9个百分点)、请愿权(45.1个百分点)、劳动权(39.2个百分点)、受教育权(39.2个百分点)、休息权(54.9个百分点)、国家赔偿权(31.6个百分点)。[①] 此时,若将其与前文所述的社会权外延谱系内容加以比较,则可发现上述权利乃有一半是体现在社会权方面。

总而言之,通过对上述几组数据的统计分析,我们可以发现社会主义国家宪法对社会权的规定明显高于资本主义国家宪法。虽然该统计数据并不能动态反映各国对社会权保障的实际状况,但将社会权规定于其国家宪法中,即使其只具有宣示之功效,我们亦认为这种宣示本身既已表示了该国家对社会权的高度重视。

正如学者何志鹏教授所言:"权利的概念的正式出现虽然很晚,但是权利的思想渊源、追求权利的努力却可以追溯到很远。"[②] 虽然学界关于社会权概念的明确提出还不足百年,但有关社会权所欲表达的

---

① 王惠玲:《成文宪法的比较研究——以107部宪法文本为研究对象》,对外经济贸易大学出版社2010年版,第106页。
② 何志鹏:《权利基本理论:反思与构建》,北京大学出版社2012年版,第27页。

核心理念——对于人之尊严的维护以及社经基本需求的满足,却早在古希腊时期即已开始萌芽。在整个历史发展脉络中,社会权思想的最终形成并非一蹴而就,相反其经历了一个漫长的演进历程。直到18世纪后期,依托于英国经济学家亚当·斯密的"需要"与"可被接受性"概念,以及潘恩的社经正义和社经权利主张,社会权论述的大致轮廓才基本形成。在现代,自1918年《苏俄宪法》诞生以来,世界上已有越来越多的国家在其宪法中就社会权问题进行了明确规定,例如根据学者王惠玲对107部宪法的统计研究,已有80部宪法不同程度地规定或反映了社会权利,占74.8%。[①] 即便是在严格遵循"自由中心主义"的美国,其关于社会权核心理念的贯彻与落实也从未停止过。不仅如此,其在社会福利计划改革中积极倡导把参加工作、努力寻求工作机会作为享受国家社会救助的重要资格和条件,更是对完善社会权内部的权利谱系具有重要的参照意义。

第三节 社会权的规范效力

"社会权效力如何,直接影响其实施的方式和程度,研究社会权的实施必先解决好社会权的效力问题。"[②] 笔者认为在理论上,对社会权规范效力的分析,必须从宪法和法律两个层面进行。具体来说,其理由包括:第一,在世界范围内,并不是所有国家均在宪法中明确规定了社会权,对于那些尚未通过宪法规定社会权的国家,其对于社会权的具体保障都体现在法律层面;第二,即便在那些宪法中明确规定社会权的国家,其对于社会权的保护亦离不开法律层面的具体规范,因为在大多数情形下,正如法国学者 Jean Rivero 所言,没有具体化的社会权是"虚拟的"权利。[③] 当然,亦必须指出的是,在现实中,由

[①] 王惠玲:《成文宪法的比较研究——以107部宪法文本为研究对象》,对外经济贸易大学出版社2010年版,第88页。

[②] 龚向和:《作为人权的社会权》,人民出版社2007年版,第57页。

[③] Jean Rivero, Les libertés publiques, Les droits de l'homme, Paris: Vol. 1, p. 100. 转引自郭文姝《社会权概念在欧洲的演变》,博士学位论文,中国人民大学,2010年。

于各国对法律层面社会权的效力基本上已无争议，因而在下文，笔者对社会权规范效力的分析将主要集中在宪法效力层面。

一 德日学界对社会权宪法效力的探讨

（一）主客观效力：德国对社会权宪法效力的阐述

虽然台湾学者陈新民教授曾在《论社会基本权利》一文中，系统阐述了德国等西欧国家通过宪法层次实践社会权的诸多可能方式，如将其视为"方针条款"、"宪法委托"、"制度保障"以及"人民的公法权利"等[①]，在国内，也有学者将上述各种方式直接视为社会权的宪法效力[②]，但尽管如此，目前在德国对社会权宪法效力的阐述多是以基本权利的双重属性为基础的。

就社会权宪法效力的具体表现形式而言，德国国内普遍认为除在某些例外情形下，如申请获得最低生活保障等，社会权可以作为主观权利存在外，其余绝大多数情形都只能作为一种客观法发挥效力。具体来说，这种社会权的客观法效力主要可以表现在以下三个方面：第一，以基本法规定的社会国原则为源头由宪法法院演绎阐述的社会权规则为议会的社会立法为追求平等价值而限制某些自由提供了合法的理由，这也是社会权实现的一种方式。第二，作为一种客观秩序，法律和行政机关行为的解释都应当遵循社会权的规定，以社会权为标准，不得与其违背，也即社会权是解释议会立法和行政机关行为的指导原则。第三，社会权是立法和行政部门采取措施促进社会正义的宪法依据，政府未尽充分义务促进社会福利是不符合社会权规定的，宪法法院有权审查国家是否遵守了社会权规定的客观秩序。[③]

（二）日本关于社会权宪法效力的基本见解

受德国等西欧国家的影响，日本学界关于社会权的宪法效力主要存在方针规定说、抽象权利说、具体权利说等多种学说。具体来说。

[①] 参见陈新民《德国公法学基础理论》，山东人民出版社2001年版，第696—698页。
[②] 参见龚向和《作为人权的社会权》，人民出版社2007年版，第59—62页。
[③] 郭文姝：《社会权概念在欧洲的演变》，博士学位论文，中国人民大学，2010年。

第一，方针规定说。持此观点的学者多认为，宪法社会权保障仅系国家政策方针以及目标等的宣示，其所课予国家的只是应努力实现上述政策方针的政治和道德义务。当国家怠于履行上述义务时，并不产生任何违宪或违法问题，而最多只能成为国民行使参政权时的讨论对象。

第二，抽象权利说。该学说认为，社会权作为一种国民之具体生活保护请求权，必须于立法机关制定相关法律之后始具有实在法上的请求权限；如果立法机关没有制定相应的法律，则宪法所保障的社会权仍是一种抽象权利，国民据此不得直接诉诸司法裁判，请求制定相关法律；但如果立法者所制定的法律，有明显违背宪法所明文规定的社会权条款时，则将产生违宪之效果。

第三，具体权利说。该说认为，社会权乃是人民可以直接根据宪法相关条款予以主张的一种公法权利。具体来说，当国民个体若急需获得社会权保障，但又无实定法律得以救济时，则国民可直接依据宪法之规定，请求国会立法，并付诸司法裁判。同时，必须指出的是，该学说通常仅限于以立法不作为违宪确认诉讼作为社会权的司法救济手段，其并不支持直接要求依据宪法条文而请求给付判决。

除上述之外，根据学者阿部照哉的论述，以上各学说对国家的拘束力如表1.1所示：

表1.1　"具体权利、抽象权利、方针规定"的拘束力①

	与立法部门的关系	与司法部门的关系
具体权利	直接拘束立法部门（明示立法的无权能）	构成司法救济的权源，提供法的解决之具体规准
抽象权利	拘束立法部门（课予具体化权利的义务）	不构成司法救济的权源，仅是法的解决之抽象指针
方针规定	不拘束立法部门	不构成司法救济的权源

---

① ［日］阿部照哉等：《宪法（下）·基本人权篇》，周宗宪译，中国政法大学出版社2003年版，第41页。

二 社会权规范效力的整体模型

正如奥地利学者迪希米（Dirschmied）所言，"社会基本权利之成文化，应该在法律、政治及道德义务俱备方可。在理论方面，可以分别运用方针条款、宪法委托、制度保障以及视同公权利等，来解释之。"[①] 笔者将以上述理论为基础，进而试图建构一套关于社会权规范效力的整体性模型。具体如图1.2所示：

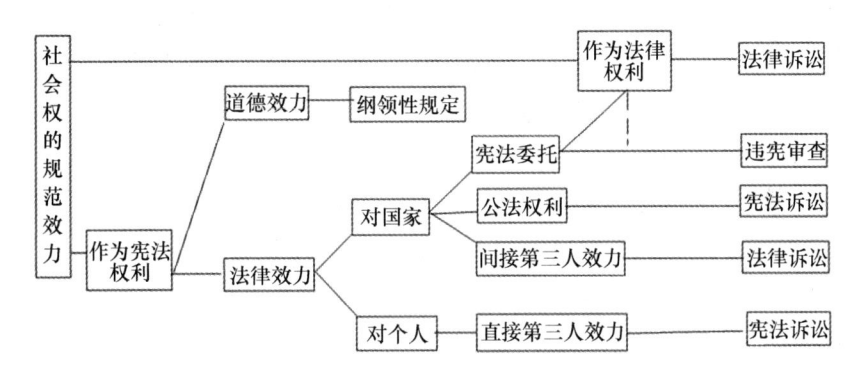

图1.2 社会权规范效力的整体性模型

关于上图所涵摄的社会权规范效力内容以及其实现方式等具体内容，笔者主要作如下解读：

第一，社会权的规范效力，除应当包括其作为宪法权利时的规范效力，同时还应当包括其作为法律权利时的规范效力。其中，对于后者，一般认为议会立法在法律层面对国家权力和资源作出具体安排之后，其与自由权在法律层面的差别（主要指对国家权力和资源的依赖性）将会明显降低甚至消失，由此社会权作为法律权利的可诉性程度将会显著增高甚至具有完全可诉性。

第二，社会权规范的宪法效力，应当分为作为纲领性规定的道德与政治效力和作为强制法规范的法律效力两种类型。通常而言，作为纲领性规定的宪法社会权规范，其大多被认为只是作为一项政策原则

---

① 陈新民：《德国公法学基础理论》，山东人民出版社2001年版，第701页。

向国家机关发出指示和委托,其本身并不具有法意义上的强制效力,而只具有道德与政治上的约束力。当然,也有学者指出,"宪法中的各项规定均应具有拘束力,因为宪法是国家的根本大法,其拘束性不能根据其本身规定的明确性与强制性来进行推论,否则将因其明确性不足而遁入'道德宣示'。"①

第三,宪法社会权的法律效力,若以其拘束力所指向或调整的对象为标准,可以将其分为针对国家的效力和针对个人的效力两个部分。其中,就前者而言,宪法社会权规范通常首先被理解为针对国家立法机关的"宪法委托",即立法机关依照宪法社会权的规定,有义务以特定的、细节性的社会立法行为来贯彻之。当其消极不履行上述义务或既已制定的社会权立法规范明显有违其制定依据时,则将产生违宪(包括立法不作为违宪)之后果。其次,在某些特定情形下,如针对尊重、保护义务以及"最低核心"的给付义务等,宪法社会权亦可以作为一种主观公权利存在。② 此时,其所对应的乃是司法机关的宪法救济义务。

第四,关于社会权的"第三人效力"问题。通常认为社会权的"第三人效力",可以分为直接第三人效力和间接第三人效力。其中,前者主要是指当公民的宪法社会权受到其他私主体侵犯时,可以如同对抗国家一样,直接以作出侵害行为的私主体为诉讼对象提起宪法诉讼。由于该项效力"针对的是法律行为,即私法主体的行为是否侵犯其他私法主体的宪法权利"③,即其"指向的是基本权利对其他基本权利主体的拘束力"④,因而在上图,笔者认为社会权的"直接第三人效力"主要系针对个人的效力。

而关于社会权的间接"第三人效力",其内涵主要指法官在审理民事案件时,通过对民法概括条款的解释进而将宪法社会权所涵摄的客观价值秩序功能注入私法体系,从而使宪法社会权间接地对私人关

---

① 郑贤君:《社会基本权理论》,中国政法大学出版社 2011 年版,第 87 页。
② 关于此种情形的社会权宪法效力,笔者将在第 5 章予以详细论述。
③ 李秀群:《宪法基本权利水平效力研究》,中国政法大学出版社 2009 年版,第 126 页。
④ 龚向和、刘耀辉:《论国家对基本权利的保护义务》,《政治与法律》2009 年第 5 期。

系发生效力。根据德国学者 Christian Starck 的论述，此种间接第三人效力乃是"国家保护义务的一种适用情形"。① 质言之，虽然社会权的间接第三人效力系在私法关系中发生的效力，但与上述直接第三人效力不同，它所针对的不是存在于私主体之间的涉社会权法律行为，而是从宪法对私法约束力的角度去对私法主体的保护。换句话说，其在本质上仍属于对国家公权力主体的约束，即系属于针对国家的社会权效力范畴。

三 中国社会权效力的宪法规范分析：以社会保障为例

虽然社会权的规范效力具有上述整体性特征，但对于具体的社会权规范，往往基于其所处法律层次、具体种类以及国度等的不同，其效力亦呈现出诸多差异性特征。也正是基于社会权效力所具有的上述情境性特点，笔者认为对社会权效力的分析，必须根据具体社会权规范的性质和表现形式予以具体判断。在本书，笔者将主要以我国宪法社会保障规定为例进行探讨。

在逻辑上，宪法社会权条款的规范效力如何，首先乃受制于作为其整体的宪法具有何种效力。从宪法文本角度加以考察，宪法作为国家的根本大法，具有最高法律效力，无论在学界还是立法界都已无异议。其中，作为立法上的佐证，2000 年生效的《立法法》第 78 条即明确规定："宪法具有最高的法律效力，一切法律、行政法规、地方性法规、自治条例和单行条例、规章都不得与宪法相抵触。"

确定我国宪法具有法律效力，我们对其社会权条款的效力分析还只完成了第一步。因为，在理论上，宪法整体具有法律效力只是证明其内部各条款具有法律效力的必要条件。换句话说，单纯论证宪法整体具有法律效力，并不能有效推断其内部各条款亦具有法律效力，以及其应当具有何种法律效力。也正是基于此，对于宪法内部的社会权条款具有何种效力，仍需要予以第二步分析。

---

① [德] Christian Starck：《基本权利之保护义务》，李建良译，《政大法学评论》，第五十八期，第 34 页。

对于第二步分析，正如学者朱福惠教授所言，"社会基本权的内容相当广泛且复杂多样，各种社会权形态在保障目的、保障对象以及保障方式上都不尽相同……，因此，根据社会权的不同形态赋予不同的性质效力，似乎是一个比较合理的考量"。① 笔者亦认同此种观点，认为对社会权宪法效力的分析，应当从社会权所涵摄的具体权利以及其涉及的具体情境入手进行分析。以社会保障为例，我国宪法关于社会保障的规定主要体现在宪法第 14 条第 4 款、第 44 条以及第 45 条。对于上述三条款，笔者认为其所涵摄的宪法效力并不完全一致。

具体来说，首先，第 14 条第 4 款和第 44 条具有大致相同的宪法效力。因为，它们在宪法框架内都是作为一种"制度性保障"存在的。对于此种"制度性保障"，一般认为，其首先且主要系针对国家立法机关的"宪法委托"义务。具体来说，国家据此不仅不得径行通过立法予以否定或者废弃上述制度，同时还负有积极的义务去制定和形成具体的制度性规范。其中，以第 44 条为例，该条文在规定退休制度时明确指出"依照法律规定"，事实上即构成"宪法委托"，就其效力而言，通常国家立法机关必须就退休制度作出具体的法律规定，若其怠于行使上述义务，则构成违宪。此外，该条款在某些特定情形下，亦具有间接"第三人效力"。作为例证，在 1997 年"吴粉女退休后犯罪刑满释放诉长宁区市政工程管理所恢复退休金待遇案"②中，我国上海市长宁区人民法院即通过援引宪法第 44 条规定进行裁判说理，进而从实证的角度佐证了该条款具有间接"第三人效力"。

其次，关于宪法第 45 条所涵摄的社会权效力。从我国宪法社会权规定的整体情况来看，宪法第 45 条关于社会权规定的方式，非常具有代表性。具体来说，该条文至少涵盖了两种典型的社会权立宪方式：第一，在同一宪法规范中，依次规定公民享有某项社会权，以及实现该社会权所应履行的国家义务；第二，单独规定国家保障社会权方面的责任或义务。其中，就前者而言，其主要表现为第 45 条第 1

---

① 朱福惠、徐振东：《现代宪制条件下的宪法效力》，《法制与社会发展》2006 年第 3 期。
② 参见王禹《中国宪法司法化：案例评析》，北京大学出版社 2005 年版，第 21—23 页。

款。该款首先（1）明确规定公民享有获得物质帮助的权利；接着又马上规定了（2）实现上述权利的手段，即"国家发展为公民享受这些权利所需要的社会保险、社会救济和医疗卫生事业"。若单从文本释义出发，获得物质帮助权首先作为一种权利性规范，其至少在"最低限度"标准上应当具有主观公权利之效力。而除此之外，作为一种"宪法委托"，其主要系在强调国家的客观法义务，该客观法义务须同时受到（2）的制约，即国家应当通过发展社会保险等途径或方式来履行获得物质帮助权的保障义务，同时其履行程度还必须达到"所需要的"之限度，否则即可构成违宪。就后者而言，其主要可以表现为第 45 条第 2 至 3 款。单纯从宪法文本规定看，其所指向的国家义务规定乃是非常抽象，并且，从其所使用规范语词，如"抚恤""优待""帮助"等来看，亦可看出其更多的乃是针对国家的一种训令或指导原则。换句话说，虽然其可以被视为是一种"宪法委托"，但显然其只具有"弱的效果"，即"这种指导原则并不是要求立法者有积极作为之义务，只是立法者在立法时，必须遵从这种原则"。①

---

① 陈新民：《德国公法学基础理论》（上册），山东人民出版社 2001 年版，第 157 页。

第二章 国家保护义务:社会权保障的根本径路

第一节 国家保护义务理论之缘起

一 国家义务理论中的"保护义务"概念

所谓国家义务,即是指"国家在调和冲突和调和潜在利益之场域中,通过共同政治形式之良性运行以满足与保护民众充分表达利益的机制,使民众能够得以安定有序共存,从而使民众过上'优良的生活'、'自由的生活'。"① 在现代宪法与人权法视域内,通常认为国家义务乃直接根源于公民权利,是公民权利决定了国家义务;国家权力服务于国家义务并以保障公民权利为根本目的。

(一)国家义务理论的结构划分

就目前而言,学界关于国家义务理论的基本结构研究,大致已经形成"二分法""三分法""四分法"以及"五分法"等多种观点。在本书,笔者将将着重介绍以下两种较具有代表性的划分方法:

1. 尊重、保护和实现的"义务层次论"

在国际人权法理论中,率先提出国家义务三层次论的是美国学者亨利·舒(Henry Shue)。他在比较分析安全权和生存权时,曾明确指出任何一种基本权利,都应当同时对应着多个层次的国家义务内容,它们分别包括:(1)避免剥夺的义务;(2)保护个人不受剥夺

---

① 蒋银华:《论国家义务的基本内涵》,《广州大学学报》2010年第5期。

的义务;(3)帮助被剥夺者的义务。① 此后,1984年挪威学者艾德在《作为人权的食物权》中,继承发展了上述义务层次理论,即他认为国家对人权应当负有包括三个层次的四种义务,即它们分别为:(1)尊重的义务(the obligation to respect),即国家有义务不做任何侵犯人格完整性或者有损于他或她自由的事情;(2)保护的义务(the obligation to protect),即国家必须采取必要措施防止其他个人或团体侵犯人格完整性、行动自由或其他人权;(3)实现的义务(the obligation to fulfill),包括促进的义务和提供的义务,即国家必须采取必要举措保障其管辖下的每一个人有机会获得这些在人权文件中获得承认的、凭借个人努力不能保证的要求的满足。② 此观点,最终已被联合国经济、社会和文化权利委员会采纳。

2. 消极、保护和给付义务的"基本权功能体系论"

近年来,我国宪法学者张翔教授通过对德国宪法学理论中有关基本权双重价值属性及功能的研究,进而指出国家义务宜分为消极义务、保护义务和给付义务三种类型。具体来说,他认为以德国宪法学基本理论和实践为依据,基本权乃同时具有"主观权利"和"客观法"的双重价值属性。首先,从基本权的"主观权利"属性看。由于任何一种基本权都应当同时具有防御权功能和受益权功能。而根据基本权的防御权功能,即公民得要求国家不得侵犯其基本权利所保障的利益,当国家违反上述义务时,公民可直接依据该基本权利规定进而请求其停止侵害。据此,国家此时对基本权主要负有消极的不侵犯义务。而根据基本权的受益权功能,由于该功能主要是要求国家以积极的作为,为公民基本权的实现提供一定的服务或者给付。因而国家此时对基本权则主要负有一种积极的给付义务(包括提供各种物质、程序给付和其他相关服务的义务)。而与此同时,再从基本权的"客观法"属性看。由于基本权的这一性质只涉及基本权对国家机关的规制和约束,一般不能赋予个人以主观请求权。因而国家在这一层面其主要对基本权负有积极的保护义务

---

① See Henry Shue, *Basic Rights: Subsistence, Affluence and U. S. Foreign Policy*, Second Edition, Princeton University Press, 1996, pp. 52-53.

② 参见1987年关于食物权的报告,第19—60、66段。

(主要包括制度性保障义务、组织和程序保障义务、免受第三人侵害的保护义务等)。具体如图 2.1 所示:①

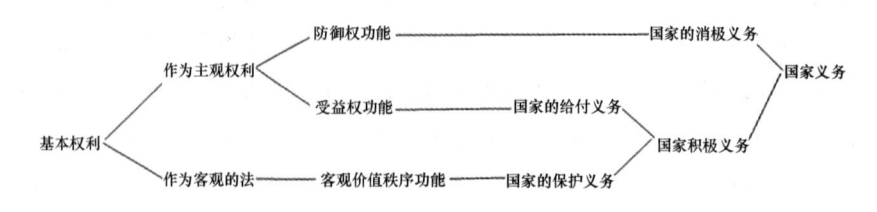

图 2.1　基本权功能体系

(二) 国家保护义务的基本内涵

1. 上述两学说中的"保护义务"内涵

统观上述两种国家义务结构的划分方法,可以发现虽然其存在着诸多差异,但是其亦具有许多共同的地方。而其中之一,即是他们都认同国家义务结构中应当包括保护义务的内容。对于此一"保护义务"的理解,他们通常认为,其核心内涵即在于保护个人基本权利价值免遭第三方之侵害。具体来说,在此种情境下,保护义务的逻辑构造是在"国家—基本权被侵害人 A—基本权侵害人 B"的三极构造中,国家为保护被侵害人 A 的基本权,而对侵害人 B 的行为进行规制。具体如图 2.2 所示:

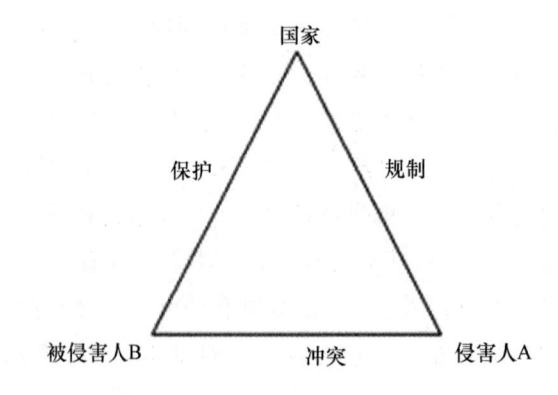

图 2.2　"保护义务"的三极构造

---

① 参见张翔《基本权利的规范建构》,高等教育出版社 2008 年版,第 45 页。

当然，亦必须指出的是，除上述保护义务的核心内涵外，在基本权功能体系中，其亦还存在着一种更广义的国家保护义务概念。即它是指基本权利的"客观价值秩序功能"所针对的国家的所有义务，包括制度性保障义务、组织和程序保障义务以及其他各种排除妨碍的义务。①

2. 本书所主张的国家保护义务内涵

笔者非常赞同日本著名学者户波江二的下述观点，即在讨论国家的人权保护义务时，"这个保护义务应该是一般意义上的，国家对于社会各领域中人权遭受侵害或饱受人权缺失之苦而寻求救济的人们积极采取措施提供保护的义务，即在理论上采取'国家为保护人权采取积极措施的义务'的构成，方为妥当"。② 正是基于如上观点的影响，笔者所理解或主张的国家保护义务，乃系作为一种广义保护义务而存在的，即国家不但对遭受来自第三方的人权侵害和歧视待遇的人们负有人权关照义务，同时对于那些因贫困、灾害、事故等原因陷入人权缺损状态的人们也负有人权关照义务。若将其与我国宪法第 33 条第 3 款"国家尊重和保障人权"相对照，则其所对应的乃是上述"保障"义务之内容。

二 德国"国家保护义务"理论的起源：以自由权为核心

规范意义上的国家保护义务理论，首先诞生于德国宪法学界。根据德国学者 Christian Starck 的经典表述，其主要是指国家负有保护国民法益及为宪法所承认之制度的义务，特别是负有保护生命、健康、自由与财产等义务。以"基本权利"作为保护义务之形容词，其目的在使保护义务与基本权利之间，存在一定的关联性。③

在传统宪法学领域，学界多认为基本权利所涵摄的内容仅包括古

---

① 张翔：《基本权利的规范建构》，高等教育出版社 2008 年版，第 119 页。
② ［日］户波江二：《日本宪法学界关于基本权保护义务论之论争》，牟宪魁译，载王学辉《宪法与行政法论坛》（第 5 辑），法律出版社 2012 年版，第 237 页。
③ 参见［德］Christian Starck《法学、宪法法院审判权与基本权利》，转引自杨彬权《后民营化时代的国家担保责任研究》，中国法制出版社 2017 年版，第 85 页。

典意义上的自然权利（或称为自由权）。例如，在英美法系，美国学者詹姆斯·安修即曾指出，"现在所谓的'基本权利'即过去的'自然权利'"。① 在大陆法系，德国学者 E. W. Böckenförde 在其权威学术论文《基本权理论与基本权解释》中明确表示，"传统基本权理论仍是以古典自由权的保障暨自由法治国的自由原则——'自由的基本权理论'——为主"。② 我国学者郑贤君教授指出，"国家保护义务所保护的权利是防御性的，要求国家制定法律限制私人对基本权的侵害，只适用于自由权而不适用于福利"。③ 而李建良教授虽然认为基本权利之类型样态可以粗略分为自由权和平等权两大类，但他同时亦指出以上两者之重点，容有不同。申言之，自由权系以一定"作为"或"不作为"为保障客体，具有一定之"保护内涵"；而平等权则仅系提供一套"评比公式"或"量尺"，藉以判断受到国家不公平的待遇。④ 正是基于此，可以说基本权利在原初意义上，多系被限定在古典自由权范畴之内，并以此来表征个人用以对抗国家对受宪法所保障之法益与自由领域之干预的防御权。在此种情形下，学界多认为国家对基本权利主要只负一种消极不侵犯的尊重义务。

此后，受益于19世纪后期德国公法大师耶林内克（Georg Jellinek）的"地位理论"，基本权利的国家义务理论有了较大扩展。除上述传统的尊重义务之外，耶氏在其《主观公权利体系》一书中明确指出，国家的整体行为都是基于被统治者的利益而为。在国家承认人格的范围之内，国家自身亦受到限制。相对于"消极身份"地位而言，公民个体所具有的"积极身份"地位，使得他们可以直接向国家提出"形式上积极的法律请求权""利益满足请求权"以及"利益顾

---

① ［美］詹姆斯·安修：《美国宪法判例与解释》，黎建飞译，中国政法大学出版社1999年版，第172页。
② E. W. Böckenförde, Grundrechtstheorie und Grundrechtsinterpretation, in ders., Staat, Verfassung, Demokratie. Studiean zur Verfassungstheorie und zum Verfassungsrecht, 1991, S. 115 ff., Zuerst in: NJW 1974, S. 1529 ff.
③ 郑贤君：《基本权利原理》，法律出版社2010年版，第255页。
④ 参见李建良《基本权利理论体系之构成及其思考层次》，载《人文及社会科学集刊》第9卷第1期。

及请求权"等。对于上述请求权,耶氏认为"公法上的法律保护请求权并非源自私法请求权,它的渊源是人格本身。法律承认的可为的存在是促使国家履行保护义务的动因,而国家的保护义务则是通过承认服从者的人格而被创设的。"① 进入 20 世纪之后,德国部分学者在承继上述理论学说的基础上,开始尝试将基本权利的防御权功能与请求免受第三人侵害的基本权利作必要联接,并指出国家保护义务实际上是作为基本权利防御权功能的一种具体样态存在的。例如,德国学者 Murswiek 即认为,"消极性基本权利旨在对抗国家的干预,其所保护的,国家亦应予以保障,避免受到第三人的侵害"。② 而与此相对,亦有学者指出人民亦可基于积极地位,直接向国家请求"保护义务"的给付。③ 对于这一论证方式,我国学者张翔教授亦表示了类似看法。即他认为由基本权利防御权功能所衍生的国家司法救济义务,事实上乃根源于基本权利的消极受益权功能。"当国家机关违背消极义务侵犯公民权利时,却必须由司法机关对公民提供司法救济,司法救济的提供也是一种'给付'。"④ 就笔者看来,正如德国著名法哲学家罗伯特·阿列克西所言:"当权利人相对于义务人拥有对特定行为的权利时,义务人就相对于权利人负有实施该行为的义务。这种关系性义务与内容相同的主观权利是同一个事物的两个方面。其中一个可以从另一个中逻辑地推出。"⑤ 虽然以上学者的解释方式和径路存在差异,但不容质疑,基本权利作为一种主观公权利,国家在此之中扮演着多重角色。即它不仅系基本权利可能危害性之最主要的制造者;同时由于自由之实现又不能无国家之协助或行使要件前提之创造,因而其又是基本权利之保护者,亦即保护义务的承担者。

---

① [德] 耶利内克:《主观公法权利体系》,曾韬、赵天书译,中国政法大学出版社 2012 年版,第 112—113 页。

② Dietrich Murswiek: Die staatliche Verantwortung für die Risiken der Technik, 1985, S. 107.

③ Bodo Pieroth/Bernhard Schlink: Grundrecht Staatsrecht Ⅱ, 21. Aufl., 2005, Rn. 60ff.

④ 张翔:《基本权利的规范建构》,高等教育出版社 2008 年版,第 81 页。

⑤ [德] 罗伯特·阿列克西:《法·理性·商谈:法哲学研究》,朱光、雷磊译,中国法制出版社 2011 年版,第 261—262 页。

虽然依靠作为主观权利的基本权利，即以其防御权及受益权功能为基础证立国家保护义务的存在具有逻辑上的自洽性，但在具体宪制实践中，真正导致国家保护义务理论产生与发展的，乃系德国联邦宪法法院所作出的一系列宪制判决。具体来说，根据学者李建良教授的总结，德国最早提及国家有从事保护性作为义务的宪法判决，乃系"生活照料案"。在该案中，德国联邦宪法法院指出，"国家应加保护者，非仅免于物质上的急迫，而是防止来自第三人对人性尊严的侵犯，例如贬损、公开谴责、迫害、屏斥等。"此后，在1973年的"大学判决案"中，法院明确表明宪法基本权利本身即是作为一种客观价值秩序存在，它对整个法律体系都应当具有法的效力。但归根结底，对国家保护义务理论证成起至关重要作用的，乃系两次"堕胎判决案"。其中，在1975年的"第一次堕胎判决案"中，德国联邦宪法法院明确指出，所有国家权力均负有广泛保护人类生命的义务，包括未出生胎儿的生命。"依照联邦宪法法院历来的裁判，基本权利规范不仅含有对抗国家的主观防御权，同时还表现为是一种客观价值秩序，其得作为宪法之基本决定，适用于所有法律领域，并且作为立法、行政及司法的准绳与推动力。"[①] 在1993年的"第二次堕胎判决案"中，宪法法院承继前案指出，"基本法课予国家保护人类生命的义务。……此项保护义务的基础在于基本法第1条第1项，即其明确规定国家负有尊重并保护人性尊严之义务；该义务之内容——并由此内容出发——及其范围则于基本法第二条第二项有进一步之规定。"[②]

在学术界，虽然不少学者指出在以上两次"堕胎判决案"中，德国联邦宪法法院对于国家保护义务的论证基础并不一致，即前者主要系依存于基本权利的客观价值秩序功能，而后者则系依赖于人性尊严之最高宪制价值地位。但也有学者论证了上述两种论证径路间的紧密联系。例如，学者蒋银华认为"人性尊严乃是宪法的最高价值，人性

---

① BVerfGE39, 1 (41f.).
② BVerfGE88, 203, 251.

尊严乃是基本权利的上位基础，如果基本权利编章的规定可以构成一种客观的价值秩序，那么此一秩序的重心乃是人性尊严。此乃联邦宪法法院在建构保护义务之时，不仅要基于基本权利的客观功能面向，同时又要援引人性尊严的原因所在"。① 也正是基于如上因由，我们发现在后续的有关国家保护义务的宪法裁判中，凡涉及到生命权保护时，法院基本上都采纳由人性尊严导出国家的保护义务；而对于其他基本权利，如财产权、言论与学术自由等，则仍将其置于基本权利的客观价值秩序功能。例如，在后续的"航空噪音裁判""化学武器裁判"等案件中，法院均指出"基本法第2条第2项第1句不单单保障主观防御权，同时还表现为是宪法上的客观价值决定，进而应当适用所有法律领域，并据此构成宪法上的保护义务。"

总而言之，在传统意义上，以自由权为核心的古典基本权利，其在现代宪法理论中主要经历了一种由"主观权利"向"客观法"转向的发展历程。就国家保护义务的逻辑推演来看，其首先无疑系根源于基本权利的消极受益权功能，即当公民基本权利受到侵害而向国家提起司法请求权时，国家必须即时履行此项司法救济的保护义务。在确保上述程序性国家保护义务的基础上，基于基本权利所表征的"客观价值秩序功能"，国家还有义务尽全力创造并维持有利于基本权利实现的各项具体条件。

第二节　社会权国家保护义务的理论证成

一　人性尊严：社会权与国家保护义务的内在关联

（一）人性尊严的概念释义

1. 作为哲学伦理学概念的"人性尊严"

虽然早在古希腊时期，既已出现作为哲学伦理学意义上的尊严观念，例如，塞涅卡（Seneca）在抨击当时盛行的奴隶制度、剑术决斗

---

① 蒋银华：《国家义务法——以人权保障为视角》，中国政法大学出版社2012年版，第96—97页。

和把人扔到野兽中的表演时,即表达了关于人的尊严的强烈情绪:"人被献祭给人"①,但关于何谓"人性尊严"学界至今仍未达成统一意见,而现实中关于人性尊严概念的运用也是五花八门。例如,它"有时是作为人权的本源,有时它又是人权的一种(特别是关系到个人的自尊);有时用来界定人权的主体,有时又用来界定被保护的人权的客体。"② 也正是因为这种模糊性与不确定性,不少学者认为"尊严"概念作为一种"空洞的公式",没有任何精确涵义,宜将其从现代伦理学词汇表中剔除出去。

总体说来,当前学界关于人性尊严哲学伦理学内涵的阐述,主要存在以下两种学说③:一是"属性—尊严说"。该学说的基本观点为,人的尊严乃来自于人的生物属性。也就是说,所有的生物个体,不论它是否已经出生,也不论它拥有了何种程度的意识水平,只要它是人,它就应当无差别地享有人之为人的尊严。二是认为人的尊严乃是来源于人的理性选择能力。该理论学说又可以细分为以下三种观点:

(1)"自主性—尊严说"。持此种观点的代表人物为奥古斯丁,他认为人的尊严乃来自于人的自主性本身,这种自主性不仅包括自主选择的能力,还表现为意志自由。同时,他还指出尊严本身与意志自由所指向的目的,即善或恶,没有本质联系。它只与在善恶之间的选择自由联系在一起,其决定性作用仅在于其能够在善恶之间做出选择。

(2)"道德完满性/成就—尊严说"。该学说认为人性尊严"只是个人较高社会地位的一种功能或标志。"它与"自主性—尊严说"的区别主要在于,它认为人享有尊严不仅系因为其享有自主性,同时还在于其在行使自主性时选择了善。在当代,持此一观点的代表人物为德国社会学家卢曼,他认为,人性尊严绝非系一种自然禀赋,它只是

---

① 参见[德]海因里希·罗门《自然法的观念史和哲学》,姚中秋译,上海三联书店2007年版,第22页。
② 德里克·贝勒费尔德、罗克·布朗斯沃德:《人的尊严、人权和人类遗传学》,韩德强、郝红梅编译,载徐显明《人权研究》(第4卷),山东人民出版社2004年版,第521页。
③ 关于以下两种学说的总结,主要可参见甘绍平《作为一项权利的人的尊严》,《哲学研究》2008年第6期。

一个愿望之概念，它标志着一种作为成功的自我展示。

（3）"自我目的—尊严说"。该说是当前论述人性尊严内涵之最有影响的学说，其代表人物为德国著名哲学家康德。该观点的核心思想为，人作为目的而绝不允许被纯粹工具化，即他认为不论何时，"都不应把自己和他人仅仅当作工具，而应该永远看作自身就是目的。""一个有价值的东西能被其他东西所代替，这是等价；与此相反，超越于一切价值之上，没有等价物可代替，才是尊严。"①

针对以上各种学说，我国学者甘绍平教授指出其均存在不同程度的缺陷。第一，"属性—尊严说"主张任何个体在形式上都享有同等的尊严，由此导致其无法解决两个及以上"尊严主体"间发生冲突的难题。第二，若坚持"自主性—尊严说"，则将很可能导致"尊严"成为强者的专利品。质言之，该学说的重大缺陷即在于它认为享有尊严的唯一根据乃是行为主体的自主性，如此，则很可能导致将拥有尊严需求的人进而排除在尊严的保护圈之外。第三，"道德完满性、成就—尊严说"。该说就其实质乃是将"尊严"与"尊荣"混为一谈，并且将道德完满或成就视为尊严的前提条件，亦容易导致将更多的人被排除在尊严保护范围之外。第四，对于当前颇具影响力的"自我目的—尊严说"，甘教授认为其最大问题是容易将"使人工具化"与"侵害其尊严"简单画等号。事实上，并不是所有的使人工具化的行为都是侵害其尊严的。

在上述评析基础上，甘教授进一步认为，尊严确实归因于人的某种特性，但它并不是人的自主性或道德性，而是人的脆弱性和易受伤害性。质言之，"尊严并不是一个崇高的理想目标，而只是代表着一种根植于人的自我或个体性的最基本的需求：'人的尊严是一种权利，即不被侮辱。'"②虽然甘教授的上述分析已经非常深刻、精辟，但仍有学者对其提出了批评性借鉴意见。例如，学者任丑指出，仅有法律尊严肯定是不够的，不受侮辱的权利的尊严只能明确限定在法律尊严

---

① ［德］康德：《道德形而上学原理》，苗力田译，上海人民出版社1986年版，第87页。
② 甘绍平：《作为一项权利的人的尊严》，《哲学研究》2008年第6期。

的范畴内，道德尊严是法律尊严不可或缺的要素之一，"法律尊严应以道德尊严为基础和目的，接受道德尊严的批判和审视。同时，道德尊严应以法律尊严为坚强的底线保障。"①

2. 作为法学概念的"人性尊严"

虽然"人性尊严为法治的核心价值"②已广为法学界人士所接受，但在法律层面应当如何去理解人性尊严概念，学界则至今仍未达成一致意见。从既有观点来看，法学界主要是从正面和反面两个面向去对其进行定义的。

第一，正面定义。例如，德国学者 Günter Dürig 认为："人性尊严与时间及空间均无关系，而是应在法律上被实现的东西。它的存立基础在于：人之所以为人乃在于其心智，这种心智使其有能力自非人的本质脱离，并基于自我的决定去意识自我，决定自我，形成自我。"③ 学者韩德强博士认为，人性尊严的核心内涵是"人的人格，是凝聚在特定个体人身上的社会关系所表达出的主体性地位。"④ 学者林发新认为，"公民享有体面生活权、享有充分政治权、拥有个性自由发展权和隐私不受侵犯权，这就可以说比较充分享有了人的尊严"。⑤

第二，反面定义。目前从反面对人性尊严进行定义之最经典的表述，乃是上述德国学者 Günter Dürig 所提出的"客体公式"（Objektformel），他认为"当具体之人被贬低成为客体、单纯之工具或是不可替代之数值时，此即侵害了人性尊严"。⑥ 该公式现已被德国宪法法院采纳并发展，即德国宪法法院在此基础上还附加提出了"当人的主体性原则上成为疑问"，以及"当以恣意地对于人的尊严之轻蔑对待存

---

① 任丑：《人权视阈的尊严理念》，《哲学动态》2009年第1期。
② 庄世同：《法治与人性尊严——从实践到理论的反思》，《法制与社会发展》2009年第1期。
③ 转引自饶志静《宪法理论及其实践》，上海人民出版社2011年版，第80页。
④ 韩德强：《论人的尊严》，法律出版社2009年版，第232页。
⑤ 林发新：《人权法论》，厦门大学出版社2010年版，第390页。
⑥ Günter Dürig, in: Maunz/ Dürig, GG, Art. 1 Abs. 1, Rn. 28.

在"。① 此两要件作为判别是否侵犯人性尊严之标准。

仔细斟酌以上观点,笔者认为以上两种定义方式均有其可取之处,但又都存在些许不足,最好的界定方式是将以上两者完美结合起来。具体来说,我们认为所谓人性尊严,即是指为避免社会共同体间彼此相互承认、相互尊重之个人最基本的主体性、自我决定、自我形成及自我塑造之能力完全被单纯客体化及工具化的情形。作为法学意义上的"人性尊严"概念,其至少应当包含如下几层涵义:

第一,基于人之固有属性,每个人都应平等享有人之为人的尊严。此种尊严既不得因人的年龄、心智等内在原因,也不得因个人的国籍、民族、种族、信仰和身份等外在原因而予以区别对待。

第二,在理论上,任何人在法律上均可充分享有自治与自决的权利,并在此基础上保有不受国家支配的私人生活领域。具体来说,(1)国家和社会应当保持权力上的自制,不得非法干预理应属于社会成员的自我决定事项;(2)人出于真实的自由意志所实施的行为,在法律上拥有最高的效力;(3)任何人均有权拥有能够为自己所独立支配的私人空间,其隐私不应受到侵犯。②

第三,任何个体在法律上都应是权利义务的统一体。其中,对于后者而言,个人在主张自己的具有人性尊严的同时,必须加以自律的维度,即要把尊重他人的尊严作为自己行使人性尊严的义务,把促成公共利益实现作为自己行使人性尊严的责任。

第四,国家负有尊重和保障人性尊严的法律义务。具体来说,国家除不得消极侵犯其社会成员的人性尊严外,还必须对涉及人性尊严的各项权利作出最合理的安排,此外其还必须建立保障人性尊严得以实现的相关法律制度等。

(二)人性尊严:人权诉求的价值皈依

"人权思想之所以能够在出现之后受到公众的推崇,并在以后的世代中迅速而广泛的传播,是因为它符合了人类基本共同价值标准。"③

---

① BVerfGE 30,1,25f.
② 参见胡玉鸿《"人的尊严"的法理疏释》,《法学评论》2007年第6期。
③ 何志鹏:《权利基本理论:反思与构建》,北京大学出版社2012年版,第113页。

而对于此一"人类基本共同价值标准"的理解,学界普遍认为其乃是人之为人的尊严,即"一切人权都源于人类固有的尊严和价值"。① 社会权作为一种具体的人权类型,将人性尊严思想作为其诞生的终极根源,无疑具有天然的正当性。

在人性尊严与具体的基本权利之间,存在着诸多起连接作用的中介性价值。这种"中介性价值",也有学者将其概括为人性尊严的"基本维度",即它包括"普遍的人格平等、广泛的个人自由和适足的生存保障"。② 根据学者王蕾博士的论述,社会权乃是平等权的衍生形态,即"在事实平等作为一项政策被包括进宪法平等规范之后,宪法平等权在内容上增加了被取消法律上平等时充分考虑的权利,以及因事实平等的政策而产生的要求在法律上区别对待的权利——社会权。"③ 虽然该论述系在规范层面探讨社会权的起源问题,但我们认为不论在规范层面,还是在价值层面,社会权同平等之间都存在着千丝万缕的联系。正是这种千丝万缕的联系,促成了社会权作为基本人权的诞生。质言之,社会权作为一类基本人权诞生,其实质根源即在于对形式和实质平等的遵循和追求,而此种价值追求,在终极意义上即是为了满足人之为人的尊严。概言之,"社会权是人格尊严获得保障的前提条件,若抛弃它,则人就失去了人格尊严的保障。因此在人格尊严的基础上,可以发展出一系列社会权"。④

对于上述逻辑观点,在实证法上,《世界人权宣言》等国际或区域人权宪章及诸多国家宪法也都表示了支持和认同。具体来说,在国际层面,"人性尊严"显然已经成为了一种不证自明的根本准则。例如,《世界人权宣言》第22条明确规定,任何人均"有权享受其人性尊严及人格自由发展所必需的各种经济、社会和文化权利";《经社文公约》序言反复强调:"确认这些权利是源于人身的固有尊严"。在

---

① 曲相霏:《论人的尊严权》,载徐显明《人权研究》(第3卷),山东人民出版社2003年版,第163页。
② 李累:《宪法上人的尊严》,四川人民出版社2010年版,第64页。
③ 王蕾:《论社会权的宪法规范基础》,《环球法律评论》2009年第5期。
④ 夏正林:《社会权规范研究》,山东人民出版社2007年版,第112页。

区域层面，例如，《欧盟基本权利宪章》在序言中明确指出："体认到它的精神和道德遗产，联盟乃是以人的尊严、自由、平等和团结等这些不可分割的、普遍的价值为基础的。"在国家法层面，1922年《拉脱维亚宪法》第3章第95条率先提出了人性尊严概念；1949年《德国基本法》更是将人性尊严的地位提到了最高点。此后，为了顺应此一发展潮流，已有越来越多的国家在其宪法中规定了人性尊严条款。据不完全统计，目前世界上至少已有四十余个国家，在宪法中直接规定了人性尊严。①

（三）国家义务：人性尊严实现的根本径路

正如学者韩德强博士所言，作为宪法原则的人性尊严，其主要宪制价值乃在于它"在宪法上明确了国家应致力于保护每个人的尊严不受侵害，并为每个人能够有尊严地生存、发展提供所必需的基本条件"。②从上述各国的宪法文本规定来看，不少国家明确规定保护人性尊严乃是国家的基本义务。例如，1967年《玻利维亚宪法》第6条第2款规定："人的尊严和自由不容侵犯；对人的尊严和自由予以尊重和保护是国家的首要义务。"1949年《德国基本法》第1条第1款不仅将人性尊严置于其宪法基本权利部分的顶端，同时还明确规定"尊重和保护人的尊严是一切国家权力的义务。"此外，根据宪法学者李忠夏教授的阐述，"在整个基本法第1条当中，第1款的人性尊严与第2款的人权条款以及第3款的基本权利对公权力的直接拘束力一起形成了一个严密的系统，并鉴于纳粹恐怖政权的阴影以及对康德道德哲学的反思，从而使人性尊严成为基本法'客观价值秩序思维'的最主要推动力。……同时也为'国家保护义务'提供了分析的基础。"③

---

① 根据不完全统计，这些国家至少包括：阿塞拜疆、阿尔及利亚、比利时、波斯尼亚—黑塞哥维那、白俄罗斯、保加利亚、柬埔寨、捷克、克罗地亚、厄里特尼亚、爱沙尼亚、斐济、芬兰、德国、刚果、爱尔兰、希腊、匈牙利、伊朗、以色列、意大利、波兰、韩国、南非、拉脱维亚、斯洛伐克、马其顿、马达加斯加、毛里塔尼亚、新西兰、巴拉圭、葡萄牙、罗马尼亚、俄罗斯、卢旺达、西班牙、瑞典、沙特阿拉伯、突尼斯、也门、厄里特尼亚，等等。参见李累《宪法上人的尊严》，四川人民出版社2010年版，第202页。
② 韩德强：《论人的尊严》，法律出版社2009年版，第244页。
③ 李忠夏：《人性尊严的宪法保护——德国的路径》，《学习与探索》2011年第4期。

在明定上述具有确定性规范的国家对人性尊严应当负有法定义务的基础上，对于那些尚未在宪法中规定"人性尊严"，以及虽有规定但并不是从最高宪法价值角度规定的国家，通过人民主权理论，亦可以证成其对人性尊严应当负有承认、尊重和保护义务。具体来说，其论证思路如下：

如前文所述，人性尊严主要是作为一种关系性概念存在的，其存在的意义主要是为了强调人在一定的关系中能够被尊严地对待。在现代社会，人性尊严所体现的社会关系，不仅包括个人与个人间的私人关系，同时也包括个人与国家间的关系，并且，通常认为，"对人的尊严的实现最具体制性、根本意义的关系是人与国家的关系"。① 也正是因为此，我们认为对人性尊严的探讨，首先必须将其置于个人与国家的关系视域之内。

虽然在人类历史上，政府与人民之间曾出现过几种被颠倒的政治关系，如主奴关系、畜牧关系、舟水关系、父子关系及精英与群氓关系等，但自近代以来，以"人民主权"替代"君主主权"，可以说是资产阶级"为权利而斗争"的最伟大胜利成果之一。即使是在今天，虽然有关人民主权的理论仍不断受到非议，但其"作为一项政治原则依然坚持不倒，而且由于民主政治实践的深入，人们对它的态度也从最初情感上的盲信升华到理性的信仰"。②

在现代，坚持人民主权的国家观念，即意味着在处理国家与人民的关系时，必须遵循国家只是人民权利的代言人，国家的一切行为都必须以人民的利益和价值为皈依。当然，这种皈依本身即反映了国家对人民应当负有保护义务的内容，但这种国家义务与国家对人权的保障义务是否具有同一性，通常由于人民是被作为一个整体的、不可分割的、集体的抽象人格来看待，而人权是从"国民个体"的意义来理解的，因而不少学者据此认为，"人民主权与人权之间存在着紧张关系"。③ 但笔者

---

① 孙莉：《人的尊严与国家的修为》，《江苏行政学院学报》2011年第1期。
② 徐邦友：《政府的逻辑：现代政府的制度原理》，上海人民出版社2011年版，第97页。
③ 关于"人民主权与人权之间的紧张关系"的具体内容和观点，可参见秦前红《宪法原则论》，武汉大学出版社2012年版，第143页。

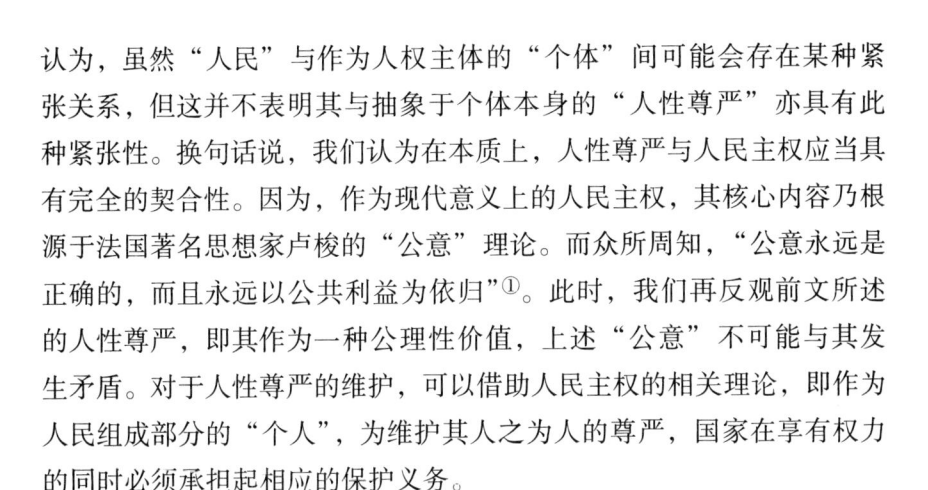

认为，虽然"人民"与作为人权主体的"个体"间可能会存在某种紧张关系，但这并不表明其与抽象于个体本身的"人性尊严"亦具有此种紧张性。换句话说，我们认为在本质上，人性尊严与人民主权应当具有完全的契合性。因为，作为现代意义上的人民主权，其核心内容乃根源于法国著名思想家卢梭的"公意"理论。而众所周知，"公意永远是正确的，而且永远以公共利益为依归"①。此时，我们再反观前文所述的人性尊严，即其作为一种公理性价值，上述"公意"不可能与其发生矛盾。对于人性尊严的维护，可以借助人民主权的相关理论，即作为人民组成部分的"个人"，为维护其人之为人的尊严，国家在享有权力的同时必须承担起相应的保护义务。

（四）人性尊严：社会权与国家义务的逻辑契合

正如法国学者乔治·勒费弗尔所言："国家本身不是目的，国家的存在是因为它负有保障公民享有其公民权的使命。"② 根据前文所述，既然社会权是以人性尊严为最终的价值皈依，而国家义务又是人性尊严保障的根本径路，那么由此可以推论，上述三者之间事实上乃存在着一种复合的目的与手段结构，具体如图2.3所示：

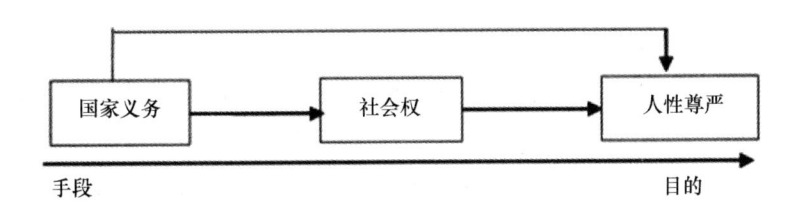

图2.3 社会权与国家义务的手段目的逻辑

结合上文，笔者认为图2.3至少可以包括以下几层涵义：

第一，相对于社会权和国家义务而言，人性尊严乃是它们得以存立的终极基础。（1）人性尊严是社会权的本源。虽然传统视域下，个人和国家的关系通常被理解为自由权关系，自由乃是人性尊严的唯一

---

① ［法］卢梭：《社会契约论》，何兆武译，商务印书馆2010年版，第35页。
② ［法］勒费弗尔：《法国革命史》，顾良等译，商务印书馆1989年版，第130页。

因素，但随着时代的发展变迁，这种狭隘的人性尊严观念已经悄然改变。即除对自由因素之外，人性尊严亦应当包含平等及适当生存保障等其他因素。也正是因为此，以"人性尊严"为价值皈依的社会权作为一项基本人权开始步入了历史舞台。（2）人性尊严是国家义务履行的根本目的。自近代宣扬人民主权的国家观念伊始，国家与人民之间的关系就逐渐演变为人是国家得以成为的基础与核心，国家运行的根本目的即在于维护人之为人的尊严，国家权力的获得乃是以国家负有人性尊严保障义务为前提和基本界限。

第二，在国家义务与人性尊严之间，通常其不产生直接的权利义务关系。除上述某些国家在宪法中明确将人性尊严视为一种具体的基本权利，或将其视为基本权利的概括条款外，人性尊严本身并不具备权利的基本属性。质言之，通常人性尊严只能用来表示国家得以成立的根本目的及国家义务履行的根本准则，它本身只是一种地位宣示而非一种具体人权内容。质言之，人的尊严是"所有人权的渊源和依据。所有的人权都促进了对人的这种独一价值的尊重。"[①] 也正是基于如上因由，在通常情形下，国家并不是直接以人性尊严为依据进而行使权利履行义务，相反其必须依靠某项具体人权作为其实现的中介。

第三，人权（包括社会权）是连接国家义务与人性尊严的重要纽带。如上文所述，国家对人性尊严虽然负有尊重和保护义务，但在通常情形下，这种义务的履行并不是直接作用于作为人之价值的尊严本身。在人性尊严的具体实现问题上，美国学者唐纳利曾犀利地指出："人权是人类智慧所发明的保护个人尊严不受现代社会的常见威胁侵害的最好的政治手段，而且我认为也是唯一有效的手段。"[②] 对于此一观点，笔者也表示赞同，但是需要补充的是，人权作为保护人性尊严的唯一有效手段，其本身与人性尊严一样都不会自动实现。质言之，人权的实现同样需要借助于其他手段的施行，这种手段在宪法与人权

[①] ［德］莫尔特曼：《基督信仰与人权》，蒋庆等译，载刘小枫编《当代政治神学文选》，吉林人民出版社2002年版，第143页。

[②] ［美］杰克·唐纳利：《普遍人权的理论与实践》，王浦劬等译，中国社会科学出版社2001年版，第69页。

法视域内，即主要表现为国家义务。

二 国家任务"位移"：国家社会权保护义务的现实渊源

关于何谓国家任务，笔者认为，国家任务不仅包括国家应否存在之问题，同时更重要的还包括国家如何存在之问题，即国家的活动范围问题。其中，对于后者的思考，通常认为，国家目的成为决定国家活动范围之基本思考点。如果将国家任务分为扩张型和限缩型两种基本类型，则可以发现在整个历史发展长河中，国家任务大致呈现出了"扩展型—限缩型—扩张型"交替发展的整体性特征。具体来说。

在近代之前，世界上大多数国家均是以君主政体形式表现出来，虽然该种政体在很长时期内都受到追捧，但在根本上，在此种政体中，君主所关心的只是他自己或其所属皇家的利益，而非天下百姓的利益，即使有时君主也会关心百姓的利益，但这只是被视为恩惠，而非权利。所以在此一时期，国家任务因君主欲望的私利性及无限性而表现为扩张型，但其并没有产生现代意义的权利保障思想。

在近代古典自由主义时期，受启蒙思想家的"社会契约"思想影响，人民主权理论逐渐替代了传统的君主主权观念，人们普遍认为应当"把政府看作宛如人民所建立的一样，并根据政府是否为保护把它们建立起来的人民这个目的服务来评价这个政府"。[①] 虽然诸如霍布斯、洛克等启蒙思想家关于社会契约模式的论证并不一致，但总体说来，不论是霍布斯所强调的创建国家是"为了免于自然状态中人与人之间可怕的争斗"，还是洛克所强调的是为了"保护他们的财产"，事实上它们都限缩了国家权力的范围，即国家只具有维持社会秩序和国家安全的职能。而在同时代的欧洲德国，虽然其仍处于君主专制时期，但其国内思想家关于法治国的设计亦暗含着如上类似观点。例如，18 世纪德国哲学家普拉西杜斯（J. W. Placidus）认为，"国家的

---

① ［英］亚当·库珀等：《社会科学百科全书》，上海译文出版社 1989 年版，第 705 页。

首要及根本目的是保证公民的人权或最大限度的自由"。① 威廉·冯·洪堡指出，"国家关心公民负面的福利即他们的安全——这种关心是必要的——它构成国家固有的最终目的"。② 弗希特指出："国家应为其民众提供保护，其余应由公民自身去解决。他们应该总是工作，自己去解决温饱。如果用宪法去规定应给他们提供福利是不合适的。"③

总体说来，在自由主义早期，国家的角色通常是被定位在"守夜人"上，这种"夜警国家"观念或模式，其国家任务通常指向保护人的自由，即"国家应是最大限度地给予公民自由的活动空间，不去干预（哪怕是为了他们的幸福）公民个人的私生活，只有当公民的自由受到威胁与侵害时，才出面通过法律予以纠正和保护"。④由此，其所体现的国家任务仅表现为对公民自由权的尊重和保护（此种指狭义）。

此后，自19世纪中叶开始，受上述放任自由主义之消极影响，资本主义国家逐渐陷入了严重的政治、经济危机。在其国内，"个人的生存强烈地依存于作为国家公共行政的积极的生存考虑（Daseinsvorsorge）行政"。⑤ 正是在此一社会背景催生下，国家任务类型从"限缩型"再次回归到了"扩张型"，它为社会权国家保护义务提供了最直接的现实渊源。具体来说，为了积极遏制贫困、失业等社会问题，上述国家不得不突破传统的"守夜人"角色定位，进而积极地介入对产业的指导性规制。对于此一举措，日本学者大须贺明曾评论

---

① J. W. Placidus, Litteratur der Staatslehre. Ein Versuch. Strasburg 1798. S. 10. 转引自郑永流《德国"法治国"思想和制度的起源和变迁》，载夏勇主编《公法》（第 2 卷），法律出版社 2000 年版，第 39 页。

② ［德］威廉·冯·洪堡：《论国家的作用》，林荣远、冯兴元译，中国社会科学出版社 2009 年版，第 59 页。

③ Ficht, Der geschloβne Handdelsstaat, 1800. s. 440. 转引自郑永流《德国"法治国"思想和制度的起源和变迁》，载夏勇主编《公法》（第 2 卷），法律出版社 2000 年版，第 46 页。

④ 郑永流：《德国"法治国"思想和制度的起源和变迁》，载夏勇主编《公法》（第 2 卷），法律出版社 2000 年版，第 47 页。

⑤ 杨建顺：《论给付行政的法原理及实现手段》，载杨建顺《比较行政法——给付行政的法原理及实证性研究》，中国人民大学出版社 2009 年版，第 5 页。

道:"从法的角度说,这就是对社会权的保障和对经济自由的限制。"① 此种社会权保障,即标志着国家开始从消极、防御的干预国家演变成为积极、服务的社会国家形态。对于此种变革,通常认为其巨大宪制意义即在于,"社会国在市民社会和政治国家这对传统自由主义理念下彼此对立的范畴之间建立起结构性连接,带来了现代国家目标设定的重大变革"。② 即国家除须承担上述对人权的尊重和狭义保护义务外,其还负有一项更为重要的职责,即通过积极介入社会,对处于不利地位和贫困状态的社会成员提供帮助和适当关怀,减少贫富差别,提高风险保证和福利,实现机会平等,以消除个人自由发展所带来的社会不公平,稳定社会秩序。③ 而这也恰好是社会权国家保护义务的宗旨和正当性之所在。

三 "客观价值秩序":社会权国家保护义务的规范证成

如前文所述,在德国传统宪法学说中,国家保护义务的理论缘起主要系以自由权为核心。但随着时代的发展变迁,那些主张只有自由权才是基本人权的理论已经遭到越来越多的怀疑和批判,在当今世界,社会权作为人权体系的重要组成部分,已经获得越来越多的国际人权文件及各国宪法的承认和认可。例如,在国家法层面,根据学者王惠玲博士对世界107部宪法的统计研究,有80部宪法不同程度地规定或反映了社会权利,占74.8%。④ 既然在现代社会,社会权和自由权都被认为系宪法基本权利,那么在理论上,根据上述"基本权利—国家义务"的宪法分析框架,国家是否对社会权也应当承担相应的保护义务?对此,我们认为答案无疑系肯定的。因为,"作为客观

---

① [日]大须贺明:《生存权论》,林浩译,法律出版社2000年版,第14页。
② 赵宏:《社会国与公民的社会基本权:基本权利在社会国下的拓展与限定》,《比较法研究》2010年第5期。
③ Ulrich Karpen, Die geschichtliche Entwicklung des liberalen Rechtsststes, Mainz 1985, S.39. 参见郑永流《德国"法治国"思想和制度的起源和变迁》,载夏勇主编《公法》(第2卷),法律出版社2000年版,第55页。
④ 王惠玲:《成文宪法的比较研究》,对外经济贸易大学出版社2010年版,第88—89页。

价值秩序的基本权利，构成了国家一切行为的基础，任何政治问题都是在基本权利思维下展开讨论的"。[1] 既然基本权利是法秩序内的最高内涵规范，那么当国家内部发生贫困、失业等结构性社会问题时，其作用效力必然会突破传统的防御权面向，而将其保护面向扩及到行使自由所需的物质条件，以及防止来自社会自身对自由所带来的危害。但亦必须指出的是，社会权国家保护义务的证成路径，同自由权相比，乃呈现出一种"反向性"特征。即它首先乃系根源于宪法的客观价值秩序功能，其次才存在作为客观法的国家保护义务及其主观化的问题。

从全球视域来看，虽然社会权作为一种基本权利形态已经获得了广泛的承认，但关于社会权的宪法效力，同自由权相比，它们间仍存在诸多差异。例如，在美国等严格奉行自由主义的国家，他们多认为"社会主义的权利（此处主要意指社会权，笔者加注）主要并不是一种请求权，而只是一种政策宣示。即它们主要是确定了国家所欲追求的行为目标及公共标准，而不是保护个人自治。因此，社会主义的权利并不是一种武器，而更像是火车票：它们只是赋予持票者可以朝着指明的方向进行旅行"。[2] 在德国等西欧国家，其学界多认为在宪法层次实践社会权，主要可以通过将其视为方针条款、宪法委托、制度保障及人民的公法权利。但在具体实现问题上，正如德国学者朗姆（T. Ramm）所言，上述所有可能达成的方式，多系以客观法形式存在的，而除了"社会主要基本权"，即个人最起码的生存依据权利，可以直接由人民行使之。[3] 在日本，以其《宪法》第 25 条第 1 款之规定为基础，其学界对社会权的宪法效力大致形成了纲领说、抽象权利说、立法裁量说、具体权利说。就目前而言，其国内主流学说多认为有关社会权的具体立法，"要根据国家财政的情况等多方面政策的判断来进行，应委任立法机关广泛的裁

---

[1] Juergen Christoph Goedan: The influence of the West German Constitution on the Legal System of the County, 17 Int L. J. Lagal info. 1989, p. 121.

[2] Inga Markovits: Socialist vs. Bourgeois Rights-An East-West Germany Comparison, 45 University of Chicago Law Review (1977 – 1978), p. 165.

[3] 参见陈新民《德国公法学基础理论》，山东人民出版社 2001 年版，第 696—701 页。

量,除非存在欠缺显著的合理性,明显逸脱、滥用裁量权的情况,否则不应成为法院审查判断的对象"。①

通过考察上述国家关于社会权效力的基本认识及其效力的发展历程,我们可以发现社会权所对应的国家义务大致经历了从道德与政治义务向法律义务的转变,以及由抽象法律义务向具体法律义务的转变。具体来说,社会权在作为人权或基本权利诞生之初,其仅表现为一种纲领性效力。在此种宪法效力涵摄下,社会权仅系对国家政治方针、目标的宣示,其所课予国家的义务只是应努力确保国民之生存的政治和道德义务,而非一种法律上的强制性义务。此后,这一学说由于过度贬抑了社会权作为宪法规范的法律意义,并违反了宪法保障个人人格形成及充分发展的核心原则,因而遭到学界的广泛批评和否定。也正是在这一批判逻辑中,社会权最终被演进成为宪法规范意义上的"客观价值秩序",即它对所有的法律领域都有规范效力,而且对所有的国家权力,都具有纲要性的拘束力。在此"客观价值"约束下,社会权被视为一种"客观的法"存在,国家被认定为系社会权保障之最主要的法律义务主体,社会权对一切国家公权力都具有法的约束力。在具体宪制实践中,社会权作为一种抽象性权利,其权利的具体实现主要依赖于宪法委托、制度保障等国家保护义务的履行。以日本为例,在"朝日诉讼"判决中,日本最高法院即明确指出《宪法》第25条科以了国家通过立法与预算来实现生存权的法律义务,但由于生存权的内容是抽象且不明确的,因而要从该条款直接推导出请求生活救助的主观权利,是有困难的。此后,在"堀木诉讼"判决中,日本最高法院又补充道:在对其进行具体立法时,绝"不能无视国家的财政状况,而且有必要进行涉及多方面的复杂多样的且又具有高度专门技术性的考察,以及以此为依据的政策性判断"。②

总而言之,在以"基本权利—国家义务"为核心的分析框架中,社会权作为一项基本权利的诞生,其首先系作为一种"客观价值秩

---

① 凌维慈:《公法视野下的住房保障——以日本为研究对象》,上海三联书店2010年版,第88页。

② [日]芦部信喜:《宪法》,林来梵译,北京大学出版社2006年版,第236页。

序"存在的。与自由权相异，社会权所体现的国家义务首先非系作为主观权利的国家尊重义务，而是作为客观法的国家保护义务。对于这种保护义务，它只要求国家必须努力采取各种积极法律举措去达成社会权目的的实现，至于其如何完成这一使命，以及采取何种保护手段或措施去实现等问题，其则认为除非是根据具体的情况判断，必须采取某种特定方式——如赋予公民主观请求权，才能尽到保护义务时，否则国家乃享有完全的自主裁量空间。从逻辑上看，正是根源于这种"先客观法、后主观权利""主要客观法、辅助主观权利"的保护义务产生方式，导致社会权之实现径路与自由权的重大差异，而这也构成了单独研究社会权之国家保护义务的重要理论与现实意义之所在。

第三节　社会权国家保护义务的体系结构

一　基础性结构：作为客观法的社会权国家保护义务体系

如前文所述，社会权的国家保护义务首先乃直接根源于宪法的"客观价值秩序功能"。受这一"客观价值秩序"约束，社会权的国家保护义务主要体现为制定法律、为社会权实现创造条件，以及保护公民的社会权免受第三方侵害等多方面的内容。根据学者吴庚教授的论述，基本权利的国家保护义务可以分为禁止义务、安全义务和风险义务。而此处，社会权的国家保护义务则主要表现为其中的"安全义务"，即"这些义务，原则上是以一般国民为对象，而不是针对个人，保护制度及相关措施基本上是立法中自由形成的事项。个人主张权利受害，请求主管机关予以保障，则应视个案而定"。[①] 具体来说，借鉴德国基本权利的相关理论，我们认为在横向上，作为客观法的社会权国家保护义务主要涵括以下两方面的内容：

（一）国家对社会权的制度性保障义务

将社会权视为宪法上的制度性保障，主要指在宪法上明确规定某项社会基本权利系作为一种制度而存在。

[①] 转引自郑贤君《基本权利原理》，法律出版社2010年版，第256—266页。

关于"制度性保障"概念的最初起源,它乃归功于德国著名公法学者施密特。他认为在原初意义上,制度性保障"仅仅存在于国家之内,并非建基于原则上不受限制的自由领域的观念之上,而涉及一种受到法律承认的制度"。① 质言之,在施密特眼中,"制度性保障"只是作为一般自由权的关联性及补充性保障而存在。制度虽然有助于自由的保障,但不是自由本身。制度若要升格成为拘束立法者的制度性保障,至少必须在宪法中找到相关立足点,再据以组构之。此后,经过漫长的历史发展,上述"制度性保障"的存立背景发生了根本性变化,即一方面其保障的客体即基本权利已从单纯的自由权拓展至自由权与社会权并立的局面,而另一方面其保障的方式亦突破原有的限制,即其同时包括了消极和积极两个面向。其中,前者作为消极意义上的制度性保障,其主要系指被宪法纳入制度性保障的权利规范,国家立法机关虽有权对它进行修改,但却不能废弃或否定其本质内容;后者作为一种积极意义的"制度性保障",其主要是指为充分保障作为基本权利的社会权,立法者乃负有构建相关具体法律制度的宪法义务。② 具体来说,作为现代意义上的制度性保障,其核心内涵包括:(1)其目的旨在强化对基本权利进行保障;(2)它要求国家通过履行立法义务,进而形塑出基本权利的核心内涵;(3)它要求国家立法内容应具保护取向,并明确其应"如何保障"。

在现代视域下,制度性保障并非一种终结式的保障机制,其理应随时配合时代进步而异其制度之内容,"倘若由宪法明确的条文得知,宪法中已有某些社会权基本权利理念之具体架构出现时,则认为是可以以制度保障之理论来实践该基本权利"。③ 纵观各国宪法文本规定,国家对社会权的制度性保障义务大致可以分为以下几种基本构造:

其一,作为整体的"基本国策"所涵摄的制度性保障义务。虽然世界各国宪法对"基本国策"的使用称谓不尽相同,例如,有的称之

---

① [德]卡尔·施密特:《宪法学说》,刘峰译,上海人民出版社2005年版,第182页。
② 参见欧爱民《德国宪法制度性保障的二元结构及其对中国的启示》,《法学评论》2008年第2期。
③ 陈新民:《德国公法学基础理论》,山东人民出版社2001年版,第697—698页。

为"政策原则"（如巴基斯坦），有的称为"国家政策"（如菲律宾），有的称为国家政策的基本原则或指导原则（如印度、孟加拉国、斯里兰卡等），但就它们使用目的而言，其基本上都系用来表征社会权及其宪法实现路径，并将其与传统自由权区别开来。在通常意义上，学界多认为宪法所规定的基本国策条款，仅具有一种"纲领性"拘束力，其最终实现往往还须依赖于立法机关进一步制定法律，以明确具体概念、实施的标准和程序。尽管如此，不少国家在对社会权作如上规定时，其仍明确表示国家须在整体上对其实现负有制度性保障义务。例如，《印度宪法》在其第四篇"国家政策之指导原则"之首要位置，即第37条即明确规定"本篇所述原则，系治理国家之根本，国家在制定法律时有贯彻此等原则之义务。"《巴基斯坦共和国宪法》（1973年）通过专设"政策原则"一章，在其第29条第1款明确规定："任何国家机关和当局以及代表国家机关或当局执行职责的任何个人，必须依照有关的政策原则履行其职责。"

其二，作为单项社会权规定所涵摄的制度性保障义务。就此种类型的制度性保障义务而言，它主要可以细分为以下两种情形：（1）直接以制度形式规定社会权的国家制度性保障义务。例如，《哥伦比亚宪法》（1886年）第41条规定："初等教育在国立学校实行免费制，在法律规定之年级实行义务制。"《孟加拉人民共和国宪法》（1972年）第17条规定："国家采取有效措施，以便 A. 建立统一的、群众性的和普及的教育制度，并把法定等级的免费义务教育扩大到所有儿童。"在我国大陆，根据《宪法》第43条第2款，其明确规定了国家"规定职工的工作时间和休假制度"；第44条其规定了国家必须"依照法律规定实行……退休制度"；第45条规定了国家必须"发展为公民享受这些权利所需要的社会保险、社会救济和医疗卫生事业（即通常我们所称的"社会保障"）。"而此外，在其总纲第14条，更是明确规定"国家建立健全同经济发展水平相适应的社会保障制度。"我国台湾地区"宪法"第155条明确规定"国家为谋社会福利，应实施社会保险制度"；第157条规定："国家为增进民族健康，应普遍推行卫生保健事业及公医制度。"（2）将社会权的制度性保障义务隐含于单个社会权文本规定中。例如，日本学者宫泽俊义即曾以《日本宪法》第26条为依据，指出国民"有受教育的权利"，是国家应采取能够实现这些权利的必要措施的意思。而这些必要措施即暗含着"国家有设立各种学校、完善教育制度的义务"。[1] 另外，就我国而言，根据我国宪法第42条第2款规定，国家无疑应当建立各种促进劳动就业和保护劳动者的制度，如就业促进制度、最低工资制度、安全生产制度以及失业救济制度，等等。

（二）国家对社会权的狭义保护义务

所谓狭义国家保护义务，它系指"特别强调国家负有积极义务，使人民在实现基本权利的过程中，得到足以对抗第三人的侵害的保障。"[2] 就目前而言，学界普遍认为狭义国家保护义务乃是建立在一个"等腰三角形"的关系结构当中，即侵害方X—国家—被侵害方Y。其中，该关系结构的核心是X和Y，而国家只在其中处于中立的权衡地位。在传统宪法学领域中，狭义国家保护义务所针对的对象，主要系指公民的自由权。以德联邦宪法法院判例为例，截至目前，其承认的保护义务裁判，主要系涉及生命权（含胎儿生命）、人格权利、财产权利，以及人身自由、职业与学术自由等。

尽管如此，在现代宪制秩序构架中，我们仍然可以发现狭义国家保护义务并非系自由权的专利，即社会权同样需要国家履行保护义务。因为，"就社会权本身来看，妨碍社会权实现的不仅仅是国家给付的欠缺，更可能来自'社会'的侵害。"[3] 作为例证，首先，基本上，各国宪法文本所规定的诸多社会权条款，事实上都暗含有第三人对其侵犯的可能性。例如，在域外，根据《日本宪法》第27条："不得以残酷手段使儿童劳动。"若用工单位违背了宪法的上述禁止性规定，那么其显然即构成对儿童的侵害。根据其第26条第2款规定：

---

[1] ［日］宫泽俊义：《日本国宪法精解》，董璠舆译，中国民主法制出版社1990年版，第240页。
[2] 龚向和、刘耀辉：《论国家对基本权利的保护义务》，《政治与法律》2009年第5期。
[3] 郑贤君：《非国家行为体与社会权——兼议社会基本权的国家保护义务》，《浙江学刊》2009年第1期。

"全体国民依法律规定，都有使其保护的子女接受普通教育的义务。"倘若对子女行使亲权者（在没有亲权者是监护人）没有履行对上述教育义务，那么其无疑即侵犯了作为其子女所应享有的受义务教育权。无独有偶，在国内，根据我国现行《宪法》第46条之规定："公民有受教育的权利和义务。"有学者指出，"受教育义务的主体具有双重性，既包括未成年人，也包括他们的父母或法定监护人"。① 既然父母或者法定监护人有保障他人（子女或被监护人）受教育的义务，那么当他们怠于行使或者违法履行上述义务时，即造成了对其子女或被监护人受教育权的侵害。此时，在理论上，国家基于其"公权力独占"地位，自然可以同对自由权一样，对上述私人间存在的社会权冲突，以及社会权与自由权间的冲突进行衡平，并在此基础上适时保护被侵害一方的基本权利。其次，从具体宪制实践来看，作为狭义国家保护义务理论的发掘地，德国联邦宪法法院亦裁判了有关社会权的狭义保护义务案例。例如，国家对于医师责任法（Arzthaftungsrecht）及强制执行法所作之修改，以及对于夜间工作所为之限制，均属对人民生命及健康之保护。又联邦宪法法院对于多项有关核能电厂、有害健康之飞机噪音、化学武器之安置以及空气污染等之裁判中明确指出，国家负有保护人民身体及生命免受新兴科技危害之义务。对于以上涉及健康权保护的宪法裁判，其显然系属于社会权的狭义国家保护义务范畴。

二 派生性结构：作为主观权利的社会权国家保护义务体系

所谓主观权利，即是指"臣民相对于国家的地位，国民据此有权通过法律行为或者根据为保护其个人利益而制定的、可以针对行政机关适用的法律规范，向国家提出要求或者针对国家实施一定的行为。"② 根据前文所述，社会权作为宪法上的一种"客观价值秩序"，其首先乃系在客观法上抽象并概括性地国家帮助、促进与发展社会权

---

① 马岭：《宪法权利解读》，中国人民公安大学出版社2010年版，第472页。
② [德]汉斯·J.沃尔夫等：《行政法》（第1卷），高家伟译，商务印书馆2002年版，第510—511页。

的宪法义务。其后，在某些特定情况下，这一"客观价值秩序"又存在着涵括主观权利，以及"主观化"的可能。即当以上客观法义务在内容足够明确的情况下，即若个人在特定情形下具有了可以确定的请求内容，则其事实上即已经存在相应的主观权利。具体来说，作为主观权利的社会权国家保护义务，其主要包括以下内容：

（一）"最低限度"的国家给付与服务义务。

根据前文所述，国家对社会权之客观法保护义务的履行，不论系出于制度性保障还是狭义保护义务，都由于其内容涵摄及其实现方式过于抽象和宽泛，因而在具体落实的过程中，其首选举措都系仰赖于国家立法的具体建构。对于这种立法上的先行建构义务，多数学者认为若将其单纯限定在客观法范畴，那么社会权作为权利的实效性无疑将大打折扣。要突破上述局限与弊端，必须承认公民在特定情形下应当享有直接针对国家的主观权利，即给付请求权。具体来说，国家对于社会权的"物质性"给付和服务义务，在作为上述制度性保障之重要组成部分的同时，依据学界目前一般之见解，其作为"主观权利"的性质至少应当在最起码的限度之内获得承认和认可。以我国为例，学者龚向和教授即认为，"国家至少在某种程度上应承担直接的、立即生效的给付义务即可由司法裁决的法律义务。准确地说，国家应承担维持人的尊严的最低限度的核心义务，确保每种权利的实现至少达到一个最基本的水平，如最低生活保障、义务教育等"。① 而黄金荣博士亦指出，"对于一些特别重要又比较容易界定的实现义务层次的经济和社会权利，宪法规定国家予以即刻保障"。②

当然，除此之外，亦有学者对于作为上述主观权利的给付义务标准提出了异议。针对这一质疑，我们认为上述两种观点其实并不存在本质上的分歧。具体来说，在终极意义上，国家对社会权的制度性保障义务乃系作为一种客观规范存在的，而公民对国家的给付请求权乃系基于上述制度性保障中的"最低限度的生存保障"，由于它对于任

---

① 龚向和：《理想与现实：基本权利可诉性程度研究》，《法商研究》2009年第4期。
② 黄金荣：《司法保障人权的限度》，社会科学文献出版社2009年版，第369页。

何公民维护其人之为人的尊严都不可或缺,因而它才从客观法立场转化成为主观权利。也正是基于这种主观化的权利要求,国家给付义务才作为社会权功能体系中的主观"受益权功能"而诞生。如是,可以说国家对社会权的给付义务,在整个社会权保护义务体系中,其乃是作为上述国家制度性保障义务的一种特殊表现形式,即"最低限度的生存保障义务"。作为宪法上的一种主观权利,其事实上系由上述客观法规范所衍生,即使在具体表现形式上它没有采用"最低限度"等类似词汇,但就逻辑内核而言,其无疑乃蕴含了上述本质性特征。

（二）排除与救济层面的狭义国家保护义务

关于狭义国家保护义务是否可以作为一种主观权利型态存在,理论界至今尚未达成普遍共识。其中,持否定论观点的学者多担心,如果承认保护义务的主观权利地位,可能会导致侵害或减损其他第三人的基本权利地位,保护义务的主观化也会使立法者的形成自由受到过度的限制,而且保护义务的内容具有不确定的特征,它的实质内容会随着遭受私人侵犯的宪法权利的改变而改变。[①] 而持肯定论观点的学者,例如德国学者 Robert Alexy 即曾明确指出,结合基本权的个人主义以及基本权最优化论据,作为客观法规范的保护义务应当存在有利于主观维度的倾向。具体来说,其论证理由主要包括:(1) 基本权利的目的与理由在于保护个人,而不在于保障客观秩序或集体利益;(2) 一个纯粹客观的保护义务比一个内容相同的保护权利（在保护范围上）要小,因此,基本权规范的主观化是一个初显性命令,承认主观权利与确定内容相同的纯粹客观义务相比意味着更高的实现程度。[②] 而除此之外,以德国学者 H. D. Jarass 为代表的部分学者对于上述两种观点都表示了异议,即他们认为"因'法律原则'在内容上的开放性,不能以传统法解释的方式探究其内容,毋宁应针对不同案

[①] Thomas Giegerich, *Privatewikung der Grundrechte in der U. S. A.*, (English Summary) Spriger-Verlag, 1992, p. 468. 转引自李秀群《宪法基本权利水平效力研究》,中国政法大学出版社 2009 年版,第 172 页。

[②] 参见［德］罗伯特·阿列克西《法·理性·商谈:法哲学研究》,朱光、雷磊译,中国法制出版社 2011 年版,第 271—273 页。

件类型，考量事实、法律上的可能性，决定如何（包括是否赋予人民主观权利）实现'法律原则'所规定的目标"。① 对于这一观点，笔者亦表示认同。简而言之，我们认为是否应赋予国家保护义务以主观公权力的问题，实应针对其保护的不同领域与阶段，加以分别探讨。

具体来说，针对狭义国家保护义务中的第三人侵害，通常我们可以根据其具体特性，将其分为三个阶段、三个层次。即事前阶段对应预防保护义务层次；事中阶段对应排除义务层次；事后阶段则对应救济义务层次。具体来说，预防义务，主要是指针对第三人侵害的现实可能性，国家有义务事先设计相应对抗措施，以防止或降低侵害行为及其危害程度；排除义务，主要是指第三人侵害正在进行时，国家有义务排除侵扰确保公民社会权正常享有；救济义务，主要是指当第三人侵害致使社会权法益受损，国家有义务追究侵害者责任以补偿受害者，使其所享有的社会权法益恢复到正常水平。②

针对以上三个层次的保护义务，首先在预防层次，基于"司法谦抑主义"的宪法分权原理，其绝大部分内容都仅具有一种客观法规范的性质。当然，在特定情形下，其仍存在"主观化"的可能。例如，德国联邦宪法法院在1977年的"施莱耶案"中就详细论证了这种可能性的具体标准。即该法院认为，"保护义务只是要求国家必须积极地保护基本权利，至于国家应如何完成这一使命、应采取何种保护手段和措施等问题，国家原则上享有相当大的自主裁量空间，除非是根据具体的情况判断，必须采取某种特定方式才足以尽到保护义务之时，国家的自主裁量空间才可能缩小，宪法法院才可能支持公民的请求"。③ 其次，在排除与救济层次，学界多认为虽然它与基本权利的客观面向相对应，但由于其在本质上仍被归入危险的防御以及自由法治国原则，其所针对的权利主体以及国家行为又都系具体的、明确的、特定的，因而应当将其同时视为一种主观权利。但必须指出的是，权

---

① 转引自龚向和《民生保障的国家义务研究》，东南大学出版社2019年版，第162页。
② 参见龚向和、刘耀辉《论国家对基本权利的保护义务》，《政治与法律》2009年第5期。
③ BVerfGE46，160v. 16. 10. 1977.

利主体受到第三方的侵害而向法院提起的诉讼,只是民法上的可诉。亦即在由狭义保护义务所构成的国家、侵害者以及受害者三角关系中,只有当相关国家机关不依法履行保护权利主体免受第三人侵害,那么此时受害人针对排除或救济层次的国家保护义务而主张的权利诉求,才能称得上系作为主观权利的狭义保护义务。而除此之外,为侵扰的第三人本身也可依据基本权主张其权利。

三 小结

总之,在规范意义上,社会权国家保护义务的诞生,其首先乃系根源于宪法所确立的"客观价值秩序",这一秩序作为整个社会共同体的价值基础,要求一切国家公权力都必须受其约束,并时刻将社会权作为其考量因素。从社会权的规范效力出发,其国家保护义务体系结构分别可以从客观法与主观权利两个维度加以分析,具体如图2.4所示:

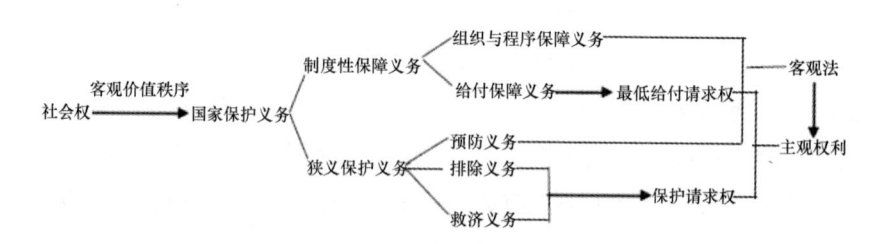

图2.4 国家保护义务体系

第一,作为客观法规范的社会权国家保护义务,其主要包括制度性保障义务和狭义保护义务两项内容。其中,首先就制度性保障义务而言,虽然它最初缘起于德国魏玛宪法时代,但经过漫长的历史演进,其现代意义已经远远超过了传统内涵。具体来说,在现代民主宪制国家,制度性保障乃系社会权实现的前提与基础,其功能价值乃在于课予立法者形成具体制度的宪法义务,即立法者必须有义务来落实这些保障社会权的具体制度。在内容结构上,制度性保障义务又可以细分为组织与程序保障义务以及给付保障义务。其中,就前者而言,正如德国学者黑贝勒教授所言，"通过组织法和程序法，给付国家可以在实现社会基本权利的意义上富有效果地提供真正的、自由的机会……今天，组织法和程序法中存在着对法、议会立法者而言最为重要的形成任务。"① 在现实中，上述组织与程序保障义务，主要体现为国家在此生活领域，须透过相当民主的过程，且藉由让人民足以信任的组织或程序，使人民在该领域仍有自我实现的可能性。而给付保障义务，则系社会权客观要求国家必须以积极作为之行为方式履行体现社会法治国性质的物质或服务性给付义务。其次，就狭义保护义务而言，它特别强调国家负有义务，去保护人民在实现社会权中，应受保障足以对抗第三人的侵害，尤其是其他私人所造成损害或危害法益。在保障范围上，它主要可以分为预防、排除和救济三个层次。但作为客观法范畴的狭义保护义务，其主要意指上文所称的预防义务层次。在现实生活中，其主要表现为依照比例原则而对划定相关权利主体的权利边界。

第二，作为主观权利的社会权国家保护义务，其主要涵括了"最低限度"的国家给付与服务义务，以及排除与救济层次的狭义保护义务。首先，就给付保障义务而言，虽然在理论上，不少学者将其与受益权功能相对应，并指出个体均有权依此向国家主动请求给付，"只有与这种请求权直接对应的国家对公民的给付才属于给付义务范围"。② 但在现实操作层面，这种直接的给付请求权通常并不存在，即因事涉国家财政能力、国家资源之运用以及社会利益之调整等多项因素，国家的创设性给付义务通常应被纳入作为客观法的制度性保障范畴，但作为例外，在涉及社会国原则的核心即社会安全要求时，也即当人民的生活无法达到维持人性尊严的最低标准时，即便国家的上述创设性义务没有履行，公民亦可以直接依据社会权的相关规定，请求国家提供帮助或救济。其次，针对排除和救济层次的狭义保护义务，由于其在本质上乃系被归入危险的防御以及自由法治国原则，并且其

---

① 转引自［日］大桥洋一《行政法学的结构性变革》，吕艳滨译，中国人民大学出版社2008年版，第169页。
② 张翔：《基本权利的规范建构》，高等教育出版社2008年版，第82页。

所对应的权利主体,以及国家行为都是具体的、明确的、特定的,因而在具体宪制实践中,它们应当作为一种主观权利型态存在。

第三,作为客观法的社会权国家保护义务的"主观化"。虽然学界就客观法之"主观化"问题仍存在诸多争议,但通常而言,为增强基本权利保障的实效性,多数学者仍承认其存立的可能性及必要性。例如,学者张翔教授认为,"在'客观法的无力'与'再主观化的危害'这两难之间,更应该成为问题焦点的就应该是'再主观化'的标准问题"。① 就目前而言,学界多认为如果国家的某一特定举措对实现社会权的基本利益是必不可少的,那么个人对其即具有主观请求权。由此,可以认为在理论上,作为客观法的社会权国家保护义务,要想转化成为一种主观权利,必须同时达到如下条件:(1)实质确保社会权有其必要性;(2)社会权之请求标的可以明确确定;(3)具备必要的财政支持,且其财政手段不得侵害立法者的财政支配权。

第四节　国家对社会权保护义务的责任分担②

一　"宪法委托":立法权在社会权保护义务中的责任分担

在各国宪法文本中,虽然社会权的宪法效力,因受制于其国家的宪制文化背景以及具体权利类型等而存在诸多差异,但无一例外地是,若从宪法学视域内整体视之,其权利的最终实现都必然需要仰赖于国家保护义务的履行。而对于社会权的这种国家保护义务,根据前文所述,它首先乃系根源于宪法的"客观价值秩序"功能,虽然从这一功能面向可以同时推导出其作为客观法和主观权利的存在,但毫无疑问,其主要乃表现为一种客观法规范,其规范效力的发挥首先且主要系依赖于立法权的运行。在各国有关社会权的具体宪制秩序建构中,其国家保护义务无疑首先乃是立法者的义务,这种立法义务作为

---

① 张翔:《基本权利的规范建构》,高等教育出版社2008年版,第137页。
② 关于义务与责任的区别,德国学者沃尔夫曾指出:"义务是指法律规范要求实施特定的行为,而责任是指以自己的能力担保合法行为后果的实现。"参见[德]汉斯·J. 沃尔夫等《行政法》(第1卷),高家伟译,商务印书馆2002年版,第474页。

宪法所委托，主要表现为对宪法社会权规定的明确化、具体化和精细化。

关于宪法委托国家立法权行使社会权保护义务，其最先可以追溯到20世纪初德国魏玛宪法的"方针条款"。根据德国学者安序兹（Gerhard Anschütze）的阐述，魏玛宪法第2篇所规定的社会权条款，主要体现在其第2章共同生活以及第5章经济生活中，其意图是十分明显的，即它并非直接创设权利，而是对立法者为将来之立法的一种指示。质言之，上述宪法社会权规定，仅属于单纯的法律原则，"并不能直接产生法律效果，亦即无直接适用性，必须等待立法者，制定实行法律后，才有施行之可能。"[①] 虽然安序兹的上述宪法实证主义主张在魏玛时代盛行一时，但终因其观点过于消极，即他将立法者的上述立法义务仅理解为一种没有法律约束力的宣示或指针，因而其在德国基本法颁布后，即遭到全盘性的否定。具体来说，新颁布的德国基本法，一方面其第1条明确规定："基本权利是直接有效约束立法、行政及司法的准则"；另一方面，根据德国宪法学界的一致性见解，虽然其没有明令社会权作为基本权利的存在，但其第20及28条所规定的社会国原则，在性质上可以被理解为是一种"国家目标规定"，即为所有国家行为设定应持续遵循之目标及方向的一种具有法拘束效力之宪法规范，它揭示着国家整体权力运作应遵循之基本方向与纲领，立法者据此有义务就宪法所委托的社会权立法事项作出及时、完整的规定。倘若立法者始终消极不作为，而形成立法怠惰，抑或虽有立法，但其政策形成却明显与社会国目标所揭示的精神或方向背道而驰，则将产生违宪之问题。

虽然"宪法委托"之概念最先缘起于德国宪法学界，但这并不表明在世界其他国家就不存在上述类似之问题。纵观世界各国之宪法，将宪法社会权条款视为一种宪法委托，主要可以分为原始的委托和衍生的委托两种类型。其中，前者是依宪法之规定，十分明显的宪法委

---

① 参见陈新民《德国公法学基础理论》（上册），山东人民出版社2001年版，第141—142页。

托。例如，在西欧，《意大利宪法》第36条在规定劳动权和休息权时，就明确了其相应的国家立法义务，即"劳动日的最长限度由法律规定之。"第37条在规定男女同工同酬的同时，又规定："受雇作工之最低年龄，由法律规定之。"在亚洲，根据《日本国宪法》第26条之规定，其全体国民平等享有受教育的权利，必须按照法律实行之；紧随其后，第27条又明确规定，"有关工资、劳动时间、休息以及其他劳动条件的标准，由法律规定。"在我国，现行宪法第44条明确规定国家"依照法律规定"施行退休制度。而对于后者，其则是迂回式的，亦即由整体的立宪精神来看，方能探寻得出宪法的委托。对此，上述德国基本法关于社会国原则的规定，以及我国宪法第42至46条的大多内容规定均属于此种情形。

在内容上，将社会权的国家保护义务视为一种"宪法委托"，其国家立法机关主要应当承担两方面的宪法义务：一是制度性保障义务。据前文所述，社会权的制度性保障义务主要可以分为组织和程序保障义务以及给付保障义务。其中，就前者而言，国家立法权既需要在社会权实害发生前，事先透过适当之组织与程序的采用，或予以防止，或至少将实害的发生几率降至最低；同时，针对某些特定的社会权类型，其还必须积极营造一个适合上述社会权实践的组织和程序环境，以促使其能够最大限度地获得实现。以公民受教育权为例，根据学者许育典教授的论述，为了保证学生的自我实现，人们在学校中仍能独立于国家的目的利益之外，而受到组织与程序上的保障。在此面向上，主要的教育基本权保护法益至少应当涵括：以学生自我实现为核心的学校自治，以及学生和父母代表组织的参与学校自治程序等。而对于社会权的国家给付保障义务，由于其分配多涉及国家财政能力、国家资源之运用以及社会利益之调整等事项，因而根据现代宪制原理，以上种种调控作为国家政治决策之内容，自然离不开国家立法权的主导和参与。具体来说，国家必须通过立法权的运用，将笼统的社会权国家给付保障义务从内容、范围、方式以及程度等方面予以具体化。当然，必须指出的是，立法权对社会权国家给付保障义务的所谓分担，只是制定法律以建构基本制度，并不直接向公民提供给付。

因为，狭义给付义务所对应的受益权功能，必然与公民的请求权相对应，而对于立法机关的这种给付保障义务，公民是否可以请求国家制定相关法律，则不无疑问。二是狭义保护义务。"国家保护义务首先是国家的立法义务。"承前文所述，社会权狭义保护义务所表征的宪制价值，主要系在于保护公民社会权免受国家之外的第三方侵害，其义务的履行，首先乃体现在其预防层次，即国家立法权有义务通过制定法律，包括刑法、行政法以及民法，以防止第三人对公民社会权的非法侵害。以劳动权的刑法保护为例，世界各国立法权即积极通过对侵犯劳动权构成犯罪的行为追究刑事责任来确保劳动权实现的安全性。例如，在欧洲，《芬兰刑法典》第47章即专门规定了"雇佣犯罪"；《法国刑法典》针对此明确规定了劳动歧视犯罪、童工犯罪、劳动安全卫生犯罪以及妨害工会活动的犯罪；《德国刑法典》规定了劳动安全保护犯罪，以及扣留和挪用劳动报酬罪等。[①]

二 警察行政：行政权在社会权保护义务中的责任分担

正如台湾著名学者翁岳生教授所言，"行政的作用在于形成社会生活、实现国家目的，特别是在福利国家或社会国家中，……行政往往必须积极介入社会、经济、文化、教育、交通等各种关系人民生活的领域"。[②] 在现代宪制国家，虽然政府和议会仍是分开的独立实体，各自完成不同的工作，即一方面领导、指导和命令，另一方面批评性地讨论和审查。但正如英国学者白芝浩在论述英国宪法时所指出的那样，"宪法的有效秘密可以说是在于行政权和立法权之间的紧密联合，一种几乎完全的融合。"[③] 随着国家从秩序行政向福利行政的转变，行政机关被赋予了更多的国家权力，亦即"行政机关也拥有了政治职能，而不仅仅被当做达成社会目标的工具或是获得法律目标的传送带。"[④] 就社会权国家保护义务的责任分担而言，除上述立法权须积极

[①] 参见薛长礼《劳动权论》，科学出版社2010年版，第158—160页。
[②] 翁岳生：《行政法》（上册），中国法制出版社2009年版，第16页。
[③] [英] 沃尔特·白芝浩：《英国宪法》，夏彦才译，商务印书馆2005年版，第62页。
[④] 董炯：《国家、公民与行政法》，北京大学出版社2001年版，第128页。

主动履行"宪法委托"的立法义务外，行政权所需承担的保护行政义务就不仅在于对上述立法义务履行成果——制定法的执行与适用，同时还应当包括政策拟定与决定的成分以及变迁中的周边条件。

具体来说，在福利行政领域，公民社会权的义务主体事实上具有双重属性，即形式上表征为政府，而实质上则还暗含着社会以及公民个体对其他公民个体的义务，这种义务经过转化之后，即形成了相应的福利权利以及福利给付义务，而政府则因承担上述给付行政责任而享有相应行政保护的权力。通过行政权以履行社会权保护义务，其主要体现为警察权力向福利行政领域的扩张。所谓警察权力，即是指"政府对私人权利施加限制的权力。"① 对于这种权力的运行与扩张，其乃贯穿于行政运行的整个过程，即它不仅适用于传统的行政行为以及行政救济等领域，同时还应当包括行政立法的内容。

首先，就传统保护方式而言，其义务的履行主要体现在以下两个方面：（1）当公民社会权受到第三方私主体侵害时，公民有权就侵害行为向行政机关请求行政保护，相应地，行政机关负有保护公民社会权的积极义务；（2）当公民社会权受到行政机关侵害时，根据行政救济法的基本原理，公民一般享有向上级行政机关申请复议的权利，行政复议机关有义务作为第三人对行政机关和行政相对人之间的社会权争议进行审查并作出裁决。当然必须指出的是，在此种情形下，国家行政保护义务的范围应当系具有特定性的，即它"仅限于私人侵权和部分行政机关侵害，而不包括立法机关侵权和另一部分行政侵权。"② 例如，行政机关对于其上级和同级行政机关的侵权行为就无法实施行政调处。

其次，就保护性行政立法而言。在近代，基于民主法治国原则，有关公民权利义务的法规范规定原则上都系采用"法律"之形式。但自进入20世纪以来，伴随着社会以及福利国家的骤然兴起，"所谓

---

① See Randy E. Barnett: "The Proper Scope of the Police Power", in Noter Dame Law Review, Vol. 79, No. 2, 2004, p. 439.
② 王建学：《积极人权的司法保护》，载徐显明《人权研究》（第5卷），山东人民出版社2005年版，第384页。

'框架立法'的现象越来越多。"① 即虽然对于那些国家调控的一般性、抽象性根据和基准，仍然系依靠法律来进行规制，但对于那些具体性、实质性的内容，则其大部分内容显然已经委任给行政立法。在现代行政秩序中，既然福利行政原理已经重构了个人与他人以及个人与政府之间的新型"权义"关系，那么这种关系首要的任务即系"获得实证法上的合法性。先是代议制机构的福利立法，然后是行政立法对福利权利和给付义务的配置。"② 就后者而言，行政机关通过借助警察权力，进而以委任立法等形式履行社会权保护义务，主要可以体现为以下两个方面的内容：

（1）进一步明确和细化宪法、法律中有关社会权的"权义"关系及其具体内容。在现代社会，基于议会时间上的压力、所涉事项的技术性以及灵活性的要求等因素的考量，各国家法律制定机关在履行上述社会权立法保护义务时，对其所应实施之政策目的或要件内容等，大都只作原则性或纲领性之规定。而为保证上述规定的贯彻落实，立法机关一般同时会将上述立法中的各种细部事项和技术性事项，委任给行政机关定之。以英国为例，自19世纪以来，有一项非常宽泛的权力就一直具有法律效力，这项权力首先被授予贫困法专员，它就是，"制定和颁布所有他们认为合适的条例、命令和规章，来管理贫困人口，……并执行该法令。"③ 而在我国，根据《立法法》第71条、72条规定，一方面，国务院各部委以及直属机构为贯彻执行有关社会权的法律或国务院的行政法规、决定、命令等事项，可以在其职权范围之内制定部门规章；另一方面，省级以及较大市的人民政府亦可以根据法律、行政法规以及地方性法规等规定，通过地方规

---

① 关于这种现象出现的原因，日本学者南博方认为其可以包括：（1）现代社会国家中的立法内容的复杂性、专业性和技术性；（2）对应情况的变化，迅速地对相关规范加以改废的必要性；（3）根据法律的一般规定，无法采取适应地方性实际情况的适当措施；等等。参见［日］南博方《行政法》（第6版），杨建顺译，中国人民大学出版社2009年版，第65页。
② 参见于立深《给付行政中的警察权力》，载杨建顺《比较行政法——给付行政的法原理及实证性研究》，中国人民大学出版社2009年版，第165—166页。
③ 参见英国《贫困法1834年修正案》（Poor Law Amendment Act），第15条。

章形式，对涉及社会权保护的事项做进一步明确规定。

（2）积极制定和发展与福利行政秩序相适应的行政程序规则。众所周知，"给付行政与构成行政程序基础的思考形式有着特别的亲和性。"① 对于福利行政给予程序上的思考，它不仅有利于架构起社会权与福利国家之间的"社会性接点"，同时，也有利于寻求在行政与接受给付当事人之间构建持续性的关系。为保障社会权的有效实现，在社会法领域，不仅给付接受者需要通过必要的程序支持以获得有效保护，而且在上述法律关系中，通常情形下，除了给付接受者之外，还必然会涉及其他众多参与性主体，为了保证上述各主体间的关系顺畅、互不侵犯，也有必要通过相应的程序规则对其予以规范。具体来说，在给付行政领域，行政权尤其是其中的警察权力，通过制定相应的行政程序规则以履行其社会权保护义务，其不仅需要进一步细化传统的行政程序规则，如行政复议程序、行政诉讼程序等；同时还必须积极探索与给付行政秩序相适应的新的程序规则。根据日本学者大桥洋一的论述，探索社会福利行政程序的发展可能性，至少必须注重以下方面的内容：（1）咨询与调解的重要性；（2）规划制定程序和协作型程序的确立以及对服务过程的阐明；以及（3）监督专员制度的确立等。②

三 权利救济：司法权在社会权保护义务中的责任分担

关于司法权是否应当承担社会权的保护义务，学界至今尚未达成统一意见。从目前的研究状况来看，学者多是从社会权的可诉性③问题出发来进行分析的。因为，在通常情形下，"法律权利的可诉性问题在权利的角度看来是获得司法救济的可能性，而在司法机关的角度

---

① ［日］大桥洋一：《行政法学的结构性变革》，吕艳滨译，中国人民大学出版社2008年版，第169页。

② 参见［日］大桥洋一《行政法学的结构性变革》，吕艳滨译，中国人民大学出版社2008年版，第184—191页。

③ 虽然学界对可诉性的认识存在诸多看法，但多数学者认为所谓可诉性，即是指权利应受法院或其他准司法机构审查的能力。它意味着"司法机关判定一个人的权利是否被侵犯以及国家是否履行宪法所规定的尊重、保护和实现人权的义务。"See Craig Scott & Patrick Macklem, Constitutional Ropes of Sand or Justiciable Guarantees? Social Rights in a New South African Constitution, 141 U. Pa. L. Rev. 1, 17 (1992).

而言，则是司法机关是否具有保护权利的宪法义务与职权。"① 否认社会权的可诉性即意味着否认司法权作为社会权保护义务载体存在的可能。一般说来，目前学界对于社会权可诉性的争论焦点，其主要集中在以下方面：（1）社会权是否属于法律权利；（2）承认社会权可诉性是否有违分权原则；（3）社会权可诉性是否受制于资源的有限性及其困乏性；以及（4）社会权概念的含糊不清；等。针对上述各种争辩理由，我国学者龚向和教授曾采取各个击破的策略，对其进行了中肯的抨击。质言之，他认为虽然上述反对社会权可诉性的观点，具有一定的历史合理性与合法性，但"社会权的可诉性是社会权发展的必然结果"，那种否定社会权可诉性的观点，无疑是自由主义权利观念的傲慢与偏见在新世纪的具体表现。从世界范围来看，国际、区域和国内三个层次的立法实践都表明了社会权具有一定范围和程度的可诉性。②

虽然根据上述学理上的分析，支持社会权可诉性的观点已经逐渐占据主流，但是否即可以此认定司法权对社会权负有保护义务呢？对此，我们认为除上述学理上的论证考量之外，在本质上，决定司法权是否负有保护社会权的终极宪法义务，主要系取决于司法保护人权的可能性以及司法权本身所固有的权力属性及其宪制地位等。质言之，正如美国联邦党人汉密尔顿等人所言，"司法部门既无强制、又无意志、而只有判断。"③ 其唯一的宪法职责即是通过在法庭上查明案件事实以居中作出公正之裁决。也正是因为此，目前世界上多数国家都或直接或间接承认司法机关作为社会权纠纷的最终调处者而存在，但源于各国司法机关在地位、权限以及设置上的具体差异，其对社会权履行保护义务的方式却容有不同。例如，在英美法系，其一般国家都系采取由普通法院依据宪法和法律上的正当程序，以及平等条款等而实

---

① 王建学：《积极人权的司法保护》，载徐显明《人权研究》（第5卷），山东人民出版社2005年版，第373页。
② 参见龚向和《作为人权的社会权》，人民出版社2007年版，第78—97页。
③ ［美］汉密尔顿、杰伊、麦迪逊：《联邦党人文集》，程逢如等译，商务印书馆2009年版，第391页。

施对社会权的司法保护义务；而在大陆法系，德国乃系依赖于联邦宪法法院为首的法院系统，而法国则系依赖于普通法院以及行政法院。

通常而言，借助司法权以履行社会权保护义务，主要存在于宪法诉讼和法律诉讼两个层次中。其中，对于后者，不论是在理论还是实务中，其在世界各国都已不存在任何障碍或疑问。但对于前者，各国所表现的态度则"大为迥异"。首先，从权利救济维度看，正如上文所指出的那样，各国对于社会权可诉性的议题本身即存在争议；其次，从各国司法制度的具体设计来看，不少国家并不承认宪法诉讼在其国内具有制度生存的空间。即它们多认为，"要实现个人的宪法权利，首先是国家立法机关要尽立法之责，宪法权利对应的主要是国家立法机关立法的直接义务，行政法、诉讼法等法律上的个人权利对应的是国家行政机关、司法机关的法律义务（间接宪法义务）。"① 而即便是在那些同时承认宪法诉讼以及社会权可诉性的国家，其关于司法应当如何履行社会权之宪法保护义务也仍存在诸多不同的看法。

依照学界的通常理解，由于社会权与传统自由权的规范特性并不完全相同，因此并不是每一个社会权都可基于其法拘束力而直接被理所当然地认为具有如同自由权一般之主观请求权的规范效力。在此基础上，若再以社会权侵害主体为基本的区分标准，那么，通过司法以履行社会权之宪法保护义务，至少可以存在以下几种情形：

第一，针对立法及行政机关的立法侵害。根据前文所述，社会权首先是且主要是作为"宪法委托"而存在的，在某种意义上，它不仅构成立法及行政机关对于社会权之立法形成自由所划定的规范界限，同时也构成对国家执行上述相关社会福利政策的授权与任务要求。在此基础上，有且只有当上述国家机关完全无视社会权之"宪法委托"义务的存在，即完全不作为，或没有制定任何其他替代性解决方案，而径行根本性地终止某项给付或组织、程序机制，则此时若该国司法机关享有违宪审查之权力，那么它即同时亦有义务透过对以上所涉社会权宪法规范的解释，宣示上述立法作为或不作为违宪。

---

① 马岭：《宪法权利的对应面及其法律化》，《国家行政学院学报》2008年第2期。

第二，针对第三人的侵害。在传统宪法学领域，宪法基本权利并不存在"第三人效力"①的问题。因为，根据当时学界的普遍见解，基本权利仅仅是与针对国家权力的理论相适应，它并不适用于公民与其他个体的相互关系。然而，随着时代的发展变迁，人们慢慢开始发现，"不仅对社会权力，在私人领域内，只要某人拥有相对于他人更优位的处置权力时，就有必要适用直接有效的基本权保障。"②也正是因为此，德国学界逐渐开始发展"将第三人效力作为国家保护义务的分支功能来看待。"③具体来说，一方面，最初提出社会权具有第三人效力的乃系以尼伯代（Nipperdey）为代表的德国联邦劳动法院，他们在"妇女同工同酬案"、"单身条款案"等一系列劳工案件中，明确主张为确保人类之尊严，基本权利之条文在私人法律关系中，应当具有绝对之效力，并可以直接予以适用。质言之，他们在判决中多认为，在所有宪法基本权利中，除去那些只针对国家权力所设的"自由权"外，其仍有一些基本权利之条款，作为一种秩序原则而存在，它们无须等待立法者立法，便可直接拘束私人的法律关系。虽然上述直接"第三人效力"的观点遭到了学界广泛的批评和质疑，但从世界范围来看，目前爱尔兰、瑞士以及南非等少数国家仍承认并认可社会权的这一司法保护义务模式。

而另一方面，在德国宪制实践中，其联邦宪法法院在批判、反思上述直接效力理论的基础上，进而创造了基本权利的间接"第三人效力"理论，并为世界诸多国家所承认和吸收。具体来说，以1958年的路特案判决为标志，德国联邦宪法法院明确指出："基本权利的规定，就是要建立一个客观的价值秩序，以强化基本权利之适用力。对立法、司法及行政都有拘束力，并给他作为行为之方针及动因。对民事法亦然。……法官在具体审判案件之时，就必须以宪法基本权利之

---

① 所谓第三人效力理论，其主要系意指在探究除了宪法有明文规定外，宪法的基本权利在同为基本权利之"享受者"的私人之间，在何种范围，以及以何种方式，能如同基本权利拘束国家权力般发生拘束力。详见 A. Bleckmann, Allgemeine Grundrechtslehren 1979, s. 137.
② ［德］齐佩利乌斯：《德国国家学》，赵宏译，法律出版社2011年版，第400页。
③ 参见张巍《德国基本权第三人效力问题》，《浙江社会科学》2007年第1期。

精神来审查、解释及适用民法条文,是私法的修正,亦即是法官受到基本权利的拘束之明证。倘若法官不循此方式,忽视宪法所保障的客观的规范——亦即基本权利之内质——之时,就是视为公权力之侵害,人民即可以提出宪法诉愿。"[1] 根据如上论证之思路,可以说基本权利的间接"第三人效力",乃系属于国家狭义保护义务理论的一种适用情形。它要求司法机关在解释以及适用法律规定时,必须要注意上述保护义务之存在。即法官"有义务将民法规范作合乎宪法基本决定的解释,有义务在衡量私人关系间基本权利冲突的基础上,保障基本权利免受侵害。"[2]

---

[1] 陈新民:《德国公法学基础理论》(上册),山东人民出版社2001年版,第314页。
[2] 张翔:《基本权利的规范建构》,高等教育出版社2008年版,第121页。

第三章　社会权立宪保护义务的比较

第一节　劳动权之立宪保护义务的比较

现代意义的劳动权，有学者又将其称之为工作权①，它是指公民所享有的针对国家的劳动请求权以及在劳动关系中处于从属地位的劳动者所享有的与劳动有直接关系的各项权利的总称。② 在理论上，以是否具备现实意义上的劳动者身份为标准，劳动权大致可以概括为作为潜在劳动者的劳动请求权和作为现实劳动关系中劳动者的劳动权两项内容。其中，就前者而言，在权利内容上，其又可以进一步细分为获得公共就业服务权、平等就业权以及获得失业补偿权等。对于上述此一权利之落实，一般认为其主要义务主体乃是国家。即为保证潜在劳动者能够获得合适工作之机会，国家必须采取各种积极之举措以帮助其提高职业技能、提供免费职业介绍，当国家通过上述所有举措仍不足以实现其就业时，作为公民就业请求的积极回应，国家应当给予失业公民以救助金。而对于后者即劳动者的劳动权，在世界范围内，其通常系由劳动法加以规定。在权利内容上，其主要涵括获得劳动报酬权、休息休假权、劳动安全卫生保护权、最低工资保障权、工伤和职业病救助权、劳动争议救济权、

---

① 不过，亦有学者认为工作权与劳动权分属不同含义。其中，在权利谱系中，劳动权乃工作权的上位概念，工作权仅与就业权同义，在内容上包括工作获得权、自由择业权和平等就业权。可参见郑贤君《社会基本权理论》，中国政法大学出版社2011年版，第177—178页。

② 胡芬：《劳动权的行政法保护研究》，武汉大学出版社2009年版，第24页。

职业培训权、组织工会权、自由选择职业权、罢工权等。① 在权利实现方面,其所指向的义务主体不仅包括国家,同时还包括雇主,甚至在某些情形下,例如在劳动者签订集体合同时,其义务主体还包括其他公民个体。

一 世界各国劳动权立宪保护义务的整体性特征

根据荷兰学者马尔塞文对世界107部宪法(截至1976年3月1日)的统计研究,世界上已有78个国家在其宪法中规定了劳动权,占总数的72.9%。② 而根据最新一项统计数据显示,截至到1997年,世界各国宪法关于劳动权的规定率已经达到60.6%,同比上升了5.7%。同时,基于地域的比较,亚洲、欧洲、美洲、大洋洲各国宪法关于劳动权的规定率分别是69.4%、60.0%、22.8%、0;基于国家性质的比较,社会主义国家和资本主义国家其规定率分别是100%、60.8%;基于文明的比较,非西方以及西方国家宪法其规定率分别是64.2%、61.1%;基于法系的比较,大陆法系的宪法规定率为100%,而英美法系却为0。③

(一)整体性立宪形式特征

从世界范围来看,各国在宪法上对劳动权及其国家保护义务的规定,其大致存在以下几种立宪形式:

第一,仅在宪法基本权利部分规定劳动权或国家对劳动的保护义务。具体来说,在世界范围内,采取此种立宪例的国家主要有阿塞拜疆、格鲁吉亚、韩国、吉尔吉斯斯坦、马尔代夫、日本、塔吉克斯坦、泰国、土耳其、土库曼斯坦、叙利亚、亚美尼亚、越南、

---

① 在权利性质上,多数学者认为劳动权同时具备自由权和社会权属性。其中,劳动请求权具有典型的社会权属性,而自由选择职业权、组织工会权(结社自由)、罢工权等均具有自由权的性质。可参见黄涧秋《论工作权》,载杨海坤《宪法基本权利新论》,北京大学出版社2004年版,第250页。由于本书主要是从社会权面向探讨劳动权,因而,对于上述三项具有自由权性质的劳动权内容,下文将不予分析。
② 参见[荷兰]马尔塞文等《成文宪法——通过计算机进行的比较研究》,北京大学出版社2007年版,第133页。
③ 参见王惠玲《成文宪法的比较研究——以107部宪法文本为研究对象》,对外经济贸易大学出版社2010年版,第102—116页。

爱沙尼亚、芬兰、荷兰、克罗地亚、罗马尼亚、马其顿、摩尔多瓦、南斯拉夫、葡萄牙、斯洛伐克、乌克兰、西班牙、希腊、匈牙利、阿根廷、巴拉圭、巴拿马、巴西、玻利维亚、多米尼加、厄瓜多尔、哥斯达黎加、洪都拉斯、尼加拉瓜、萨尔瓦多、委内瑞拉等。对于上述立宪国家，虽然其均系在基本权利部分规定了劳动权，但其所规定的劳动权权利属性，以及在条款的具体布局等方面仍存在一定的差异。

首先，在权利属性方面。虽然以上大多数国家设定宪法劳动权的初衷乃在于强调其社会权属性，但仍有不少国家乃首先系将其定义为是一种自由权。例如，《格鲁吉亚宪法》（1995年）第30条、《斯洛文尼亚宪法》（1991年）第49条均在其第1项即规定了"劳动自由"或"劳动自由受到保障"。此外，《吉尔吉斯斯坦宪法》（1993年）第16条亦率先在"公民的权利和义务"章节之前，即在"人的权利和自由"中规定每个人都拥有如下权利，包括"有劳动自由，自由选择工作和职业"。此外，也有国家将其同时列为自由权和社会权，并在不同章节予以规定。例如，《斯洛文尼亚共和国宪法》（1991年）即不仅在其第2章"人权和基本自由"第49条中明确规定了"劳动自由"，同时还在其第3章"经济关系和社会关系"第66条中规定了"劳动保护"，即"国家创造就业和劳动机会，并保障对它们的法律保护。"

其次，在条款的具体布局方面。不少国家在规定宪法基本权利时，有意对各项具体权利进行了进一步的划分，并将其分别纳入到公民和政治权利以及经济、社会和文化权利等类似章节之中。其中，就劳动权而言，其多被纳入经济或社会权利章节中。例如，《土耳其宪法》（1982年）即是在其第二编"基本权利和义务"的第三章"社会、经济权利和义务"中，规定了劳动的权利和义务，以及劳动条件和休息的权利等；《委内瑞拉宪法》（1961年）即是在其第三章"公民的义务、权利及保障"的第四节"社会权利"中，明确规定："人人有工作的权利。"此外，还有部分国家宪法将劳动权直接与经济权利、社会权利并列加以规定。例如，厄瓜多尔、洪都拉斯、尼加拉瓜等国家宪法即明确将劳动权单列于"劳动"、或"劳动权利"中,并将其置于与个人权利、社会权利相并列的地位。

第二,仅在国家目标政策层面规定劳动权及其国家义务内容。目前,采取此种立宪例的国家主要有巴林国、印度、爱尔兰、白俄罗斯、立陶宛、列支敦士登公国、马耳他等。具体来说,上述国家主要系在"社会的基本要素"、"国家或社会政策指导原则"、"个人、社会与国家"、"国民经济与劳动"、"国家职能"、"原则宣言"等部分规定了劳动权及其国家的责任与义务。其中,作为例证,《爱尔兰宪法》(1937年)即是在其第十三章"社会政策指导原则"第45条第2款规定:国家特别应指导其政策,以保证"国家将尽力确保男女工人的体力和健康,确保年幼儿童不受虐待,公民不致迫于经济需要而从事与其性别、年龄或体力不合适的职业。"针对此一立宪例的宪法效力,其第45条第1款指出本条所述社会政策原则,"专供议会制定法律时使用,而依本宪法任何条款所设立之任何法院,均不得引以为审理案件的依据"。[①] 进一步说,采用此种立宪例的根本特征,即在于绝对或相对排斥权利内容的司宪适用,并将其保护义务的履行更多地交由立法或行政机关处理。

第三,分别在基本权利和国家目标政策两个层面规定劳动权及其国家保护义务。目前,世界范围内采取此种立宪例的国家主要有阿拉伯联合酋长国、朝鲜、科威特、孟加拉国、保加利亚、意大利、古巴、中国等。整体说来,采取此种立宪例的国家,在国家目标政策部分,其多表现为宪法"原则"性规定,即概括地科以国家保护劳动权的宪法义务以及履行上述义务的目标方向;而在基本权利部分,其则多是以"规则"为中心,即明确规定公民享有劳动权以及其所享有的劳动权具体内容。其中,以《意大利宪法》为例,其即在"基本原则"章节的第4条以"原则"的形式规定了国家"承认全体国民享有劳动权,并帮助其创造实现此项权利之条件";在"公民权利及义务"篇章,其则以"规则"的形式规定了劳动者

---

① 姜士林等:《世界宪法全书》,青岛出版社1997年版,第693页。

的各项劳动权利，例如，其第 36 条第 3 项规定："劳动者享有且不得放弃每周休息及每年带薪休假之权利。"此外，其在某些具体内容的规定方面，还专门规定了法律保留之情形。例如，其第 36 条第 2 项、第 37 条第 3 项分别规定劳动日的最长时间、受雇工人的最低年龄等必须由"法律规定"。

（二）立宪内容特征：基于 55 个国家立宪文本的考察

虽然各国宪法关于劳动权的立宪形式各异，但在其所规定的具体内容方面，其并不是毫无规律可循。总体而言，各国宪法所规定的劳动权及其国家保护义务，在权利所涉具体类别及其实现机制上，其并没有实质超越《经社文公约》第 6 条和第 7 条关于工作权以及工作上的权利的规定。质言之，通过对世界各国劳动权立宪文本作粗略之梳理，可以发现其内容规定亦多是集中在就业保障[①]（包括平等就业、获得就业能力）、获得劳动报酬[②]（包括同工同酬、最低工资水平、公平劳动报酬等）、休息权、禁止强制劳动、劳动条件标准、特殊群体劳动保护等方面。也正是基于此，笔者在下文将着重从以上几个方面对全球 55 个国家或地区的宪法劳动权保护义务加以统计研究，以期可以发掘各国劳动权立宪保护之共性与差异，以及优势与劣势。进而为下一步比较分析中国劳动权立宪规定之质量奠定基础。

具体来说，具体统计如表 3.1[③]：

[①] 学界一般认为，"就业权是基本劳动权的核心权利，也是劳动权'权利束'的核心权利与基础性权利。"参见薛长礼《劳动权论》，科学出版社 2010 年版，第 40 页。

[②] 关于获得劳动报酬权是否系劳动权的具体内容，传统学界多持肯定之观点。但也有学者认为，不宜用劳动权这一项基本权利包含其他基本权利。取得劳动报酬只是行使劳动权的客观结果，作为一种权利，其本身更倾向属于民事上的债权请求权。可参见范进学《市场经济条件下的劳动权论》，载《山东法学》1996 年第 2 期；韩大元等《宪法学专题研究》，中国人民大学出版社 2004 年版，第 377 页。

[③] 注：（1）权利性规定用▲表示，义务性规定用■表示，没有明确规定直接用"——"表示。（2）就业权，包括①平等就业；②创造充分就业机会；③消除失业；④其他。(3)政策型规定，用"政"表示；权利型规定用"权"表示。（4）劳动报酬权，包括①同工同酬；②最低工资标准；③其他。

表 3.1　　　　　　　55 个国家宪法劳动权规定比较

	项目 国家	就业保障	休息权	劳动报酬权	劳动条件保护	特殊群体保护
1	阿拉伯联合酋长国	政■②	—	—	—	—
2	阿塞拜疆	权■③	权▲	权▲②	权▲	—
3	巴林国	政■②	—	—	政■	—
4	朝鲜	权■④	权▲	政，权■③	权■	权■/政■
5	格鲁吉亚①	权■④	—	权■③	权■	权■
6	韩国	权■②	—	权■②	权■	权■
7	吉尔吉斯斯坦	权▲④	权▲	权▲②	权▲	—
8	科威特	权▲④	—	—	权■	—
9	孟加拉国	权▲①/政■④	政■	政■③	—	权■
10	日本	权▲	权■	权■	权■	权■
11	塔吉克斯坦	权▲	权▲	权■①②	权■	权■
12	泰国	权■/▲②	—	政■③	—	政■
13	土耳其	权■②	权▲	权■①②	权■	权■
14	土库曼斯坦	权▲④	权▲	权▲②	权▲	—
15	叙利亚	权■②	权■/▲	权■/▲③	—	—
16	亚美尼亚	—	权▲	权▲②	权▲	—
17	印度	政■①	—	政■①②	政■	政■
18	越南	权■②	权■	权▲①	权■	权▲
19	爱尔兰	政■④	—	政■②	—	—
20	爱沙尼亚	权■②	—	—	权■	—
21	白俄罗斯	政■②	政▲	政▲①/■②	—	—
22	保加利亚	权■②	权▲	权▲②	权▲	—

---

① 《格鲁吉亚宪法》（1995 年）第 30 条第 4 项仅规定："法律保护劳动权利，保障合理的工资和安全、健全的劳动条件，未成年者和妇女的工作条件。"第 32 条规定："国家协助安置失业的格鲁吉亚公民就业。"

续表

	项目 国家	就业保障	休息权	劳动报酬权	劳动条件保护	特殊群体保护
23	芬兰①	—	—	—	—	—
24	荷兰②	权■②	—	—	—	—
25	克罗地亚	权▲①	权▲	权▲②	—	—
26	立陶宛	—	政▲	政▲③	政▲	—
27	列支敦士登	—	政■	—	—	政■
28	罗马尼亚	权■④	权▲	权▲①②	权▲	权■
29	马耳他	政■②	政▲	政▲①	政■	政▲
30	马其顿	权▲①	权▲	权▲③	权▲	权▲
31	摩尔多瓦	权▲	权▲	权▲②	权▲	权■
32	南斯拉夫	—	权▲	—	权▲	权■
33	挪威	■②	—	—	—	—
34	葡萄牙	权▲①/■②	权■/▲	权▲①	权■	权■
35	斯洛伐克	权▲①	权▲	权▲②	权▲	权▲
36	斯洛文尼亚	权▲①/■②	—	—	—	—
37	乌克兰	权■①②	权■/▲	权▲③	权▲	权■
38	西班牙③	权■②	权■	—	权■	—
39	希腊	权■④	—	权▲①	权■	—
40	匈牙利	权▲④	权▲	权▲①③	—	—
41	意大利	政■	权▲	权▲①②③	权■	权■/▲
42	阿根廷	—	权▲	权▲①②③	权▲	—
43	巴拉圭	—	权■	权■②	—	权■

① 《芬兰共和国宪法》（1919年）仅在其第6条第2项规定："全体公民的劳动受国家的特殊保护"，而未对其所欲保护的具体内容加以明确规定。

② 《荷兰王国宪法》第19条第2项规定："劳动者的法律地位、法律保护和共同决定权由法律规定。"虽然该条款明确规定了劳动者的法律保护问题，但其并未就法律保护的具体内容作明确规定。

③ 《西班牙宪法》（1978年）乃是将"社会和经济政策的指导原则"置于第一章"基本权利和义务"中加以规定。

续表

	项目 国家	就业保障	休息权	劳动报酬权	劳动条件保护	特殊群体保护
44	巴拿马	权■②	权■	权■①②	—	权■
45	秘鲁	权■①②	权■/▲	权■①③	权■	权■
46	多米尼加	—	权■	权■②	权■	—
47	厄瓜多尔	权■③	—	权■③	权■	—
48	哥斯达黎加	权■②	权▲	权▲①②		
49	古巴	权■④	权▲	权■③	权■	
50	洪都拉斯	权▲④	—	—		
51	尼加拉瓜	权▲	权▲	权▲①②③	权▲	权■
52	萨尔瓦多	权■②	权▲	权▲①②③	权■	权■
53	委内瑞拉	权■	权■	权■①②③	权■	权■
54	中国	权■②	权■/▲	权■①③	权■	—
55	中国台湾	政■④	—	—	—	政■

根据表3.1，可以初步得出如下结论：

第一，绝大多数劳动权立宪国家都只是部分规定了《经社文公约》所涉的各项劳动权及其国家保护义务内容。根据上文的统计数据，完整规定以上所列之各项劳动权内容及其保护义务的，只有塔吉克斯坦、土耳其、罗马尼亚、摩尔多瓦、乌克兰、秘鲁等6个国家；而同时规定上表所涉任意五项内容的也只有15个国家，其余绝大多数国家均是选择性规定上述其中的三项或四项内容，且多是集中在就业、休息、劳动报酬以及劳动条件等方面。以我国宪法（1982年）为例，其所规定的劳动权国家保护义务就只涉及到创造和改善劳动就业条件及劳动条件、加强劳动保护、提高劳动报酬等方面。而除此之外，一些国家关于劳动权的规定更是简明扼要。例如，《挪威宪法》（1814年）即只有单独一条劳动权立宪规定，即其第110条规定："为每一个有劳动能力的人创造能够自食其力的条件是国家义不容辞的责任。"

第二，在劳动权就业保护方面。虽然上述国家中有47个国家或地区就此问题进行了明确规定，但总体说来，以上这些规定不论是处于宪法"基本权利"章节，还是处在"基本政策"等类似章节中，其绝大多数都只是在表征国家对公民就业负有一种纲领性的促进或保护义务。即国家有义务从宏观的角度采取各项促进就业的措施，尽可能为全体劳动者提供更多的就业机会，最终实现充分就业目标。① 在条款的规范用语上，其大多使用了国家"努力"、"创造"、"协助和促进"、"应促使"、"应采取必要措施"、"致力于保证"等柔性语词。也正是因为此，在各国的劳动权立宪体系中，国家的上述就业促进义务和平等保护义务通常并不与公民的就业请求权相对应。当然，在某些特定的国家或地区，其宪法乃明确规定公民享有就业或避免失业的权利。例如，《吉尔吉斯斯坦共和国宪法》（1993年）第28条第1项、《洪都拉斯共和国宪法》（1982年）第127条均明确规定公民或所有人均有"要求给予社会保护而避免失业的权利"。而除此之外，还有一些国家，例如孟加拉国、克罗地亚、马其顿、葡萄牙、斯洛文尼亚等，它们在宪法中还规定了公民平等就业的权利。例如，《孟加拉国宪法》（1979年）第29条第1项即规定："所有公民在就业或共和国政府部门任职方面机会平等。"《斯洛文尼亚共和国宪法》（1991年）第49条第3项规定："每个人可以在平等的条件下得到任何劳动岗位。"对于上述这些国家，其就业权，尤其是平等就业权，其所指向的义务主体就不仅包括国家，同时还包括用人单位。即"用人单位对就业平等权的保护义务主要为向劳动者提供平等的就业机会和公平的就业条件，不得实施就业歧视。"② 当用人单位违反上述国家有关规定时，国家必须针对其违法行为进而为劳动者提供相应的程序性保障，即权利救济义务。

第三，在劳动报酬保护方面。上述55个国家或地区宪法中，有42部宪法明确规定了劳动报酬问题。其中，单独以"权利"形式明

---

① 参见薛长礼《劳动权论》，科学出版社2010年版，第63页。
② 胡芬：《劳动权的行政法保护研究》，武汉大学出版社2009年版，第121页。

确劳动报酬权的有 22 个国家，单独以"义务"形式规定劳动报酬保护的有 18 个国家；另外还有两个国家即白俄罗斯和叙利亚，它们同时以权利和义务两种形式规定了劳动报酬权及其保护义务。在内容维度上，各国宪法关于劳动报酬保护的规定多是集中体现在最低工资保障、同工同酬以及公平劳动报酬之获得等三个方面。① 其中，意大利、阿根廷、尼加拉瓜、萨尔瓦多、委内瑞拉等国家分别对上述三方面内容均予以了明确规定。例如，《阿根廷国家宪法》1957 年修正案以"权利"的形式明确规定，"各种形式的劳动都享受法律保护，法律保障劳动者有以下权利：……报酬合理、调整最低生活工资，同工同酬"等；《委内瑞拉宪法》（1961 年）第 87 条以"义务"的形式规定了"法律应当规定有益于得到公平工资的方案；它应当为每个工人至少可以确实得到最低工资作出规定；它应当保证相同的工作有相同的工资而没有任何区别……"此外，在条款的规范用语上，各国关于劳动报酬的立宪规定，不论系采取何种立宪形式，其都经常有规定"按照法律规定的条件和程序"以及"法律保障"等类似语词。而这些语词，根据台湾学者陈新民教授的论述，它乃系一种"狭义的法律保留"。② 这种法律保留对立法机关而言，它"不仅是权限，亦是一种义务，因而，即使立法者获得宪法的授权，对于得不得立法之问题，亦没有自由裁量的余地"。③

第四，在劳动条件权保护方面。在劳动权结构体系中，劳动条件权是以就业权实现为前提，即只有在实现就业的情形下，劳动条件权才能够得以产生。关于劳动条件权的概念，它通常是指"在具体劳动关系和劳动过程中，基于人的尊严和生存、发展的要求，劳动者享有

---

① 在学理上，根据学者胡玉浪博士的论述，上述三项内容的逻辑关系主要表现为：最低工资权是基础，同工同酬权是一项基本原则，公平劳动报酬权是劳动报酬权的核心，是劳动法追求的终极目标。可参见胡玉浪《劳动报酬权研究》，博士学位论文，厦门大学，2007 年。

② 所谓"狭义法律保留"，根据奥地利学者依曼柯拉（Feliz Ermacora）的论述，它即是指"在特别案件之时，可界分立法优势和行政权力，亦即，藉着立法优势原则，保留予立法者规定某些内容之权力，而依依法行政之原则，行政权力须予尊重。"参见陈新民《德国公法学基础理论》（上册），山东人民出版社 2001 年版，第 176 页。

③ 陈新民：《德国公法学基础理论》（上册），山东人民出版社 2001 年版，第 159 页。

获得适宜劳动条件的权利。"① 在本书，笔者将其主要限定为安全卫生的工作条件之获得。以上述 55 个国家或地区宪法为研究范本，经初步统计至少有 37 个国家明确规定了劳动条件权（共有 15 个）或劳动条件保护（共有 22 个）。对于上述明确规定劳动条件权的国家，至少在理论上可以这样认为，即提供劳动条件之保护，不仅是国家的义务，同时也是用工单位的义务；当上述义务主体，尤其是用工单位不履行或不适当履行劳动条件的保护义务时，其乃有权请求国家通过相应的程序性救济机制以责令其履行或改正。而与此相对，对于那些只规定"劳动条件保护"的国家，其条款所蕴含的宪法意义则更多地乃只是科以国家一种立法作为义务。其中，以《日本宪法》第 27 条第 2 项规定为例，该条款明确规定："有关工资、工作时间、休息及其他工作条件之基准，以法律定之。"根据学者阿部照哉等的论述，此规定的旨趣即在于，"国家透过立法积极参与劳工的工作条件，以确保劳工有最低限度符合人性的生存。"在立法权限上，"并非是无论法律规定何种内容皆可，只要不是保障劳工宪法第二十五条所定生存权的法律，即属违宪。"②

第五，在特殊群体劳动保护方面。在上述 55 个国家或地区宪法中，有 27 部宪法明确规定了对特殊群体，主要包括妇女和未成年人，予以特别之劳动保护的规定。其中，除少数几个国家宪法，例如越南、马耳他、马其顿、斯洛伐克、意大利等，例外规定了妇女、未成年人等特殊群体乃享有劳动保护之权利外，其余国家均系采取了国家义务之立宪形式。而即使是在上述几个例外国家之中，其权利性宪法规定亦并非完全纯正。质言之，其具体权利内容的确定，仍然有赖于宪法所规定的国家保护义务的履行。以《斯洛伐克共和国宪法》（1992 年）为例，虽然其第 38 条前两项概括性地规定了妇女、未成年人和残疾人有权要求加强工作时的健康保护措施和获得特别的工作条件，以及要求获得劳动关系中的特别保护和就

---

① 薛长礼：《劳动权论》，科学出版社 2010 年版，第 64 页。
② ［日］阿部照哉等：《宪法——基本人权篇》（下册），周宗宪译，中国政法大学出版社 2003 年版，第 268 页。

业训练方面的帮助,但其第3项却紧随其后规定:"有关本条第1、第2款中所说权利的细则由法律规定。"而"由法律规定"这一规范语词,根据前文所述,其乃是作为一种"宪法委托",进而主要科以国家立法机关以保护义务。总体而言,以上各国宪法直接规定劳动权国家保护义务,大致可以分为两种形式:一是概括式规定。例如,马其顿、南斯拉夫、葡萄牙、委内瑞拉等国家宪法均系采取此种立法例,即只明确规定应依法给予特殊劳动群体以"特别保护"。二是具体列举式规定,即分别列举国家对特殊群体在就业、工资以及劳动条件等方面的具体保护义务。例如,越南、罗马尼亚等国家宪法专门规定了"同工同酬";意大利、巴拉圭等国宪法明确规定了对特殊群体的劳动条件保护,以《意大利宪法》为例,其第37条即明确规定:"劳动条件应使劳动之妇女能完成其基本家庭职责,并保证母亲及婴儿得到应有之特别照顾。"此外,有些国家对国家保护男女权利平等的宪法义务规定得可谓更为具体、细致。以《乌克兰宪法》(1996年)为例,其第24条第2款即明确规定,保障男女权利平等国家应当做到:"在劳动和劳动奖励中,向妇女提供与男子同等的机会;采取专门措施保护妇女劳动及健康,规定退休优惠;创造条件使妇女能把工作和母性结合起来;对母亲和儿童提供法律保护、物质和道义的支持。"

  第六,在休息权保护方面。除孟加拉国、白俄罗斯、立陶宛、马耳他等少数几个国家系在政策原则中规定休息权外,其余国家均系将其规定在基本权利章节。并且,从立宪形式上来看,其多表现为权利性规定,但其又存在如下具体差别:(1)只确立了休息权的基本权利属性。例如,《匈牙利宪法》第70条B第4款规定:"每个人对休息、休假和带薪休假拥有权利。"(2)在规定休息权的同时,还规定应由"法律规定"其保护的方式方法。例如,《土耳其宪法》第50条规定:"休息是劳动者的权利。工资照发的周末、节日及年度休假的权利和条件由法律规定。"(3)在规定休息权的同时,还规定了保证这一权利实现的举措。例如,《朝鲜宪法》第57条规定:"公民有休息的权利。八小时工作制度和工资照发的休假制度，用国家费用进行疗养与休养的制度以及不断增加的各种文化设施，保障公民享受这种权利。"（4）规定休息权不得被取消。例如，《克罗地亚宪法》第55条第3款规定："每个就业者都有周休权和带薪的年休权，这些权利不得被取消。"《马耳他宪法》第14节第2条规定："工人享有每周一日休息和工资照发的年度假。他不能放弃这一权利。"（5）采用国家义务的形式规定保障休息权。例如，《叙利亚宪法》第36条第3款规定："国家规定工人的劳动工时、社会保险、休息和休假的权利以及种种补偿和福利。"而除上述之外，亦有部分国家，如孟加拉国、白俄罗斯、立陶宛、马耳他等，系在基本国策章节规定了劳动权的国家保护义务。以孟加拉国为例，其即是在第2章（"国家政策的基本原则"）第15条规定："国家的一项基本职责是通过有计划的经济增长达到生产力的不断提高和人民的物质和文化生活的逐步改善，目的是向公民保证：……（3）合理的休养、娱乐和休息权。"

二 中外劳动权立宪保护义务的比较

（一）与《世界人权宣言》等国际人权文件相比较

正如国际人权学者K.德罗兹维基所言，工作权（即本书所称的劳动权）作为一个复杂的规范式集合体，它不是一个单独的法律概念。它反映了一组条款，这些条款同等地需要传统的自由和现代权利方法以及以义务为取向的观点。[①] 虽然这种观点已经表明作为人权的劳动权，它同时兼具自由权和社会权的双重属性，但从整体上看，《世界人权宣言》《经社文公约》等国际人权文件所规定的劳动权仍主要系体现在其社会权面向。我国《宪法》第42条、第43条有关劳动权的规定与其相比较，主要存在如下之异同，具体如表3.2所示：

---

① K.德罗兹维基：《工作权和就业中的权利》，载［挪威］艾德《经济、社会和文化的权利》，中国社会科学出版社2003年版，第257页。

表 3.2　　国际人权文件与我国宪法劳动权规定比较

人权文件 项目类别	就业保护	休息权	劳动报酬保护	劳动条件保护	劳动权（或称工作权）
《世界人权宣言》（第23、24条）	—	权利性规定"人人享有休息和闲暇的权利，包括工作时间有合理限制和定期给薪休假的权利。"（第24条）	权利性规定"人人有同工同酬的权利，不受任何歧视。每个有工作的人，有权享受公正和合适的报酬，保证使他本人和家属有一个符合人的生活条件，必要时并辅以其他方式的社会保障。"（第23条第2、3款）	权利性规定人人有权享受公正和合适的工作条件。（第23条第1款）	权利性规定人人有权工作。（第23条第1款）
《经社文公约》（第6、7条）	义务性规定采取"技术的和职业的指导和训练，……"（第6条第2款）	义务性规定国家特别要保证：4.休息、闲暇和工作时间的合理限制，定期给薪休假以及公共假日报酬。（第7条第4款）	义务性规定最低限度给予所有工人以下报酬：(1)公平的工资和同值工作同酬而没有歧视，……；(2)保证他们自己和他们的家庭得有符合本公约规定的过得去的生活。（第7条第1款）	义务性规定各国承认人人有权享受公正和良好的工作条件，特别要保证：2.安全和卫生的工作条件。（第7条第2款）	义务性规定"各国承认工作权，包括人人应有机会凭其自由选择和接受的工作来谋生的权利，并将采取适当步骤来保障这一权利。"（第6条第1款）
我国现行《宪法》（第42、43、48条）	义务性规定国家对就业前的公民进行必要的劳动就业训练。（第42条第4款）	权利义务一体性规定劳动者有休息的权利。国家发展劳动者休息和休养的设施，规定职工的工作时间和休假制度。（第43条）	义务性规定国家在发展生产的基础上，提高劳动报酬和福利待遇。（第42条第2款）实行男女同工同酬。（第48条第2款）	义务性规定国家通过各种途径，加强劳动保护，改善劳动条件。（第42条第2款）	权利性规定公民有劳动的权利和义务。（第42条第1款）

通过对表3.2的各项内容进行比对，可以发现《世界人权宣言》关于劳动权的规定都是权利式规定，《经社文公约》则都是表现为义务式规定，这种义务式规定主要是科以国家对劳动权的保护义务。就我国而言，除确认劳动权以及休息权的基本权利属性外，宪法的各项规定亦多是采取国家义务式规定，而这恰好与《经社文公约》相吻合。

在具体内容方面，我们首先赞同刘连泰教授的下述观点，"我国《宪法》第42条规定的是就业权以及获得就业能力的权利，与《经社文公约》第6条完全对应。国家义务也几乎一模一样，'采取适当步骤'可与'在发展生产的基础上'同日而语，都表示国家的渐进性义务，只不过表述的繁简略有不同"。[①] 其次，在劳动报酬保护方面，以上两国际人权文件都规定了同工同酬和最低劳动报酬基准；但从我国《宪法》的相关规定来看，其只规定了同工同酬，以及"在发展生产的基础上提高劳动报酬"，即其并没有明确规定最低劳动报酬的问题。再次，在休息权方面，我国宪法在确立休息权的同时，还就其国家保护义务进行了明确规定，可以说在该项规定方面，其与上述两国际人权文件并无太大差距。最后，在劳动条件保护方面，我国宪法仅提到了"改善劳动条件"，而上述两国际人权公约均规定了"人人有权享受公正及良好之工作条件，特别要保证安全和卫生之工作条件。"

（二）与域外其他国家宪法相比较

首先，在立宪形式上。我国关于劳动权及其国家保护义务的立宪规定主要体现在现行宪法第42条、第43条、第48条第2款。从上述规定所处的宪法位置来看，其都是规定于基本权利章节。在通常情形下，我们认为宪法基本权利的法拘束力要强于基本国策，在我国将劳动权置于基本权利章节中加以规定，足以证明国家对劳动权保障的重视。同时，在具体立宪形式上，我国宪法不仅明确规定了劳动是一项

---

① 刘连泰：《〈国际人权宪章〉与我国宪法的比较研究》，法律出版社2006年版，第141页。

基本权利，同时还从国家义务角度对其实现的方向、步骤、方式等进行了明确规定。通常认为此种立宪模式，更有利于基本权利的保障。而上述这两点，恰好构成我国劳动权立宪的两大形式优点。

其次，在立宪内容上。（1）在劳动权国家保护义务所涉范围方面，我国宪法明确规定了就业保障、休息权、劳动报酬保障、劳动条件保护等4个方面的内容，与上述所列绝大多数国家相比，其保障的范围是比较广泛和全面的。不过，稍显遗憾的是，在对上述内容进行具体规定时，我国宪法的相关规定大多显得过于简洁，且其拘束力并不强劲。例如，在规定劳动条件保护时，其仅规定了"改善劳动条件"，至于如何改善则没有任何规定。而环视其他国家，多数国家宪法都是规定更为详尽的保障步骤及方式等。仍以上述劳动条件保护为例，《乌克兰宪法》第43条4款即明确规定："每个人都有权享受良好的、安全的和健康的劳动条件"；《葡萄牙宪法》第60条第2款在规定"国家应保证个人能获得其有权享受的劳动条件、报酬与休息条件"的基础上，更是详细列出了5项具体的国家保护义务内容。

（2）除上述既已规定的国家保护义务内容具有上述不足外，与其他国家宪法相比，我国宪法在下述方面对劳动权及其国家保护义务的规定明显不足：第一，尚未规定最低劳动报酬标准。根据笔者在上文的统计，上述55个国家或地区中，有接近一半的国家在其宪法中明确规定了最低劳动报酬制度，但我国至今尚未在宪法上明确规定此一内容。第二，关于就业保护的规定显得比较单薄。从我国宪法的相关规定来看，就业保护仅体现在宪法第42条第2款所规定的"通过各种途径，创造劳动就业条件"，而其他国家所规定的平等就业、消除失业等问题则没有明确规定。第三，我国宪法也没有就特殊群体的劳动保护问题进行明确规定。当然，亦必须指出的是，虽然我国宪法对劳动权及其国家保护义务的规定，在某些地方显得有些单薄，但其亦存在通过《劳动法》以使其得到补足的情况。例如，上述劳动条件保护、最低劳动报酬等问题，《劳动法》均对其予以了补充。

第二节　社会保障之立宪保护义务的比较

"社会保障"作为一个独立的法律概念，最先产生于1935年美国国会制定的《社会保障法》中。此后，经历《大西洋宪章》、《世界人权宣言》、《社会保障最低标准公约》以及《经社文公约》等国际人权文件的广泛宣传与约束，社会保障权的基本人权地位得到了国际社会的广泛承认和认可。在国家法层面，根据学者王惠玲博士对世界107部宪法的统计研究，截至1997年，至少有54.2%的国家在宪法上明确规定了社会保障权。其中，与1976年相比，其规定率上升了10.5%。[①] 关于社会保障权的具体内涵，虽然目前学界仍存在一定争议，但依通常理解，它乃是指"社会成员由于年老、疾病、伤残、失业、生育、死亡、遭遇灾害、面临生活困难等因素，暂时或永久地丧失工作能力、失去工作机会，以至收入不能维持必要的生活水平或相当的生活水准时，有获得国家物质帮助的权利。"[②] 并且，其所对应的义务主体，主要系指国家。即国家应当承担保障个人及其家庭在遭受工伤、职业病、失业、疾病以及老年时期维持一定的固定收入并获得其他各种帮助。

一　世界各国社会保障立宪保护义务的整体性特征

（一）基于保护义务形式的比较

"社会保障权获得各国法律确认的状况，不仅说明它在世界范围内普及的程度，而且关系到其性质和效力的认定。"[③] 纵观社会保障权的立宪历程，最早涉及社会保障的宪法性规定乃是法国1793年拟定但未能实施的《雅各宾宪法》，即其第21条、第23条依次规

[①] 参见王惠玲《成文宪法的比较研究——以107部宪法文本为研究对象》，对外经济贸易大学出版社2010年版，第102页。

[②] 张慧平：《论社会保障权》，载杨海坤《宪法基本权利新论》，北京大学出版社2004年版，第273页。

[③] 李运华：《社会保障权原论》，《江西社会科学》2006年第5期。

定:"公共救助乃神圣之义务。社会对处于不幸之公民负有维持其生活之责任,即社会可选择为其提供工作,以及为不能劳动的人提供生活资料。""社会保障作为全体人民保证个人享有并保存其权利之行动,其是以人民主权为基础的。"此后,自1919年《魏玛宪法》颁布以来,世界上已有越来越多的国家确立了社会保障的宪法权利地位。总体说来,目前各国在宪法上规定社会保障主要存在以下差异:

第一,仅单纯规定社会保障的基本权利属性,其所对应的国家保护义务须由权利义务一体性关系原理中推出。[①] 从世界范围来看,目前采取此种立宪例的国家多是将宪法社会保障条款置于公民基本权利章节。具体来说,采取此种立宪例的国家大致可以分为以下两种类型:(1)将所有基本权利都规定在一章之中,在章之下,其通常不再分节,而作为社会保障权的宪法社会权规范恰好体现为其中的一条或数条。以《塔吉克斯坦共和国宪法》(1994年)为例,其即在第2章"人和公民的权利、自由和基本义务"第39条规定:"每个人在年老、患病、残疾、丧失劳动能力、失去赡养者以及法律规定的其他情况下,获得社会保障。"(2)将基本权利规定为一编或一章,在此框架内继续细分章、节、甚至分节,分别规定个人权利、政治权利以及经济和社会权利等。在此种立宪情形下,社会保障权多系置于经济和社会权利之中。例如,《斯洛伐克共和国宪法》(1992年)即在其第2章"基本权利与自由"的第5节"经济、社会和文化权利"第39条规定:"(1)公民年老或丧失工作能力或失去供养人后有权获得足够的物质保障;(2)每个物质上陷入困境的公民都有权获得能保障其基本生活水平的帮助;……"除上述之外,还有部分国家在基本权利章节之外确立了社会保障权的宪法权利属性。例如,《马耳他共和国宪法》即在其第2章"原则宣言"的第18节"社会援助及保险"中规定了社会保障权。

[①] 根据笔者的初步统计,目前世界上采取此种立宪例的国家主要有塔吉克斯坦、乌兹别克斯坦、亚美尼亚、越南、爱沙尼亚、保加利亚、丹麦、冰岛、马耳他、荷兰、斯洛伐克、希腊、巴西等。

虽然上述立宪例并未在宪法上明确提及社会保障权的国家义务，但正如美国学者桑斯坦所言，"所有权利都要求政府积极地回应"①，每一种基本权利事实上都暗含着国家的消极尊重以及积极保护义务。"基本权利的国家义务有其宪法哲学基础，是权利需要决定了国家义务，作为客观规范或客观价值秩序的基本权利理论为宪法权利国家义务的存在提供了宪法哲学基础。"②质言之，上述宪法社会保障权之规定，虽然在形式上没有明确阐明国家是否以及应当如何承担社会保障义务，但基于社会保障权所具有的基本权利主客观双重属性，国家无疑对其应当负有相应的保护义务。当然，这种保护义务受各国宪法基本权利效力等因素的制约，其具体履行的方式以及形成空间等无疑具有一定的差异。

第二，单纯规定国家在社会保障方面的义务，而未明确提及公民具有对应之权利。③ 采取此种立宪例的国家多系将国家的社会保障义务规定于基本国策及类似章节之中，且在条款表述上其多使用了"社会有责任"、"国家保证"、国家"尽可能有效地保障和维护"等规范语词。作为例证，《巴林国宪法》（1973 年）即在其第 2 部分"社会的基本要素"第 5 条第 2 款中规定："对于年老、有病、失去劳动能力、孤儿寡妇以及失业的公民，国家保证实行必要的社会保障。国家为他们提供各种社会保险和医疗设施，努力使他们摆脱愚昧、忧虑和贫困。"《泰国宪法》（1991 年）第 5 章"国家的政策路线"第 89 条规定："国家组织社会救济事业，鼓励支持私人参与社会救济事业。国家应帮助救济老龄人和残疾人，使他们各得其所，有能力健康地和有希望地生活。"而除上述之外，亦有不少国家，如哈萨克斯坦、吉尔吉斯斯坦、叙利亚、伊拉克、南斯拉

---

① ［美］史蒂芬·霍尔姆斯、凯斯·R. 桑斯坦：《权利的成本——为什么自由依赖于税》，毕竞悦译，北京大学出版社 2004 年版，第 44 页。
② 杜承铭：《论基本权利之国家义务：理论基础、结构形式与中国实践》，载《法学评论》2011 年第 2 期。
③ 目前世界上采取此种立宪例的国家主要有：阿拉伯联合酋长国、巴基斯坦、巴林、哈萨克斯坦、吉尔吉斯斯坦、科威特、斯里兰卡、泰国、叙利亚、伊拉克、爱尔兰、俄罗斯、南斯拉夫、阿根廷、哥伦比亚、哥斯达黎加、古巴、萨尔瓦多、乌拉圭等。

夫、哥伦比亚、哥斯达黎加、萨尔瓦多、乌拉圭等，系将社会保障条款置于基本权利章节，但其立宪形式仍系采用单纯的国家义务式规定。其中，以《哥伦比亚宪法》（1936年）为例，其第3章"民事权利和社会保障"第19条即明确规定："公共救济是国家的职能。此种救济应给予那些身体条件不能从事劳动而又缺乏生活资料、无权向其他人要求救济的人。法律将规定给予救济的方式以及在哪些情况下国家应直接给予救济。"依据以上国家社会保障之立宪规定，我们可以发现其至少明确表达了如下几层含义：其一，国家是社会保障的义务主体；其二，国家对社会保障宪法义务的履行，首先且主要系依赖于"宪法委托"之立法保护义务的履行，即立法机关首先有义务以"法律"的形式明确规定国家社会保障的方式以及应直接给予救济的具体情形等；其三，在上述条款之"宪法委托"效力约束下，国家行政及司法机关对社会保障所负有的保护义务，在通常情形下仅在具体的立法领域发生效力。

第三，同时从国家义务和公民权利两个维度，对社会保障权及其实现步骤、路径等加以明确规定。① 目前采取此种立宪例的国家多是将社会保障规定于基本权利章节。例如，《摩尔多瓦宪法》第2章"基本权利和自由"第47条即详细规定了"社会保障和保护权"，即其一方面规定国家必须采取措施保证任何人为维护本人及其家庭成员的健康和丰衣足食所需要的名符其实的生活水平，另一方面亦同时指出公民在特定情形下享有社会保障的权利。当然，对于这种权利是否具有主观可诉性，基于各国国情的不同，其反映在宪法上的位置布局以及表述等亦存在一定的差异。例如，《危地马拉宪法》即不仅将社会保障置于"社会权利"之中，同时还将其与"人的权利"相并列。而根据学界之通常理解，"采取这种模式的国家或者是为了强调经济、社会文化权利，或者是为了将个人权利和政治权利，与经济、社会和

---

① 目前，采取此种立宪例的国家主要有：阿塞拜疆、朝鲜、韩国、孟加拉国、日本、土耳其、伊朗、克罗地亚、立陶宛、罗马尼亚、马其顿、摩尔多瓦、葡萄牙、斯洛文尼亚、乌克兰、意大利、厄瓜多尔、洪都拉斯、危地马拉、委内瑞拉、塞浦路斯、匈牙利、白俄罗斯等。

文化权利区别开来,否认后者的可诉性"。① 但大多数情况,乃是基于后者之考量。而除此之外,亦有一些国家系在宪法的其它部分规定了社会保障权及其国家义务。例如,《白俄罗斯宪法》即在其第 2 部分"个人、社会、国家"中将上述权利义务集中规定于某几条宪法规范之中。其中,其第 47 条明确规定:"保证白俄罗斯共和国公民在年老、患病、致残、丧失劳动能力、失去供养人和法律规定的其他情况下享受社会保障的权利,国家给予因捍卫国家和社会利益而失去健康的人以特殊照顾。"对于上述这一宪法规范,除明确阐明社会保障的基本权利属性外,"保证"、"法律规定的其他情况"、以及"国家给予……特殊照顾"等规范语词事实上均暗含着国家对社会保障的保护义务内容。

(二)基于保护义务内容的比较

根据上文论述,虽然世界上已经有越来越多的国家或地区宪法都明确规定了社会保障问题,但在具体的立宪形式上,其规定得并非整齐划一。不过,总体说来,以上国家不论采取何种立宪形式,其事实上均或直接或间接表征了国家对社会保障应当负有保护义务。对于这种宪法上的保护义务,若单纯从权利内容维度加以考察,可以发现其保护义务范围主要可以涉及社会保险、社会救济、社会福利、医疗和住房保障以及特殊群体社会保障等多方面的内容;而若从其规范效力维度加以考察,则可以将其区分为宪法规则和宪法原则(包括政策)。② 其中,根据学者张翔教授的阐述,规则是确定性命令,原则是非确定性命令。对于前者,国家应为何种行为一般是明确、具体且特定的,公民对其具有明确的请求内容;对

---

① 郭曰君、吕铁贞:《社会保障权宪法确认之比较研究》,《比较法研究》2007 年第 1 期。

② 关于规则与原则的区分,详细可参见郑贤君《基本权利原理》,法律出版社 2010 年版,第 122—130 页。此外,也有学者如德沃金教授在此基础上对将原则和政策进行了更加细致的区分。即他认为,政策乃是指"它们规定一个必须实现的目标,一般是关于社会的某些经济、政治或社会问题的改善";而原则应当得到遵守,则是因为"它是公平、正义的要求,或者是其它道德层面的要求。"笔者乃是概括地使用"原则"这个词汇,用以指法律规则之外的其它准则的总体。参见〔美〕德沃金《认真对待权利》,信鹰春、吴玉章译,上海三联书店 2008 年版,第 41—42 页。

于后者，国家虽在原则上对其负有保护义务，但这只意味着国家在可能的范围内应尽力去加以履行或实现，至于其履行的具体手段则通常应由国家机关考虑实际情况自行决定。① 笔者将着重从以上两个维度比较分析世界上 60 个国家或地区关于社会保障之国家保护义务的立宪规定，并试图在此基础上总结分析其立宪的整体性特征。具体统计如表 3.3 所示②：

表3.3　　　　社会保障之国家保护义务的宪法规定比较

	类别 国家	社会保险	社会救济/ 获得物质帮助	社会福利	社会保障	特殊群体 保障	其它 （备注）
1	阿拉伯联合酋长国	—	政■（P）	—	—	政■（P）	—
2	阿塞拜疆	权■（P）	权●（R/P） [以法律规定享有]	权；政■（P）	权▲（R）	—	生活保障权（第31条）
3	巴基斯坦	政■（P）	政■（P）	—	—	—	—
4	巴林	政■（P）	政■（R）	政●（R/P）	政■（P）	政■（P）	—
5	朝鲜	权■（P）	权●（R/P）	—	权■（P）	权■（P）	—
6	格鲁吉亚	权▲（P）	权■（P）	—	—	—	第39条未列举权利规定
7	哈萨克斯坦	权■（P）	权▲（R） 【一定数额无偿医疗救助】	—	权■（P）	—	—
8	韩国	—	—	权■（P）	权■（P）	权■（P）	第34条第1款规定了生活权
9	吉尔吉斯斯坦	权■（P）	权■（R）	—	权■（P）	—	—

---

① 参见张翔《基本权利的规范建构》，高等教育出版社 2008 年版，第 133 页。
② 注：本表中，"■"表示义务性规定；"▲"表示权利性规定；"●"表示权利义务性规定；"（P）"表示原则；"（R）"表示规则或存在作为规则之可能。

续表

	类别 国家	社会保险	社会救济/ 获得物质帮助	社会福利	社会保障	特殊群体 保障	其它 （备注）
10	科威特	政■（P）	政●（R/P）	—	—	—	—
11	孟加拉国	—	政●（R/P）	—	政●（R/P）	政●（R/P）	—
12	日本	—	权▲（R）	权■（P）	权■（P）	—	—
13	塞浦路斯	—	—	—	权●（R/P）	—	—
14	斯里兰卡	—	—	政■（P）	—	—	—
15	塔吉克斯坦	—	—	—	权▲（P）	—	—
16	泰国	—	政■（P）； 权▲（R）	—	—	政■（P）	贫困者享有免费医疗的权利
17	土耳其	—	—	—	权●（R/P）	权■（P）	经社文权利章节规定
18	土库曼斯坦	—	—	—	权●（R/P）	权▲（P）	—
19	乌兹别克斯坦	—	权（R）	—	权▲（R）	—	—
20	叙利亚	权■（P）	权■（P）	—	—	—	—
21	亚美尼亚	—	—	—	权▲（R）	—	第39条未列举权利规定
22	伊拉克	—	—	权■（P）	—	—	—
23	伊朗	权●（R/P）	—	—	—	—	—
24	越南	—	—	—	—	权▲（P）	—
25	爱尔兰	—	政■（P）	—	—	—	—
26	爱沙尼亚	—	权●（R/P）	—	—	权▲（P）	—
27	白俄罗斯	—	—	—	政●（R/P）	政●（R/P）	适当生活水准权（第21条）
28	保加利亚	—	权●（R/P）	权●（R/P）	权▲（R）	权■（P）	—
29	冰岛	—	▲（R）	—	—	—	—
30	丹麦	—	▲（R）	—	—	—	—

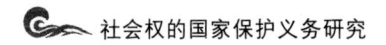

续表

	类别 国家	社会保险	社会救济/ 获得物质帮助	社会福利	社会保障	特殊群体 保障	其它 （备注）
31	俄罗斯	权■（P）	权■（P）	—	政/权■（P）	政■（P）	—
32	荷兰	权●（P）	权●（R/P）	—	—	—	—
33	克罗地亚	—	权●（P）	—	权●（P）	权■（P）	经社文权利章节规定
34	立陶宛	—	政●（P）	—	政▲（R）	—	—
35	罗马尼亚	—	权●（R/P）	—	权●（R/P）	权■（P）	—
36	马耳他	政	政▲（P）	—	—	—	—
37	马其顿	权■（P）	权●（R/P）	—	权●（P）	权■（P）	经社文权利章节规定
38	摩尔多瓦	—	—	—	权●（R/P）	—	—
39	摩纳哥	—	权●（R/P）	—	—	—	—
40	南斯拉夫	权	权■（P）	—	—	权■（P）	—
41	葡萄牙	权▲（R）	权▲（R）	—	权●（R/P）	权●（P）	主要在经社文权利章节规定
42	斯洛伐克	权▲（P）	权●（R/P）	—	—	—	经社文权利章节规定
43	斯洛文尼亚	—	—	—	权●（R/P）	权■（P）	—
44	乌克兰	—	权■（P） 【体现为住房保障】	—	权●（R/P）	—	适当生活水准权（第48条）
45	希腊	—	权■（P）	—	—	权▲（P）	社会权利中规定
46	匈牙利	—	—	权●（R/P）	权■（P）	—	—
47	意大利	—	权▲（R）	—	—	权■（P）	—
48	阿根廷	权■（P）	—	权■（P）	—	—	—
49	巴西	权▲（P）	—	权▲（P）	—	权▲（P）	—
50	厄瓜多尔	权●（R/P）	权■（P）	权■（P）	—	—	专节规定"社会保险和人民生活的改善"

续表

	类别 国家	社会保险	社会救济/ 获得物质帮助	社会福利	社会保障	特殊群体 保障	其它 （备注）
51	哥斯达黎加	权■（P）	—	—	—	权■（P）	社会权利中规定
52	哥伦比亚	—	权■（P）	—	—	—	专章规定"民事权利和社会保障"
53	古巴	权■（P）	权■（P）	—	—	—	
54	洪都拉斯	权■（P）	权▲（R）	—	权（在节标题中规定）	权●（R/P）	专节规定社会保障，并与社会权利等并列
55	萨尔瓦多	权■（P）	权■（R）	权■（P）	—	—	社会权利中设专节"劳动和社会保险"
56	危地马拉	权■（R）	权■（P）	—	—	权■（P）	社会权利中规定
57	委内瑞拉	—	权▲（R）	—	权■（P）	—	社会权利中规定
58	乌拉圭	—	权■（P）	权■（P）	—	—	
59	中国	权■（P）	权●（R/P）	—	政■（P）	权■（P）	—

根据表3.3，我们可以初步得出如下结论：

第一，并不是所有社会保障立宪国家均明确使用了"社会保障"之概念；也并非所有社会保障立宪国家均就社会保障的各项子内容都作有详细规定。根据笔者的初步统计，只有48%的宪法明确使用了"社会保障"概念，而对于其他大多数国家而言，其社会保障立宪规定主要体现并局限在社会保险、社会救济、社会福利以及特殊群体保障等项目类别中的某些类别。根据上述统计数据显示，除《巴林国宪法》（1973年）完整规定了笔者所统计的以上各项社会保障内容外，以上大多数国家或地区均系选择性规定了上述其中一项或几项。其中，任意规定以上其中四项的有8个国家①；任意规定其中三项的有11个国家或地区②，而其余所有国家均系规定其中一至两项。

尽管如此，以上各国关于社会保障之具体立宪类别的规定，仍存在一定的不均衡性。总体说来，社会救助以及获得物质帮助乃是以上各国社会保障立宪的核心内容。根据上述图表统计显示，此一类别的社会保障规定率在各国宪法中乃系稳居榜首，即至少有70%的社会保障立宪国家明确规定了社会救（助）济以及获得物质帮助。而对于其他社会保障类别，如特殊群体保障、社会保险以及社会福利，其规定率分别只有48.3%、46.7%、21.7%。

第二，社会救助（济）以及获得物质帮助系以上各国社会保障立宪的核心内容。根据上文的统计数据，除有10个国家系在政策原则中规定社会救助（济）以及获得物质帮助外，其余32个国家均系在基本权利章节加以明确规定。对于上述立宪规定，不论其系采取何种立宪形式，其作为宪法规则的概率远远高于其他社会保障类别。具体来说，在上述国家中，作为宪法规则的社会救助（济）以及获得物质帮助的立宪规定，其至少可以体现在以下方面：

（1）体现在单纯的国家义务式规定中。例如，《吉尔吉斯斯坦宪法》第27条第2项规定："退休金以及根据社会经济能力提供的社会救济应保证不低于法定的最低生活费用的生活水平。"根据这一规定，虽然国家据此享有一定的立法或行政裁量空间，但与此同时，上述"保证不低于"亦事实上构成了对国家社会救济幅度的限制，并且在拘束力上其可以表现为确定的、具有排他性的规则，即只要国家所提供的社会救济力度违背了此一限制性规则，即应视为构成违宪或违法。

（2）体现在单纯的权利性规定中。例如，《意大利宪法》第38条规定："每位丧失劳动能力或失去必备生活资料之公民，均有权获得社会救助或救济。"根据学者夏正林博士的阐述，社会权的价值诉求包括

---

① 这8个国家分别是阿塞拜疆、朝鲜、保加利亚、俄罗斯、马其顿、葡萄牙、洪都拉斯以及中国。
② 这12个国家或地区分别是哈萨克斯坦、韩国、吉尔吉斯斯坦、孟加拉国、日本、克罗地亚、罗马尼亚、巴西、厄瓜多尔、萨尔瓦多、危地马拉。

作为共同体的目的性诉求，以及作为共同体的前提性诉求。其中，后者主要表现为是一种主观性权利，即体现为一种实体性效力；而前者其实现需要则通过平衡才能加以确定，在通常情形下，"平衡的过程体现了民主与法治的紧张关系，在规范时，它便具有程序性的效力。"① 就上述宪法条款而言，其作为一种宪法规则，其实体性效力主要体现在，当公民通过自身努力仍不能达到或获得"最低限度标准"的上述条款规定的利益时，则可直接向国家主张且国家又必须满足的效力。

（3）体现在权利义务一体性规定中。在此种立宪形式规范中，由于其同时兼具宪法原则和宪法规则的规范属性，因而在效力上，这些条款不仅具有客观规范效力，同时也（可能）具有主观权利效力。根据上文所示统计图表，以上国家中至少有12个国家采取了此种立宪体例。其中，在国家政策章节，以《孟加拉国宪法》为代表，其第15条第4项明确规定国家为逐步改善人民的物质和文化生活对公民负有社会保障之客观法义务；而因失业、疾病或残疾而生活困难者，或者寡妇、孤儿或老年人等无以为生者则享受社会救济的权利，这种权利至少在理论维度，即在"最低限度"意义上具有或应当主观可诉性。在基本权利章节，以《斯洛伐克宪法》为例，其不仅在第39条第1、2款明确规定："公民年老或丧失工作能力或失去供养人后有权获得足够的物质保障；每个物质上陷入困境的公民都有权获得能保障其基本生活水平的帮助"，同时其还在第3款明确规定国家有义务制定法律以进一步细化上述权利规定。

虽然在社会保障之社会救济部分，以上国家的立宪规定相对更容易体现为作为规则的主观权利，但总体而言，其仍然是以宪法原则为主体、以宪法规则为例外。质言之，虽然在理论上，社会救助（济）、以及获得物质帮助具有"最低标准"的主观权利效力，即它可以体现为"针对具体的个人通过自己的努力并不能获得对其保证个体特质极为必要的条件和利益时，向国家主张的权利"②，但在多数情形下，其

---

① 夏正林：《社会权规范研究》，山东人民出版社2007年版，第187页。
② 夏正林：《社会权规范研究》，山东人民出版社2007年版，第208页。

仍表现为针对国家的一种强制性义务,即国家应当在客观条件所许可范围内促成公民享有上述社会救济条款所认可的利益。

第三,在宪法规范结构中,各国社会保障之立宪规定(社会救济除外)多表现为宪法原则,只有极少数国家在极少数情形下将其认定为一种宪法规则。

(1) 有关社会保险立宪规定的统计分析。正如学者 M. 谢宁所言:"从世界范围的比较看,社会保障权仍主要意味着保险类型的计划,旨在确保工人和其他经济上'活跃'者在危机情况下的福利。"[①] 根据上文的统计数据显示,在社会保障立宪中,至少 46.7% 的国家或地区明确规定了社会保险内容。总体说来,上述社会保险之立宪规定,不管其系置于政策原则章节还是置于基本权利章节,其大多都采取国家义务式的立宪规定方式。在宪法规范结构中,其主要作为宪法原则出现的。具体来说,作为一种宪法原则,其主要科以国家对社会保险的一种客观法保护义务,公民据此并未获得相应的主观请求权利。以《古巴宪法》为例,根据其第 46 条规定:"国家通过社会保险,对老年、病残、伤残劳动者给予适当保护。"国家虽然对以上劳动者负有实行社会保险的义务,但这种保护义务应当如何履行,宪法则未明确规定,相应地国家乃享有广泛的形成自由。而除上述之外,亦有个别国家以基本权利的形式规定了社会保险权,并且在宪法规范结构中,其可以表现为是一种宪法规则,国家据此负有相应的程序性保障义务。例如,《葡萄牙宪法》第 53 条明确规定:"工人的就业保险受到保障;禁止无理解雇或出于政治和意识形态原因的解雇。"

(2) 有关社会福利[②]立宪规定的统计分析。按照社会学观点,社会福利通常被认为社会保障体系内部的最高纲领,它彰显着国家对社

---

① [挪威] 艾德等:《经济、社会和文化的权利》,黄列译,中国社会科学出版社 2003 年版,第 243 页。

② 关于社会福利与社会保障间的关系定位,学界至今尚未达成统一意见。其中,有学者认为依照国际惯例,"社会保障只是社会福利的基础部分"。可参见刘继同《社会福利与社会保障界定的"国际惯例"及其中国版涵义》,《学术界》2003 年第 2 期。在本书中,笔者认为社会福利乃社会保障的下位概念,同时基于其"发展性"与"享受性"的价值取向,它在整个社会保障体系中乃处于其顶端位置。

会保障之更高层次的义务，即国家须在完善社会救助和社会保险体系的基础上注意增进全民福利，提高全体社会成员的尊严感、幸福感。从以上各国社会保障的立宪规定来看，在宪法中明确规定社会福利的只有13个国家，占总数的21.7%。并且，在具体的立宪规定方面，其绝大多数都采取单纯的国家义务式规定，在规范结构方面其均表现为一种宪法原则。其中，以《韩国宪法》（1987年）为例，根据其第34条第2款规定，其国家在原则上仅对社会福利负有一种"努力扩大"之客观法义务。而除上述之外，亦有个别国家之社会福利立宪规定，存在作为宪法规则的可能，不过此种社会福利规定更多的乃是作为上文所述的社会救济存在的。例如，《匈牙利宪法》（1990年）第70条第1款规定："匈牙利共和国公民对福利保障拥有权利，在年老、生病、残疾、孤寡和非自身错误导致的失业情况下有权要求生存所需保障。"

（3）有关特殊群体社会保障立宪规定的统计分析。从上文所示图表统计来看，有45%的国家在社会保障立宪规定中明确规定了对特殊群体的保障问题。总体说来，在立宪形式上，上述国家对特殊群体社会保障的立宪规定多采取国家义务式规定方式。根据笔者的初步统计，在上述27个国家中，采取如上立宪方式的国家至少有22个（其中包括3个采取权利义务一体性的规定方式）。在立宪规范结构上，不论其采取以上何种立宪形式，亦不论其具体规定处于国家政策章节还基本权利章节，其均多表现为宪法原则。只有极少数采取权利义务一体性规定的国家，其上述立宪规定才同时存在作为宪法规则以及宪法原则的可能。例如，根据《洪都拉斯宪法》第123条规定，国家在对儿童及其母亲给予特别照顾的同时，"所有儿童都应享有社会保险和受教育的福利"，"他们有权得到食品、住宅、教育、休息、体育和合适的医疗服务"。

二　中外社会保障之立宪保护义务的比较

（一）"权利"抑或"制度"：宪法维度下中国社会保障的性质解读

自新中国成立以来，我国首次立宪即在"公民的基本权利和义务"章节，明确规定了劳动者在特定情形下享有获得物质帮助的权利，为保证此种权利之实现，国家乃负有举办社会保险、社会救济和群众卫生事业的义务。此后，1975年宪法、1978年宪法以及沿用至今的1982年宪法及其修正案，都对社会保障问题有过类似规定。特别是2004年宪法修正案第23条明确规定，将"国家建立健全同经济发展水平相适应的社会保障制度"作为宪法总纲第14条的重要组成部分，对社会保障立宪更是具有里程碑意义。

就目前而言，学界通常认为明确表达社会保障的宪法条款，主要体现在现行宪法"总纲"中的第14条以及"公民基本权利和义务"中的第44条、第45条。根据以上条款内容，有学者认为，在此基础上，再加上宪法第33条第3款"国家尊重和保障人权"的规定，基本可以认定"社会保障权作为我国宪法权利，从文本上看已有着自洽的逻辑依据。"[①] 但也有学者对此提出了不同的看法。例如，学者李运华指出上述所列各项宪法条款，至少存在着如下不完善的地方。首先，作为社会保障核心条款的第45条，其所使用的是"物质帮助权"一词，而非系"社会保障权"。一般认为，社会保障权在世界范围内已经有了基本确定的内涵外延，而获得物质帮助权则只为少数国家所使用，它并非国际通用法律词汇。其次，关于各国宪法上的社会保障权规范性质和效力向有争议，对照我国宪法上所列各条文之用词，上述第33条第3款显然只能视为方针条款，第14条第4款亦最多认定为制度保障。再次，法律文字有自己的逻辑格式和语文习惯。在上述各条文中，除了第45条第1款之前段外，均见不到诸如"有权"、"可以"、"应该"、"必须"等逻辑关系词，使得各该条文之性质效力显得模糊。[②]

就笔者而言，我们基本同意上述第二种观点，即认为在中国将社会保障视为一种基本权利，其在宪法文本中并不存在所谓的"自洽的逻辑依据"。因为，在通常意义上，社会保障与社会保障权并非意指同一概

---

① 钟会兵：《作为宪法权利的社会保障权——基于文本与判例分析》，《学术论坛》2005年第10期。

② 参见李运华《社会保障权原论》，《江西社会科学》2006年第5期。

念。社会保障作为社会保障利益实现的手段，其核心乃是体现它的制度性保障功能，在内容涵摄上可以说是更为宽泛。而社会保障权，一方面其本身能否作为一个独立的权利就存在争议；另一方面即使其能够作为一个独立权利概念存在，其也只属于社会保障制度的衍生。

以上述我国各项社会保障之立宪规定，可以得出如下结论：第一，社会保障系我国宪法规定的一项"制度性保障"。诚如台湾公法学者陈新民所言，"由于宪法制度保障是宪法特别要保障之制度，对于社会已有之制度——如人民私有财产制及宪法已明白提及之制度——如公务员制度，可以导入宪法的制度保障理论来讨论。"[1] 在我国，根据 2004 年《宪法修正案》第 23 条规定："国家建立健全同经济发展水平相适应的社会保障制度。"我们可以发现社会保障在我国，如同上述公务员制度一样，系宪法所明文规定的制度性保障。透过该宪法规范，国家应当为社会保障提供一种特殊的制度保护。第二，获得物质帮助权与社会保障虽关系密切，但并非同一概念所属。质言之，根据现在宪法第 45 条第 1 款规定，物质帮助权乃社会保障的宪法本源，国家应当通过社会保障以达致宪法物质帮助权的实现。

（二）比较分析之一：我国社会保障立宪规定与国际人权公约的相关比较

1. 国际人权公约对社会保障的规定

1948 年《世界人权宣言》明确表明了社会保障的基本人权地位。即其第 22 条明确规定："每个人、作为社会的一员，有权享受社会保障"。此外，其第 25 条第 1 款还详细规定了各种形式的社会保障内容。具体来说，它包括"任何人均有权享有为维持其自身及家属之健康和福利所必需的生活水准，包括食物、衣着、住房、医疗，以及必要的社会服务；在遭受失业、疾病、残疾、孤寡、衰老，或在其他不能控制之情况下丧失谋生能力时，有权获得保障。"

1966 年《经济、社会和文化权利国际公约》进一步发展了社会保障规定。首先，其第 9 条对社会保障权予以了一般性表述，即它明

---

[1] 陈新民：《德国公法学基础理论》（下册），山东人民出版社 2001 年版，第 697 页。

确规定:"本公约缔约国承认人人有权享受社会保障,包括社会保险。"其次,该公约第 10 条涉及了"对家庭的保护和协助",尤其是其第 2 款特别提及了孕产期的社会保障福利。即它规定"在产前、产后的合理期限内,应对母亲给予特别保护。在此期限内,对有工作的母亲应给予带薪休假,或有一定社会保障之福利金的休假。"再次,该公约第 11 条列明了最低生活保障及其实现途径。即其第 1 款规定:"任何人均有权享有为维系其自身及其家庭所需之相当生活水准,包括足够之食物、衣着与住房,并能够不断改进生活条件。各缔约国有义务采取适当之步骤以保证实现上述权利,并承认实行基于自愿同意之国际合作的重要性。"

除上述之外,1952 年《社会保障(最低标准)公约》、1965 年《消除对妇女一切形式歧视公约》、1989 年《儿童权利公约》、1990 年《保护一切流动工人及其家庭成员的国际公约》等国际人权公约亦就社会保障问题作出了诸多规定。其中,以《社会保障(最低标准)公约》为例,这一菜单式的公约围绕社会保障的 9 个具体分支予以构筑,其具体结构分别包括:医疗保健、疾病福利、失业福利、老年福利、就业工伤福利、家庭福利、孕产期福利、因病残丧失工作能力福利以及幸存者福利等。①

2. 我国社会保障立宪规定与国际人权公约的相关比较

根据上文所述,社会保障在我国宪法规范结构中,其主要系作为一种"制度性保障"存在的。在具体的宪制秩序架构中,国家乃负有建立一种与我国经济发展水平相适应的社会保障制度的宪法义务。在通常情形下,这种宪法义务乃属于客观法范畴。而与此相对照,《世界人权宣言》、《经社文国际公约》等国际人权公约关于社会保障的一般性规定,其均系采取"权利式"的规定形式。质言之,在上述国际人权公约中,社会保障首先乃系被定义为是一项基本人权。基于社会保障的基本人权地位,国家据此才对其社会成员负有社会保障的义

---

① 参见[挪威]艾德等《经济、社会和文化的权利》,黄列译,中国社会科学出版社 2003 年版,第 244 页。

务。而与此相反，在我国宪法文本中，社会保障首先乃被定义为是国家的一项客观法义务。只有当国家如实履行上述制度性保障义务，即通过具体的立法行为进而将宪法社会保障具体化为法律上的社会保障权时，公民据此才获得相应的主观请求权。当然，在某些特殊情形下，即当公民所处情境符合现行宪法第45条第1款规定时，其在理论上亦应当具有提起主观诉求之权能。

除上述宪法效力方面的区别之外，在具体的社会保障立宪规定及其保护义务内容方面，以上两者之间亦存在着诸多区别。具体可见表3.4：

表3.4　　国际人权文件与我国宪法有关社会保障规定的比较

社保类别 文件名称	社会保障	社会保险	社会救济	特殊群体保障	其他
《世界人权宣言》	权利性规定 第22条规定："每个人、作为社会的一员，有权享受社会保障"。	未明确规定	权利性规定 第25条第1款第2项规定个人"在遭受失业、疾病、残疾、守寡、衰老或在其他不能控制的情况下丧失谋生能力时，有权享受保障。"	未明确规定	权利性规定 第25条第1款第1项规定了"适当生活水准权"，包括食物、衣着、住房以及必要的社会服务。
《经社文国际公约》	权利性规定 第9条规定："本公约缔约国承认人人有权享受社会保障，包括社会保险。"	权利性规定 第9条规定："本公约缔约国承认人人有权享受社会保障，包括社会保险。"	无明确规定	义务性规定 第10条第2款规定："对母亲，在产前和产后的合理期间，应给以特别保护。……"	权利义务一体性规定 第11条第1款规定："人人有权为自己和家庭获得相当的生活水准，包括足够的食物、衣着和住房，……"

续表

社保类别 文件名称	社会保障	社会保险	社会救济	特殊群体保障	其他
中国《宪法》	义务性规定 第14条第4款规定："国家建立健全同经济发展水平相适应的社会保障制度。"	义务性规定 第45条第1款规定："国家发展为公民享受这些权利所需要的社会保险……"	权利义务性规定 第45条第1款规定："公民在年老、疾病、丧失劳动能力的情况下，有从国家和社会获得物质帮助的权利。国家发展为公民享有这些权利所需要的社会保险、社会救济和医疗卫生事业。"	义务性规定 第44条第2项规定："退休人员的生活受到国家和社会保障。"第45条第2、3款规定："国家和社会保障残废军人的生活……国家和社会帮助安排盲、聋、哑和其他有残疾的公民的劳动、生活和教育。"	无明确规定

总之，根据表3.4，我们可以发现我国《宪法》关于社会保障问题的规定，在总体上还是比较科学和全面的。与《世界人权宣言》、以及《经社文国际公约》相比较，我国社会保障的立宪规定主要存在以下差异性特征：

第一，在立宪形式方面。我国《宪法》关于社会保障的规定多是采取国家义务式的表述思路，只有极个别情形下采取权利的表述思路。与此相异，《世界人权宣言》关于社会保障的规定均采取权利式的表述思路；而《经社文国际公约》除在规定母亲孕期社会保障福利时采用了国家义务式表达思路之外，其余均采取权利式或权利义务一体式的表达思路。当然，亦有学者指出，将社会保障问题列入人权还是列为国家政策并没有原则性的区别，社会保障问题的政策性特征是我们无法回避的。即便将社会保障列为人权，如果不解决其可诉性问题，与列为国家政策其实没有任何悬殊。[①]

[①] 参见杨立雄《社会保障：权利还是恩赐——从历史角度的分析》，《财经科学》2003年第4期。

第二，在立宪内容方面。与上述《世界人权宣言》等国际人权公约文件相比，我国《宪法》关于社会保障问题的规定相对还是比较完整的。不过，在作某些规定时，其亦存在一些差异。例如，（1）在规定最低生活保障时，虽然我国《宪法》与《世界人权宣言》均规定了公民有权获得物质帮助或保障，但其所适用的情形却有所不同。具体来说，我国《宪法》所规定的是"在年老、疾病或者丧失劳动能力的情况下"，而《世界人权宣言》所规定的乃是"在遭受失业、疾病、残疾、孤寡、衰老，以及在其他不能控制的情况下丧失谋生能力时"。此外，我国《宪法》还明确规定了国家为实现上述权利所应当承担的宪法义务，如发展社会保险、社会救济、以及医疗卫生事业等。（2）在规定特殊群体社会保障时，上述两公约仅规定了孕育期母亲的社会保障福利问题，而我国《宪法》虽然没有就此问题进行明确规定，但其在第44条以及第45条第2、3款就退休人员、残疾军人、烈士家属、军人家属以及其他残疾人的社会保障问题进行了专门规定。（3）上述两公约均规定了适当生活水准权，而我国《宪法》并未就此进行明确规定。当然，也有学者认为根据我国《宪法》第14条第3款以及第26条规定，可以推导出适当生活水准权的存在。①

（三）比较分析之二：中外社会保障立宪规定的国家间比较

如前文所述，在世界范围内，各国宪法关于社会保障的规定多是体现为宪法原则。在规范效力上，它首先且主要是体现为一种客观法效力。据此，国家有义务采取各种积极举措以实现或满足宪法所规定的各项社会保障义务。就我国社会保障立宪规定而言，与世界其他国家或地区相比，其宪法规范结构基本吻合了当前各国社会保障立宪规定的整体性特征。具体来说，

第一，我国《宪法》同时在总纲和基本权利章节规定了社会保障问题。其中，"总纲"主要是作为一种政策原则发挥效力。根据我国

---

① 参见刘连泰《〈国际人权宪章〉与我国宪法的比较研究——以文本为中心》，法律出版社2006年版，第236页。

现行宪法第 14 条第 4 款规定，国家在整体上对社会保障负有一种制度性保障义务，即国家必须"建立健全同经济发展水平相适应的社会保障制度"。此外，在该规范条款涵摄下，其又在基本权利章节的第 45 条规定了公民具有获得物质帮助的权利以及实现上述权利的具体办法，即国家必须采取社会保险、社会救济等社会保障举措。

第二，我国社会保障立宪规定除体现为宪法原则之外，在某些特定情形下亦可以作为宪法规则。例如，宪法第 45 条第 1 款规定，"公民在年老、疾病、丧失劳动能力的情况下，有从国家和社会获得物质帮助的权利。"对于此一条款，学界通常认为它是公民基于生存权而享有的最低层次的社会经济保障权利。在宪法效力方面，其至少在理论上可以表现为是一种"最低限度标准"的主观权利。具体来说，这一"最低标准"的主观权利效力并不是针对立法机关的，而是针对司宪机关的拘束力。质言之，正如学者夏正林博士所言，在此，"立法机关的行为主要是确立一个普遍的标准，这种标准的主要意义在于对国家的最低义务，而不是对个人的主观权利。只有宪法诉愿才具有个案的特征，对法院的拘束力，才体现了主观权利的效力。"①

总体而言，虽然我国社会保障立宪规定在形式上基本吻合了当代社会保障立宪的整体性特征，但在具体的立宪内容方面，其仍存在诸多有待进一步完善的地方。

首先，针对现行《宪法》第 45 条第 1 款规定的物质帮助权。通常认为，"最低限度物质帮助权应属于社会保障中的社会救助的范畴。"② 根据上文对 60 个国家或地区宪法的统计研究，至少有 70% 的国家明确规定了社会救助（济）。从世界范围来看，即使是单纯就"获得物质帮助"立宪来看，亦绝非只有中国宪法才对其予以了明确规定。作为例证，在资本主义国家阵营中，《意大利宪法》（1947 年）第 38 条第 1 款规定："每位丧失劳动能力及失去必需生活资料的公民，均有权获得社会扶助和社会救济。所有劳动者在遭

---

① 夏正林：《社会权规范研究》，山东人民出版社 2007 年版，第 208 页。
② 王方玉：《经济权利的多维透视》，知识产权出版社 2009 年版，第 216 页。

遇不幸、疾病、残疾、年老，以及不由其作主的失业等情况时，均有权获得为其生活所必需的财产。"在社会主义国家阵营中，《朝鲜宪法》（1972年）第72条规定："公民有享受免费医疗权；因年老、疾病、残疾而丧失劳动能力的人，以及无人照顾的老人、儿童均有权有获得物质帮助。这种物质帮助权由免费医疗制度、不断增加的医疗设施（包括医院和疗养院），以及国家的社会保险和社会保障制度来保证。"

与上述其他国家相比较，我国现行宪法第45条第1款的规定至少存在如下不足：（1）适用条件的不周延。我国宪法关于物质帮助权的适用条件，仅限于年老、疾病和丧失劳动能力等情形，而在其他国家，以上述意大利以及朝鲜宪法为例，其适用范围至少还涵括"失去必需的生活资料"、"不由其作主的失业"、"残疾"以及"无人照顾的老人、儿童"等。（2）帮助内容的不周延。若单纯从宪法文本规定出发，我国现行宪法第45条第1款所规定的帮助内容仅限于"物质帮助"，而对于其他非物质帮助，如社会服务等则未涵括在内。（3）此外，还有部分学者认为物质帮助权的提法既不准确又容易引人误解。伴随着经济的发展、社会的变迁以及人权价值和理念的勃兴，宜整合我国宪法第14条、第45条，改"物质帮助权"为"社会保障权"。[①]

其次，针对我国社会保障立宪所规定的各项子内容。承前文所述，在立宪内容维度，世界各国宪法对社会保障的规定主要体现在社会保障、社会保险、社会救助（济）、社会福利以及特殊群体保障等多个方面。其中，根据上文的统计数据，在上述60部宪法中，其中任意规定上述四类以上（包括四类）社会保障内容的只有9个国家，而中国恰好在此之列。若单从如上角度思考，那么可以推定我国宪法关于社会保障的规定还是比较全面的。不过，类别规定的全面并不能代表其立宪内容本身的完善性。换句话说，当前我国社

---

① 参见郭曰君、吕铁贞《社会保障权宪法确认之比较研究》，《比较法研究》2007年第1期；李磊：《社会保障权的宪法保护问题研究》，《河北法学》2009年第10期。

会保障立宪规定仍存在过于简洁以及粗糙等缺陷。具体来说，在我国宪法文本中，除其在第 14 条第 4 款以及第 45 条第 2、3 款较详细地规定了社会保障制度以及特殊群体保障外，虽然其第 45 条第 1 款亦规定了社会保险以及社会救济等内容，但对于这些内容，其除了术语上的使用之外，并没有进行其他任何详细规定。而事实上，这两项内容恰恰都是社会保障的核心内容。对于这两项核心内容，多数国家宪法均对其予以了较详细地规定，甚至有些国家还对其设立了专章或专节。例如，《厄瓜多尔宪法》即在其第 2 章"权利、义务与保障"中设专节规定"社会保险与人民生活的改善"（第 4 节）；《危地马拉宪法》在其第 3 章"社会权利"中设立了"健康、社会保险和救济（第 7 节）专节。

第三节　受教育权之立宪保护义务的比较

从世界范围来看，在国际层面，《世界人权宣言》（第 26 条第 1 款）、《取缔教育歧视公约》、《经济、社会和文化权利国际公约》（第 13 条）、《儿童权利公约》（第 28 条）、《关于特殊需要教育的原则、方针和实践的萨拉曼卡宣言》（第 2 条）等多部国际人权文件都对受教育权进行了明确规定；在国家层面，受教育权是社会权谱系中立宪程度最高的一种权利形态。根据学者 Katarina Tomasevski 的统计研究，截至到 2003 年，世界上有成文宪法的国家中，只有 43 个国家的宪法未对受教育权作出任何规定，另外 144 个国家则有不同程度的规定。[①] 在本部分，笔者将对其中 70 个国家和地区[②]的受教育权立宪规定进行一个初步的统计和总结，进而试图归纳出当前各国关于受教育权立宪的整体性特征。

---

① See Katarina Tomasevski: Manual on rights-based education, Asia Pacific Regional Bureau for Education. UNSESCO Bangkok, 2004, p. 15.

② 关于上述 70 个国家或地区的选择，笔者主要是参照《世界宪法全书》所列各国关于受教育权的立宪规定所得出，并在此基础上增加了我国台湾地区"宪法"。

一　世界各国受教育权立宪保护义务的整体性特征

（一）基于保护义务的立宪形式比较

正如学者温辉教授所言，"作为受益权的受教育权是以为国家设定义务的角度为公民确定权利。"① 从上述70个国家或地区对受教育权的立宪规定来看，国家对受教育权的保护义务主要通过以下几种形式表现出来的：

第一，明确规定受教育权。虽然此种立宪形式并没有直接规定受教育权的国家保护义务，但是根据权利义务一体性关系原理，可以概括地推出国家对受教育权负有保护义务。这种保护义务在理论上，不仅应当包括对尊重义务违反的救济，同时还包括积极的实体性义务，如给付义务、制度性保障义务等。从上述国家的规定来看，采取此种立宪形式的国家通常系将受教育权置于基本权利章节之中。具体来说，其又可以分为两种具体的立宪体例：（1）只规定受教育权。② 例如，《阿塞拜疆宪法》第42条第1款规定："每个人都有权接受教育。"《俄罗斯宪法》第43条第1款规定："每个人都享有受教育的权利。"（2）在规定受教育权的同时亦就其国家义务进行规定。③ 例如，《朝鲜宪法》第59条规定："公民有受教育权；国家通过先进的教育制度、免费义务教育等人民性教育措施以保证其权利实现。"《匈牙利宪法》第70条规定："匈牙利共和国保证公民接受教育的权利。匈牙利共和国通过发展公共教育和普及教育、免费和义务普通教育，根据个人的能力为他们提供中等和高等教育以及对受教育者物质上的支持来实现这个权利。"对于此类立宪例，通常认为其第1款所定之

---

① 温辉：《受教育权入宪研究》，北京大学出版社2003年版，第21页。
② 目前采取此种立宪例的国家主要有：阿塞拜疆、格鲁吉亚、韩国、吉尔吉斯斯坦、日本、塞浦路斯、塔吉克斯坦、泰国、土耳其、土库曼斯坦、乌兹别克斯坦、亚美尼亚、印度尼西亚、爱沙尼亚、白俄罗斯、保加利亚、俄罗斯、罗马尼亚、马其顿、摩尔瓦多、葡萄牙、斯洛伐克、斯洛文尼亚、乌克兰、希腊、巴拉圭、巴拿马、秘鲁、萨尔瓦多、中国。
③ 采取此种立宪例的国家主要有：朝鲜、科威特、叙利亚、亚美尼亚、匈牙利、委内瑞拉等。

权利所包含的具体的国家的积极的实体作为义务应当受到该条第 2 款的限制。①

尽管采取此种立宪例的国家多是将其规定在基本权利章节中，但也有少数国家将其规定在政策原则部分。具体来说，(1) 在政策原则部分规定受教育权。例如，《圭亚那宪法》在第 2 章"政治制度的、经济制度的和社会制度的原则和基础"中，通过第 27 条规定："公民有从幼儿园到大学和其他非正式的提供教育培训机会的场所接受免费教育的权利。"(2) 在政策原则部分同时规定了受教育权及其国家保护义务。例如，《斯里兰卡宪法》第 27 条第 2 款第 8 项规定："消除文盲，保证全体公民享有接受各级教育的普遍和平等的权利。"

第二，只直接规定受教育权的国家保护义务内容。就本书所统计的 70 个国家来看，所有国家在对受教育权进行立宪时，都至少采取了此种立宪形式。并且，在宪法效力上，其多是作为"宪法委托"义务而存在的，即它主要是抽象地科以国家对受教育权的立法保护义务，至于其国家会如何履行如上义务，则存在着广泛的形成空间。从上述国家的受教育权立宪规定来看，此种立宪例又可以将其归纳为以下几种具体情形：

(1) 授权性立法要求。即其条款中明确使用了"依照法律规定"、"由法律规定"等规范术语。以《巴林国宪法》第 7 条第 1 款为例，虽然该款项规定了多项受教育权内容，但其效力的真正发挥必须有赖于法律的具体规定，即国家必须通过立法去制定初级教育免费，以及扫除文盲等的具体实施方式、步骤等。至于其应当如何制定，则通常认为属于立法裁量之范畴。目前，对受教育权国家保护义务的直接规定，多系采取此种立宪形式。

(2) 附羁束性时效的立法要求。例如，《印度宪法》第 45 条规定："国家应尽力在本宪法实施后 10 年内，对 14 岁及以下的所有儿童实施免费义务教育。"通常采取此种立宪例的条款，若立法者经过

---

① 其原理可以参见夏正林《社会权的规范研究》，山东人民出版社 2007 年版，第 227 页。

法定期限，仍未履行或完成其条款所规定的立法义务，则和该宪法条款相抵触的法律将自动失效。

（3）纲领性立法要求。例如，根据《葡萄牙宪法》第73条第2款规定："国家促进教育和其他条件民主化，通过学校及其他教育手段推动人格发展、社会进步，以及公共生活之民主参与。"

除上述作为"宪法委托"形式出现外，也有部分国家将受教育权的某些内容直接表述为"规则"条款，从而导致了国家司法保护义务的产生。例如，根据《印度宪法》第29条第2款规定："接受国库津贴或由国家维持的教育机构，不得依据宗教、种族、种姓及语言等理由拒绝任何公民入学。"若上述教育机构违背了上述受教育权尊重义务，印度司法机关则需承担相应的保护义务。当然，必须指出的是，在具体实践中，上述保护义务的实际产生，还必须依托宪法诉讼等制度性支撑。

（二）基于保护义务的立宪内容比较

根据有关学者论述，在学理层面，受教育权及其对应的国家义务主要应当体现在以下三个方面：第一，为保障学习的权利，国家和社会必须提供合理的教育制度以及适当的教育设施条件；第二，实行义务教育制度，并同时实行一定的义务教育的无偿化；第三，教育机会均等，要求任何权利主体均不得在教育上受到不平等的对待。[①] 在规范层面，以《经济、社会和文化权利国际公约》第13条为参照，受教育权及其国家义务所涉及的内容，主要体现在教育形式、教育内容、教育条件（包括学校制度、奖学金、教员的物质条件），以及父母与监护人的权利等方面。在本书中，笔者通过参酌以上两个方面的观点，并在通览上述70个国家或地区的受教育权立宪规定的基础上，进而认为比较受教育权的国家保护义务应当从教育形式、教育条件、教育机会平等，以及受教育权规定本身等方面入手。

正是基于如上考虑，笔者在下文将主要从以上四个方面统计了受教育权国家保护义务的立宪规定。具体如表3.5所示：

---

① 参见韩大元等《宪法学专题研究》，中国人民大学出版社2004年版，第385页。

表3.5　宪法受教育权规定比较

	国家① 内容	教育形式②	教育条件③	教育机会平等	明确规定受教育权	备注（其他规定）
1	阿拉伯联合酋长国	政■1 (P)	政■3 (R)	—	—	学校建立制度（第18条）
2	阿塞拜疆	权■1 (R)	权■5 (P)	—	√	国家应建立最低教育标准
3	巴基斯坦	政■1, 2 (P)	政■3 (P)	政 (P)	—	—
4	巴林	权■1 (P)	政■3 (P)	—	—	多次使用"法律规定"
5	朝鲜	政■1, 2	政■3, 4 (P)	—	√●	—
6	格鲁吉亚	权■1, 2	权▲3 (P); ■5 (P)	—	√	规定了私立学校，国家必须执行的教育标准
7	哈萨克斯坦	政■1 (R); ▲2 (R)	政■3 (R)	—	—	教育制度由法律规定
8	韩国	权■1 (R); 2 (P)	政■3 (R)	权▲ (R)	√	教育监督制度
9	吉尔吉斯斯坦	权▲1 (R); ■2 (P)	权■3	√	—	—
10	卡塔尔	政■1 (P)	政■3 (P)	—	√（政）	权利"依照法律"制约
11	科威特	权■1 (P)	权■3	权▲ (R)	√●	—
12	马来西亚	—	政■4 (P)	—	—	在基本自由权中规定

① 注：本图表中，"■"表示义务性规定；"▲"表示权利性规定；"●"表示权利义务性规定；"（P）"表示原则；"（R）"表示规则或存在作为规则之可能。

② 在本统计表中，教育形式具体包括义务教育（或称基础教育），以及中高等教育和其他教育形式，其中，前者用"1"表示，后者用"2"表示。

③ 此处，"教育条件"主要包括义务教育免费（用"3"表示），奖助学金（用"4"表示），国家其他财政投入（用"5"表示）。

续表

	国家\内容	教育形式	教育条件	教育机会平等	明确规定受教育权	备注（其他规定）
13	孟加拉国	政■1 (P)	政■3 (P)	—	—	国家有义务建立教育制度
14	日本	权▲1 (P)	权▲3 (R)	权▲ (P)	√	权利受"依照法律规定"制约
15	塞浦路斯	权▲1, 2 (P)	政■3 (P)	—	√	明确规定了权利受限制的条件
16	斯里兰卡	—	—	—	—	—
17	塔吉克斯坦	权▲1, 2 (P)	权■3 (R)	政● (P)	√政● (P)	规定免费的中等教育制度
18	泰国	权▲1 (P)	—	权▲ (P)	√	受"义务教育法规定"的制约
19	土耳其	权1 (公民义务)	权3 (R); 4 (P)	权▲ (R)①	√	权利受"法律规定"制约
20	土库曼斯坦	权▲1 (R); ■2 (P)	权▲3 (R)	—	√	在"经济和社会权利"中规定
21	乌兹别克斯坦	权2 (R)	—	—	—	—
22	叙利亚	权■1; 2 (P)	权■3 (R)	—	√●	此外，还规定教育制度的指导原则

① 《土耳其宪法》第 42 条第 1 款规定："任何人都不得被剥夺受教育与训练的权利。"我们认为此处"任何人"事实上即暗含着公民受教育权的教育机会平等保护。

续表

	国家 内容	教育形式	教育条件	教育机会平等	明确规定 受教育权	备注（其他规定）
23	亚美尼亚	权2	权▲3（R）	—	√	公立高等学校教育为"无偿"教育
24	伊拉克	权■1、2（R）	权■3（R）	—	√●	小、中、大学教育一律免费
25	伊朗	政/权■1（P）	权■3（P）	—	—	宪法第45条
26	印度	政■1（P）	权■3（P）	权（R）	√	国家有义务制定国民教育制度
27	印度尼西亚	—	—	—	—	第36条、第59条第6款含教育平等思想
28	越南	政■1、2	权▲3（R）；4（P）	—	—	在基本权利中专节规定"教育"；强调父母教育权
29	爱尔兰	—	权■3、5（P）	—	√	规定了教育制度、父母教育权
30	爱沙尼亚	—	权●3（P）	—	√	"个人、社会、国家"中规定；受教育免费受条件限制
31	白俄罗斯	●2	●3（P）（中等、职业技术）	▲（P）	√	初中等教育免费；高等教育受法律限制
32	保加利亚	权■1、2	权■3（R）	—	√	规定父母的教育选择权
33	丹麦	1	▲3（R）	—	—	

第三章 社会权立宪保护义务的比较

续表

	国家 内容	教育形式	教育条件	教育机会平等	明确规定受教育权	备注（其他规定）
34	俄罗斯	权■1, 2 (P)	权▲3 (P)	权▲ (P)	√	规定父母的教育责任
35	芬兰	■1, 2 (P)	■3 (R); 5 (P)	—	—	设专章规定"教育"
36	荷兰	权■1 (P)	权▲3 (P)	权▲ (P)	—	—
37	克罗地亚	权■1 (R); 2 (P)	权▲3 (R)	—	—	在"经济，社会和文化权利"中规定
38	立陶宛	政■1 (R), 2 (P)	政3 (R)	政▲ (P)	—	在"社会与国家"中规定
39	列支敦士登	政■1, 2 (P)	政4, 5 (P)	—	√	在"国家职能"中规定
40	卢森堡	权■1, 2 (P)	权■3 (R); 4, 5 (P)	—	—	教育条件方面多授权"法律"规定
41	罗马尼亚	权■1, 2 (P)	权■3 (P)	—	√	—
42	马耳他	政■1 (R)	政3 (R)	—	—	在"原则宣言"中规定
43	马其顿	权■1 (R)	权■3 (R)	权▲ (P)	√	在"经社文权利"中规定
44	摩尔多瓦	权■1, 2 (P)	权■3 (R); 4 (P)	权▲ (P)	√	直接规定"国家教育是免费教育"
45	摩纳哥	—	权▲3 (R)	—	—	—
46	南斯拉夫	权■1 (P)	权▲3 (R)	—	—	—
47	葡萄牙	权■1, 2 (P)	权▲3 (P)	权▲ (R)	√	在文化权利中规定

续表

	国家	教育形式	教育条件	教育机会平等	明确规定受教育权	备注（其他规定）
48	瑞士	权■1, 2 (P)	权■3 (R); 4 (P)	—	—	在"经济、社会和文化权利"中规定
49	斯洛伐克	权■1, 2 (R)	权■3 (R)	—	√	同上；且多处使用依"法律规定"
50	斯洛文尼亚	权■1 (R)	权■5 (P)	—	√ (残疾人)	概括性国家在教育条件方面的义务
51	乌克兰	权■1, 2 (P)	权■3, 4 (P)	—	√	—
52	希腊	权■1, ▲2 (P)	权▲3 (R); ■4 (P)	—	√	在"个人权利与社会权利"中规定
53	匈牙利	权■1, 2 (P)	权■3, 5 (P)	—	√●	权利义务一体性规定
54	意大利	政■1, ▲2 (P)	政■3, 4 (P)	—	—	在"社会伦理关系"中规定
55	巴拉圭	权■1, 2 (P)	权■3, 4 (P)	权■ (P)	√	在"社会权利"中规定
56	巴拿马	权■1, 2 (P)	权■3 (R); 4, 5 (P)	权■ (R)	√	在"个人与社会权利及义务"中设专节规定"教育"
57	秘鲁	权■1, 2 (P)	权■3, 5 (P)	—	√	专节规定"教育、科学、文化"
58	多米尼加	权■1, 2 (P)	权■3 (R)	—	—	"个人与社会权利"中规定
59	厄瓜多尔	权■1	权■3, 4 (P)	权■ (P)	—	专节规定"教育和文化"

续表

	国家\内容	教育形式	教育条件	教育机会平等	明确规定受教育权	备注（其他规定）
60	哥伦比亚	权■1 (P)	权■3, 5①(R)	—	—	在"民事权利与社会保障"中规定
61	哥斯达黎加	政■1, 2 (P)	政■3 (R); 4, 5 (P)	—	—	专章规定"教育与文化"与社会权利并列
62	古巴	政■ (P)	政■3, 4 (P)	—	—	—
63	圭亚那	政▲1, 2	—	政▲ (R)	政√	—
64	萨尔瓦多	权■ (P)	权■3 (R); 4, 5 (P)	—	√	在"社会权利""教育、科学和文化"中专节规定
65	危地马拉	权■1, 2 (P)	权■3 (R); 5 (P)	权■ (P)	—	在社会权利（与人权并列）中专节规定"教育"
66	委内瑞拉	—	—	—	√●	在"社会权利"中规定
67	乌拉圭	权■1 (P)	权■3, 4 (P)	—	—	—
68	智利	权■1, 2 (P)	权■3 (P)	—	—	—
69	中国大陆	政■1, 2 (P)	—	—	√	—

① 《哥伦比亚宪法》第41条第3款规定："自1958年1月1日起，国民政府对公共教育的投资应不少于其支出总预算的百分之十。"

通过对表 3.5 的统计分析，笔者认为在内容方面，国家对受教育权的保护义务至少存在以下整体性特征：

第一，在教育形式方面。

（1）绝大多数国家的宪法都明确规定了发展义务教育形式，但其关于义务教育的界定则并不完全相同。其中，多数国家系将其限定为基础教育或初等（级）教育，但也有国家将其放宽到中等教育，如巴基斯坦、哈萨克斯坦、土库曼斯坦、亚美尼亚、乌克兰等；甚至还有国家，如《乌拉圭宪法》第 70 条第 1 款规定："初等教育、中等教育、农民教育以及工业教育均为义务教育"。不过，也有部分国家只规定了义务教育，至于其具体内涵则未明确列明，例如日本、希腊等；此外，还有部分国家规定以年龄为标准来限定义务教育范围，例如，《保加利亚宪法》第 53 条第 2 款规定："十六岁以前的学校教育是义务进行的。"

（2）除上述义务教育形式外，上述国家中有将近一半国家还规定了中高等教育等其他类型的教育形式。对于此类教育形式，各国宪法多是将其表述为原则性规定，且多是直接从国家保护义务角度加以规定的。例如，《巴拉圭宪法》第 89 条规定："国家还将在同样的平等和自由的基础上继续开办和发展中等职业、农业、工业和技术教育和高等或者大学教育以及科学和技术研究。"《克罗地亚宪法》第 65 条第 2 款规定："在同样的条件下，根据每个人的能力向其提供中等教育和高等教育。"但也有少数国家，如哈萨克斯坦、白俄罗斯、立陶宛、意大利、圭亚那等，系通过规定公民享有受高等教育权，进而间接规定国家对其负有保护义务。

第二，在教育条件方面。

（1）受教育免费规定。关于何谓"免费"，《巴拿马宪法》第 90 条第 2 款曾明确指出："免费是指在普通基础教育期间，国家向受教育者提供学习所需的一切物品。"从上述国家的受教育权立宪规定来看，绝大多数国家都就受教育免费问题进行了明确规定，其中占主要部分的是规定义务教育免费，另外亦有一些国家规定了更广范围的受教育免费。例如，《保加利亚宪法》第 53 条第 3 款规定："国立和乡办学校实行免费的初等和中等教育。在法律规定的条件下国立高等学校实现免费教育。"《伊拉克宪法》第 27 条规定："国家负责扫除文盲，并保障全体公民都有受教育的权利，无论小学、中学和大学，一律免费。"

（2）奖助学金资助规定。在上述国家中，有将近 1/3 的宪法明确规定了奖助学金资助问题。仔细审视以上规定，可以发现以上国家对该项内容的规定都是直接以国家保护义务形式规定的，且在规范类型上其均表现为宪法原则。作为例证，《土耳其宪法》第 42 条第 7 款明确规定："国家应通过提供奖学金或其他资助方式，使经济困难的优秀学生得以深造。"《巴拿马宪法》第 97 条规定："国家应制定拨发相应经费以便对那些应该得到或需要得到的学生发放奖学金、补助金或其他经济资助的制度。"

（3）国家其他财政资助规定。除上述两项具体教育资助外，上述国家中有约 1/5 的国家还规定了其他教育财政资助形式或内容。例如，《爱尔兰宪法》第 42 条第 4 款规定："国家提供免费教育，对私人和团体创办教育给予补助和合理支持。"《卢森堡宪法》第 23 条第 3 款规定："国家和地方政府为公立教育提供经济的方法和实施监督的办法由法律规定。"

第三，在教育机会平等方面。以上 70 个国家或地区中，大约有 1/3 的国家对教育机会平等进行了明确规定。总体说来，其多是采取权利式的规定方式，在规范类型上，其既有表现为宪法原则，例如，《日本宪法》第 26 条第 1 款规定："所有国民按法律规定均享有按能力同等受教育之权利。"同时，亦有表现为宪法规则，例如，《马来西亚宪法》第 12 条第 1 款规定："在无损于第八条的一般原则下，任何公民不得因其宗教、种族、血统或出生地而在下述方面受到歧视：1. 关于公立教育机构的行政，特别是招收学生或缴纳学费；……"其中，就前者而言，通常认为，其作为一种抽象性权利，其权利实现主要依赖于国家立法保护义务的履行。而上述《日本国宪法》第 26 条第 1 款所规定的"按照法律规定"，事实上即表明了此层涵义。就后者而言，由于其本身即具有"确定性"特征，在此情形下，只要其符合提请宪法诉讼的其他要求，其即可以作为一种主权权利而存在。而除上述之外，亦有不少国家直接采用了国家义务的规定方式,但根据上图统计显示,除印度外,①此种形式的立宪规定都是作为宪法原则存在的。

二 中外受教育权立宪保护义务的比较分析

(一) 与《世界人权宣言》等国际人权文件相比较

1. 国际人权文件中有关受教育权国家保护义务的规定

如前文所述,受教育权在诸多国际人权文件中都有表现。在本部分,笔者将以《世界人权宣言》和《经济、社会和文化权利国际公约》(下简称《经社文公约》)为中心,进而解读出国际人权文件中各受教育权规定所蕴含的国家保护义务内容。从文本规定来看,前者主要体现在其第 26 条、后者主要体现在其第 13 条以及第 14 条之中。

根据当代人权理论,上述这些条款主要系设立了相应的受教育权国家保护义务,即国家通过积极行动以保证受教育权的具体实现。从整体上看,上述国家保护义务主要体现在以下方面:第一,国家负有发展和维护学校及其他教育机构制度的整体性义务。例如,《经社文公约》第 14 条第 2 款第 5 项明确规定:"各级学校的制度,应积极加以发展"。第二,国家负有发展各种教育形式的义务,如果可能的话,是免费教育。总括现已颁布的各类国家人权文件,国家在此方面主要负有以下结果义务:(1)对所有人的免费义务小学教育;(2)使所有人享有和接受中学教育;此外,必要时应逐渐引入免费教育和财政资助;(3)根据能力使所有人均可获得高等教育;应逐渐引入免费教育;(4)对未完成小学教育者加强基础教育;(5)应为残疾者确立特殊教育纲领;以及(6)消除愚昧和文盲。② 第三,国家应通过立法和其他方法确保人人不受歧视和消除现存的在获得享有受教育权方面的不平等的具体义务。目前,关于此方面的国际人权文件主要表现为 1960 年《取缔教育歧视公约》中,而上述《世界人权宣言》以及

---

① 《印度宪法》第 30 条第 2 款规定:"国家审批发放教育机构的津贴时不得因某教育机构系少数民族经办而给予歧视,不管该少数民族是基于宗教形成的,还是基于语言形成的。"

② M. 纽瓦克:《教育权》,载〔挪威〕艾德等《经济、社会和文化的权利》,中国社会科学出版社 2003 年版,第 288 页。

《经社文公约》亦有相关之规定。第四，《经社文公约》第 14 条还规定了各缔约国对受教育权的行为义务，即其明确规定所有尚未实施免费义务初等教育的缔约国有责任在批准公约后的两年内，"制定和采取一个逐步实施的详细行动计划，其中，规定在合理年限内实现所有人均能获得免费义务教育之原则。"

2. 上述国际人权文件规定与我国宪法的比较分析

我国宪法关于受教育权的立宪规定主要体现在现行宪法第 46 条以及第 19 条。其中，前者明确规定了受教育权作为基本权利的存在，后者则主要规定了受教育权实现的国家义务。总体说来，其与上述国际人权文件的相关规定相较，主要存在如下差异。具体如表 3.6 所示：

表 3.6　　　　国际人权文件与我国宪法受教育权规定比较

比较项目 人权文件	教育形式	教育条件	教育机会平等	受教育权	其他
《世界人权宣言》（第 26 条）	义务性规定初级教育——义务教育；技术和职业教育——普遍设立；高等教育——根据成绩对一切人平等开放。（第 1 款）	义务性规定"教育应当免费，至少在初级和基本阶段应如此。"（第 1 款）	义务性规定"高等教育应根据成绩而对一切人平等开放。"（第 1 款）	权利性规定"人人都有受教育的权利。"（第 1 款）	26 条第 2 款规定了教育的目的。
《经社文公约》（第 13 条、第 14 条）	义务性规定初等教育为义务教育；中等教育应以一切适当方法，普遍设立；高等教育应根据成绩，一切方法，对一切人平等开放；对那些未受到或未完成初等教育的人的基础教育，应尽可能加以鼓励或推进。（第 13 条第 2 款）	义务性规定初等教育一律免费；中等和高等教育，特别要逐步做到免费；各级学校的制度，要积极加以发展；适当的奖学金制度，应予设置。（第 13 条第 2 款）	义务性规定各种形式的中等教育和高等教育，对一切人开放。（第 13 条第 2 款）	权利性规定人人有受教育的权利。（第 13 条第 1 款）	义务性规定第 13 条第 1 款规定了受教育权国家保护义务的基本原则；第 14 条规定了国家对受教育权的行为义务。

续表

比较项目 人权文件	教育形式	教育条件	教育机会平等	受教育权	其他
我国1982年《宪法》（第19条、第46条）	义务性规定 国家举办各种学校，普及初等义务教育，发展中等教育、职业教育和高等教育，并且发展学前教育。（第19条第2款）	义务性规定 国家发展教育设施，扫除文盲。（第19条第3款）	无规定	权利义务性规定 公民有受教育的权利和义务。（第46条第1款）	——

总而言之，通过对上述表中所显示的各项内容进行比对分析，可以发现它们之间存在着如下异同：

第一，我国宪法和上述两国际人权文件都明确了受教育权的基本权利属性，但稍有区别的是，我国宪法在确立受教育权权利属性的同时，亦将其规定为一项义务。对此，有学者认为"这不意味着我国的《宪法》文本比国际人权公约落后，也不意味着我国《宪法》文本与国际人权公约相悖。"① 因为，上述两国际人权文件亦都规定了初级或初等教育为义务教育，结合我国《教育法》相关规定，受教育权作为一项义务，在我国亦只是存在于初等教育阶段，且在此处对于"义务"的理解，社会普遍认为其所指向的对象乃是国家、社会、学校和家庭，对于受教育者而言，接受义务教育则是他们的权利。

第二，除明确确立受教育权的权利属性外，我国宪法和上述国际人权文件对受教育权的规定均体现为直接的国家保护义务规定。不过就总体而言，国际人权文件中对国家保护义务的规定更为具体、细致，而我国宪法的相关规定则表现得更为宽泛。以教育形式为例，《经社文公约》所使用的规范语词，如"应"、"一切"、"普遍设立"等多系刚性语词，而与此形成对照，我国宪法则只是笼统使用了"国家举办"、

---

① 刘连泰：《〈国际人权宪章〉与我国宪法的比较研究》，法律出版社2006年版，第131页。

"普及"、"发展"等柔性语词。在教育条件方面，我国宪法仅规定了"国家发展各种教育设施"的义务，上述国际人权文件所明确规定的"义务教育一律免费"、中高等教育"特别要逐步做到免费"、"适当的奖学金制度应当予以设置"等内容，我国宪法都没有明确规定。此外，我国宪法亦没有就受教育机会平等保护作明确规定。

（二）与域外其他国家宪法相比较

与其他国家宪法相比照，我们认为从总体上看，我国受教育权的立宪思路和框架还是比较清晰和完整的，但相对也仍存在诸多不尽完善的地方。

首先，从立宪形式上看。我国受教育权立宪规定，主要采用了权利和义务性规定相结合的方式，但上述规定并不系置于同一章节之中。即其不仅在基本权利章节明确规定了受教育权，同时还在宪法总纲部分直接规定了受教育权的国家保护义务内容。通常认为，采取此种分门别类的立宪保护方式，既有利于在实践运作中推导出受教育权的主观权利属性，同时亦有利于阐释其"客观价值秩序"功能，以及其该面向所对应的各项实体性国家保护义务，而这也恰好是我国当前受教育权立宪形式的主要优点。

其次，在立宪内容上看。我国现行宪法关于受教育权国家保护义务的规定，主要是体现在教育形式方面。与上述其他大多数国家相比，其形式更为多样，其在各阶段对国家所设定的保护义务思路亦清晰明确。例如，对初等义务教育负有的是普及义务；对中等教育、职业教育、高等教育，以及学前教育等负有的是发展义务。尽管如此，我国宪法关于受教育权的立宪规定，与上述国家相比，仍存在如下盲区：（1）绝大多数国家在规定基础教育或初等教育为义务教育的同时，亦规定了其系免费教育，而我国宪法仅规定了国家对其负有普及义务，至于是否免费则没有明确规定；（2）承上文所述，有1/3左右的国家在其宪法上明确规定了奖助学金等国家资助义务以及受教育权平等保护等内容，而我国则只规定"国家发展各种教育设施"，对其他问题则都没有涉及。当然，必须指出的是，虽然我国未在宪法上明确上述国家保护义务，但《教育法》等法律规范则都予以了明确规定。

第四章　宪法委托：社会权国家保护义务的立法履行

在理论上，社会权的国家保护义务乃涵盖了制度性保障义务，以及狭义保护义务等多种内容型态，在宪法效力上，它们既可以表现为一种客观法规范，同时在某些情形下，又可以直接将其视为是一种主观权利。在实际运作过程中，正如学者凌维慈博士所言，各国宪法所规定的社会权，其权利属性"都不是严格意义上个人的给付请求权，而是表现为一种国家福利行为受到法治约束的状态。"[①] 质言之，社会权的实现，首先是且主要是依赖于国家立法义务的履行。对于那些在宪法层面明确规定社会权的国家，这种立法保护义务的依据主要是存立于宪法社会权条款中的"宪法委托"规范。在本章，笔者将主要以此为逻辑依据加以展开分析。

第一节　宪法委托：社会权实现的总体策略

一　"宪法委托"理论在德国的兴起

所谓"宪法委托"（Der Verfassungsauftrag），即是指宪法对其条文内仅作原则性规定，其特定的、细节性的行为内容，乃是委托其他国家机关（主要指立法机关）来贯彻之。[②] 在德国，"宪法委托"理论的性质与效力，经历了一段漫长的演进历程。

[①] 凌维慈：《比较法视野中的八二宪法社会权条款》，《华东政法大学学报》2012年第6期。

[②] 参见陈新民《德国公法学基础理论》（上册），山东人民出版社2001年版，第148页。

第四章 宪法委托：社会权国家保护义务的立法履行

通常认为，德国"宪法委托"的古典概念，最初乃源自于对1919年《魏玛宪法》第2章所规定的基本权利效力的争论，即上述宪法所规定的基本权利条文，是否同法律一样能够直接产生创设人民主观权利的效果。在当时，德国公法学大师耶利内克等认为，"只有被法律承认的意志权力才能通过指向某个具体的利益创设一项权利。"① 但学者安序兹（Gerdard Anschütz）等对此予以了否定，其观点并被德国学界所广泛接受。即他认为，并不是所有宪法条文都能产生直接的法律效果，其中单纯的法律原则，即只是作为给予立法者为将来立法的一种无拘束力的指示或建议。"魏玛宪法之意图是十分明显的，并非直接创设权利，而是对立法者的指示（因为绝大多数的基本权利，都是要经立法者制定法律后，才获重现）。"② 基于对宪法效力的如上理解，在当时德国立法者享有"立法者主权"（Souveränität des Gesetzgebers.）之尊荣。

此后，因《德国基本法》颁布实施，上述"立法者主权"理念遭到了全盘性检讨，而作为一种法律义务的"宪法委托"概念亦随之兴起。具体来说，在此一时期，最早明确提出"宪法委托"概念的是德国学者易甫生（Hans-Peter Ipsen），他认为若以宪法法条为判断基础，则宪法委托可以分为：（1）最狭义的、绝对的宪法委托。即宪法为了规范一个新的宪法秩序，因此，为求宪法内所欲保障的权利，获得贯彻起见，宪法直接规定一个期限，使得宪法的规定，在这个期限内，可以产生明显的法律效果。（2）无设期限的、绝对的宪法委托。即立法者必须依照宪法的条文内容而予立法。一般来说，宪法条文内若有"国家应"、"国家保证"等规范语词，都属此种类型。（3）明白规定宪法之规定由立法者订定法律的宪法委托。（4）未定期限的宪法委托，但是期待一未定期间内所颁布的法律，来达到宪法之理想。③ 此后，乐雪

---

① ［德］格奥格·耶利内克：《主观公法权利体系》，曾韬、赵天书译，中国政法大学出版社2012年版，第311页。

② G. Anschütz, aaO. S. 516. 转引自陈新民《德国公法学基础理论》（上册），山东人民出版社2001年版，第142页。

③ 参见陈新民《德国公法学基础理论》（上册），山东人民出版社2001年版，第148、149页。

(Peter Lerche)、温厚兹（Ekkehard Wienholtz）等著名学者亦分别就宪法委托问题进行了深入的研究。例如，乐雪认为宪法委托应该分为"修正传统意义的方针条款"、"宪法命令"、"宪法构成的委托"，以及"一贯性的形式的准则"等；温厚兹认为宪法委托可以分为立法委托（包括明显和隐含委托两种）和宪法训令两种类型。

二 宪法委托的主要类型及其拘束力

统观德国宪法学界关于宪法委托界定及分类，可以发现虽然以上学者对宪法委托之具体表现形式的描述存在差异，但总体说来其仍是有规律可循的。参照以上学者以及德国联邦宪法法院关于宪法委托的界定及分类，我们基本赞成温厚兹的分类方法。具体来说，我们认为宪法委托在整体上可以分为以下类型：

第一，立法委托，也有学者将其称之为明显的或是无条件的（绝对的）宪法委托。一般认为，"若明显且专属的委托由立法者来执行的话，那么就是立法委托的范畴。"通常而言，此种宪法委托最容易辨认，因为在相关宪法条文中一般都有"法律规定"之字眼。但基于在上述"法律规定"语词所使用之情境不同，其对立法机关的拘束力亦存在一定差别：（1）"授权型"宪法委托，即宪法只规定某一事项以及细节由法律规定，而没有指出或暗含立法机关必须就这一事项进行立法。对于此类宪法委托，德国学者曼兹（T. Maunz）认为它"只是一种期待，但不是予立法者积极作为之义务"；但我国台湾学者陈新民教授认为，在此种情形下，立法者所获得的授权，乃是立宪者对立法者的一种立法委托或是委任、授权。换句话说，立宪者乃是希望立法者续其未竟之志，进而为一定之作为。即"立法者制定执行性质法律，来贯彻宪法，不仅是权限，亦是一种义务"。[①]（2）"加强型"宪法委托，即宪法明确规定对某一事项的限制必须由法律来进行规定。通常认为此类宪法委托，乃是

[①] 参见陈新民《德国公法学基础理论》（上册），山东人民出版社2001年版，第158、159页。

排他性地科以立法机关以保护义务。这种"排他性",它既包括事务排他性,也包括方式排他性。即对那些无论如何必须由国会亲自以法律方式决定的事务领域,既不能委诸行政权"代劳",也不能出自法律以外的单纯决议方式。

第二,宪法训令。根据学者温厚兹的阐述,如果某一宪法规定除了由立法者履行外,仍可由其他国家机关,如行政或司法机关加以达成,则可认为此种宪法委托为宪法训令。此种属于宪法训令的条款,主要表现为宪法指导原则,如法治国原则、社会国原则、比例原则等,但除此之外,其还应当包括宪法基本国策中的国家义务性规定,以及基本权利条款中非立法委托条款等。对于此种宪法委托之效力,通常认为其除对立法机关具有拘束力之外,对于其他国家机关亦应当具有拘束力。同时,若单就对立法机关而言,根据学者曼兹的阐述,它并不是要求立法者有义务积极作为,只是要求立法者在具体立法时必须遵循此一原则。①

三 社会权实现:以"宪法委托"为中心

正如德国学者彼德·巴杜拉教授所言:"满足保障人权之义务,基本上是立法者之职责"。② 近年来,虽然支持社会权可诉性的呼声已经越来越高涨,而事实上在世界各国也确实已经存在诸多支持社会权可诉性的成功案例,但不管如何,必须承认的是,社会权的实现在绝大多数国家都是以立法为中心的。在社会权立宪国家,其实现主要都是依赖于"宪法委托"之立法保护义务的履行。为佐证上述此一观点,下文笔者将选取在社会权保障方面颇有代表性的国家,即日本、德国、美国三个国家③来进行归纳分析。

---

① 参见陈新民《德国公法学基础理论》(上册),山东人民出版社2001年版,第157页。

② [德]彼德·巴杜拉:《国家保障人权之义务与法治国家之发展》,转引自陈新民《法治国公法学原理与实践》(下册),中国政法大学出版社2007年版,第54页。

③ 在域外,之所以选择日本、德国、美国三个国家为考察对象,主要有两方面的原因:第一,它们是公认的具有立宪主义精神的国家;第二,它们分别对应了三种社会权规定模式,即明确规定宪法社会权;只规定"社会国"原则;在宪法上未作任何规定。

(一) 日本

虽然学者大须贺明在《生存权论》一书中，精彩地论证了社会权作为"具体性权利"存在的正当性及必要性，① 但在其国内的具体实践环节，有关社会权的保障仍主要是通过立法程序实现的，即使在某些情况下社会权获得了宪法上的可诉性，这种可诉性也只是部分可诉性，而不是完全可诉性。具体来说，

首先，在立法层面。为印证日本在社会权立法方面的积极取向，本书仅以日本2002年至2005年的社会福利法制建设为例即可以证明。根据日本学者桑原洋子的介绍，为回应日本社会福利建设需要，在短短3年间，其即制定或修改了多部涉及社会福利方面的法律，例如，其2003年通过立法导入了支援费制度、2004年其进一步完善了儿童福利法体系、2005年其通过了以前作为悬而未决事项的《障碍者自立支援法》（2005年法123号）、制定了《关于支援防止虐待高龄者、养护高龄者等的法律》（2005年法124号），以及制定了"关于防止虐待儿童等法律"。②

其次，在宪法司法层面。早在1948年"违反粮食管理法被告案件"判决中，日本最高法院即指出：宪法第25条第1款宣示所有国民能维系具有健康且文化性的最低限度生活，主要是靠社会立法的制定和实施来加以实现，"随着社会立法以及社会设施的创设和扩充，各位国民之具体的现实的生活权，就会得以充实起来。"③ 而在此之后，尽管日本法院亦审理过诸如"朝日诉讼"、"牧野诉讼"、"堀木诉讼"，以及"宫诉讼"等一系列典型社会权案例，但通常认为除非是出现欠缺显著合理性，以及明显逸脱、滥用裁量权等情况，立法者乃拥有广泛的裁量权，其不应成为法院审判的对象。

---

① 详细可参见[日]大须贺明《生存权论》，林浩译，法律出版社2000年版，第69—136、285页以下。
② 参见[日]桑原洋子《日本社会福利法制概论》，韩君玲、邹文星译，商务印书馆2010年版，前言。
③ 日本最高裁判所大法庭1948年9月29日判决。转引自[日]大须贺明《生存权论》，林浩译，法律出版社2000年版，第231页。

(二) 德国

德国《基本法》虽然没有规定社会权，但其第 20 条第 1 款和第 28 条第 1 款明确规定了"社会国"原则。根据德国学者施托贝尔的阐述，"社会国是国家任务，是建构相应制度的要求。"[①] 在实践中，社会国在德国作为一种宪法训令，虽然同时约束着立法者以及行政和司法部门，但总体说来，其"很难为司法机关在无法律基础的情况下将其转化为一般法律提供直接的行为指导"。[②] 质言之，该原则的实现主要是依靠于国家立法机关，即立法者在此过程中享有广泛的裁量空间。在现阶段，德国社会法治国所涵摄的重要法域都获得了立法的保障，例如制定了劳动保护与工作时间法、社会保障法、工资合同法等。其中，以劳动法制建设为例，其在 2000 年至 2006 年期间，即制定或修正了《部分工时与定期劳动契约法》、《劳动市场现代服务第一法案》、《劳动市场现代服务第四法案》、《一般平等待遇法》等多部劳动立法。在立法形式上，近年来德国出现了越来越多新的国家行为范式，例如"措施法律"，它们不论从数量还是从意义上，都远远胜过了古典形式的法律；还有计划与给付保障——这种主要以国家补贴的形式来解决现代问题的做法。[③]

同时，也是基于民主法治国等原则的要求，德国著名国家法学者黑塞认为，目前德国"社会国家原则依然是一项宪法原则：它赋予了立法者和行政机关完成社会国家任务的义务并使之得以正当化——但这种一般性的授权委托，却没有证立个人要求国家承担此类义务或发布具体行为指令的请求权。"[④] 对此，其联邦宪法法院也持相同见解，即"社会国原则只是加诸一个人民'不可控诉'的义务，以谋求公平的社会秩序。"公民个人并不能单纯依据社会国原则直接推导出公民的社会给付请求权。除非将社会国原则与平等原则相互搭配，则在

---

① [德] 罗尔夫·施托贝尔：《经济宪法与经济行政法》，商务印书馆 2008 年版，第 299 页。
② [德] V. 诺依曼：《社会国原则和基本权利教义学》，娄宁译，载林嘉《社会法评论》（第 4 卷），中国人民公安大学出版社 2009 年版，第 277 页。
③ 参见 [德] 康拉德·黑塞《联邦德国宪法纲要》，商务印书馆 2007 年版，第 167 页。
④ [德] 康拉德·黑塞：《联邦德国宪法纲要》，商务印书馆 2007 年版，第 168 页。

某些特定情形下,可以赋予个人平等拥有享受"既存"行政给付设施的请求权。①

(三) 美国

在美国,其国内多认为对于社会福利的保障,原则上并不应该在宪法层次赋予国家积极介入私人生活领域,借以实现社会正义的任务与权力,从而向来不是透过"社会权"这种宪法意义之权利面向的积极阐释,而毋宁一直是透过相关社会立法与各种管制措施来推展国家发展社会福利的理念。质言之,美国对于社会权的保障亦主要是体现在立法中。并且,与其他国家相比,美国社会权保障还存在如下显著特征,即"公民对满足基本需要的福利政策诉求是通过在政党竞争和选举制度的政治过程中与纳税人反对征税的主张进行广泛的斗争进入立法而被确保的"。②

作为例证,在20世纪30年代,罗斯福在参与总统竞选时,即明确提出联邦应负责以公共建设和失业保险的措施来解除社会危机,在其总统任期内,美国国会据此进行了大量卓有成效的社会立法活动,其中,包括制定了《工资工时法》、《社会保险法》等福利法规范。在20世纪60年代,在肯尼迪总统"向贫困宣战"(War on Poverty)口号和约翰逊总统"伟大社会"(Great Society)纲领指引下,美国国会通过制定或修正《民权法案》、《中小学教育法》、《经济机会法》以及《社会保障法》等多项涉社会权保障法案,进而极大增进了就业劳动机会、医疗补助待遇等社会福利供给。2008年,奥巴马在参加总统竞选时即明确提出要进行医疗改革,此后,2010年美国国会通过多方努力最终通过了《病人保护及可负担得起的保健法案》(PPACA),以及《医疗保健与教育调和法案》(HCERA)。

对于美国社会权的司法救济问题,虽然其存在通过援引宪法平等保护条款以及正当程序条款予以间接保护的成功案例,但从总体上看,美国法院对此仍以保持谦抑为主,即使其受理了上述此类案件,

---

① 参见朱应平《宪法非权利条款人权保障功能研究》,法律出版社2009年版,第145页。
② 凌维慈:《比较法视野中的八二宪法社会权条款》,载《华东政法大学学报》2012年第6期。

其通常所使用的审查基准也相对比较宽松。作为例证，在"Dandridge v. Williams"案后，美国法院一贯拒绝将特定的政府福利认可为确定性权利，包括受教育权、安全工作条件，以及对儿童受虐待的保护。①在黛仙利诉温尼贝戈县社会服务局案中，法院明确指出："在我们的案件中，已经认识到一般的正当程序条款并没有赋予对政府扶助的积极权利"，"制宪者愿意将政府义务的范围……留给民主政治过程。"②

总之，通过对上述三个典型国家社会权保障状况的简单概述，可以发现它们之间乃存在一个共同的规律，即在上述国家中，其国内关于社会权的保障都是以立法（包括行政立法）为中心，在通常情形下，法院并不会积极涉入宪法社会权案件的审查当中。即使在某些特殊情况下，法院等司法机关被涉入其中，其对相关案件的审查也只是采取非常宽松的合理性审查标准。此外，立法者在具体履行社会权"宪法委托"义务时，其通常乃具有广泛的立法裁量空间，但它同时亦必须受到民主、法治等其他宪法原则的约束，特别是在一些多党制国家，其选举制度以及执政党的宪制观念对社会权保障都具有非常深远的影响。

此时，若再将我国社会权实践状况与上述结论相对照，则无疑可以再次证明上述结论的正确性、可靠性。具体来说，我国目前并无严格意义上的宪法诉讼制度，在具体实践环节，虽然也出现过几例"非纯正社会权宪法案件"，但其本身对是否应当适用宪法即存在很大的争议。所以，在某种意义上，通过宪法救济以保障公民社会权在我国可以说还尚未提上议程。除却上述社会权宪法救济之后，要想保证社

---

① 例如，Collins v. City of Harker Heights, 503 U. S. 115, 125 (1992) （关于工作场所的公共安全没有宪法性权利）；DeShaney v. Winnebago County Dep't of Soc. Servs., 489 U. S. 189, 195 (1989) （没有宪法权利保护免受父母的虐待）；Kadrmas v. Dickinson Pub. Schs., 487 U. S. 450, 451 (1988) （贫困生无权乘坐补贴的公交车去公立学校）；San Antonio Indep. Sch. Dist. V. Rodriguez, 411 U. S. 1 (1973) （拒绝承认教育权为基本权利）；Lindsey v. Normet, 405 U. S. 1 (1972) （拒绝承认获得体面的居住为基本权利）。参见西德尼·A. 夏皮罗等《政府福利与法治：迈向基于标准的正当程序理论》，高秦伟译，载刘茂林《公法评论》（第4卷），北京大学出版社2007年版，第33页。

② 转引自凌维慈《比较法视野中的八二宪法社会权条款》，载《华东政法大学学报》2012年第6期。

会权最终得以实现，毫无疑问首先必须将其具体化。对于此种具体化，通常认为依据"宪法委托"理论，不论所涉宪法社会权条款系表现为立法委托，还是宪法训令，立法机关都是其首要义务主体。① 从其义务履行状况来看，我国立法机关目前已经架构起了一个多层次、全覆盖的社会权立法保护网络。其中，"多层次"即是指除全国人大及其常委会制定法律外，国务院及其各部门、地方行政立法机关分别制定了行政法规、规章，以及地方性法规等。而所谓"全覆盖"，即是指凡是宪法所规定的社会权内容，我国立法机关均对其作出了具体规定。其中，仅以法律层面的劳动权规范为例，其就至少包括《就业促进法》、《劳动合同法》、《劳动争议调解仲裁法》、《职业病防治法》、《劳动法》等多部法律。②

第二节 社会权宪法委托义务的立法履行：以受教育权为例

在各国宪制实践中，社会权的实现乃系以宪法委托为中心。在此之中，立法机关又是其最首要的义务主体。既然如此，那么在具体的实践环节，立法机关应该如何履行其社会权保护义务，则自然成为我们应当首要考虑的问题。通常认为，立法机关在恪守宪法原旨的同时，乃具有广泛的立法形成自由。在本节，基于篇幅之考虑，笔者只探讨了受教育权立法保护义务的履行问题。同时，必须指出的是，对于中外受教育权立法保护义务履行状况的比较分析，我们主要是将其集中在法律层面。至于行政立法是否也应该被纳入广义法律的范畴，我们则选择对此问题予以单独探讨。

---

① 当然必须指出的是，立法机关在履行上述保护义务的过程中，并不排斥行政机关在法定权利范围内制定具体的行政立法规范。甚至在广义上，我们还可以认为，行政立法乃是国家立法保护义务履行的一种具体形式。

② 关于社会权立法规范的详细总结，可参见魏建新《宪法实施的行政法路径研究》，知识产权出版社 2009 年版，第 152 页以下。

第四章　宪法委托：社会权国家保护义务的立法履行

一　中外受教育权"宪法委托"义务的履行状况

在本书，由于笔者目的主要系探讨在"宪法委托"约束下，国家立法机关乃是如何履行其保护义务的，因而在对域外典型国家的选取上，亦主要是集中在其宪法有明确规定的国家。换句话说，对于那些只是直接在法律层面规定的国家，本书则未将其列入选择视角。也正是因为此，笔者将主要选取了具有大陆法系色彩的日本、德国以及我国台湾地区为例，进行相关的比较分析。

（一）日本

关于作为社会权之受教育权的法规范效力，在日本国内学界尚存在方针规定说、具体权利说，以及抽象权利说等多种学说争议。不过，就主流观点来看，其多数学者普遍认为由于受教育之权利内容广泛且多面，故同于生存权之效力情形，其实现主要是委任诸政治过程。具体来说，依据上述宪法文本第26条之语词，即"依照法律的规定"，有关受教育的权利和有关教育的义务，均由法律规定。质言之，国家必须通由法律采取必要之措施以实现上述受教育权。可以看出该受教育权条文的规范效力，主要表现为是一种"宪法委托"，并且在性质上，它分属于上述第一种委托类型，即"立法委托"情形。

根据上述宪法之"立法委托"规定，日本国家和政府对作为社会权的受教育权，首先应当负有维持教育制度、整备教育条件，以及预防第三人侵害等方面的立法保护义务。在实践中，自1946年现行《日本国宪法》诞生以来，日本国会和政府为履行上述宪法委托之保护义务，其制定和颁布了一系列有关受教育权的法律规范，并形成了一种金字塔型的网络体系。具体来说，在中央，其所颁布的教育法规就涵括母法、子法、施行令、府令和省令、人事院和委员等颁布的规则以及由文部大臣、各种委员会和各厅长官所发布的告示、训令、通知、通达等六个层次；在地方，其又包含议会制定的条例、地方行政长官，以及地方教育委员制定的规则等三个层次。在本书，笔者将着重探讨由其国会所制定的对日本国民受教育权保护具有标志性意义的几部基本法律。

1. 关于教育理念之法律:《教育基本法》

在日本,《教育基本法》作为其国家履行宪法第 26 条之保护义务的最先且最直接之成果,素有"教育宪章"之称。就其制定和发展状况来看,它最初制定于 1947 年,并在 2006 年进行了唯一一次修正。在内容方面,受制于日本国宪法精神以及相关宪法条文的指导和约束,1947 年《教育基本法》主要针对日本教育之目标、方针、形式、以及行政管理等问题作出了原则性规定。其中,在教育目标和价值方面,它明确了教育之"尊重个人尊严和个人价值"的基本理念;在教育原则与形式方面,它确立了教育机会均等原则、中立性原则、公共性原则,以及义务教育无偿性原则和男女同校原则等基本原则,并在形式上将教育初步分为学校教育、社会教育、政治教育和宗教教育等多种类型。此外,它还明确指出教育行政的主要职责即在于"提供和创造为实现教育目的所必要的条件"。①

在内容上,修订后的《教育基本法》除完全取消了"男女共学"之规定外,其余各项新条款均系在旧法的基础上修改和增设而成。具体来说,较之于旧法,其 2006 年修正案主要存在以下方面的修正:第一,为因应其国内频发的校内欺辱、自杀等现实性事件和危机,其特意增设了"尊重生命、热爱自然"、"广博的知识和教养"等教育目标,同时为进一步适应时代变化和发展需要,其增加了"终身教育"条款和"教育振兴计划"条款;第二,在重申教育机会均等的基础上,增加了国家和地方公共团体对残障人员予以教育援助的义务;第三,明确义务教育是国民的法定义务,但删除了受义务教育的具体年限;第四,进一步区分了社会、学校以及家庭在教育领域中的责任和义务。例如,在新增设的"家庭教育"条款中,其就明确指出"父母及其监护人在儿童教育上负有首要责任",同时国家在此基础上,必须"努力采取必要措施援助监护人的家庭教育,如向其提供学习机会和信息等"。而此之外,它还分门别类增设了大学条款、私立

---

① 根据 1947 年《教育基本法》立案当事人关口隆克所言,"所谓提供条件主要指为教学提供资金或物资和土地、资材等而言。"参见梁秋《中日高等教育比较》,沈阳农业大学出版社 1988 年版,第 64 页。

学校条款、幼儿期教育条款等。第五，进一步细化了教育行政责任条款。在新法的第三章，它明确指出国家及地方公共团体对于教育行政，必须在相互合作以及均衡分担职责的基础上公正、适当地进行；为谋求全国性的教育机会均等，以及维持和提高教育水平，国家必须综合性地制定和实施关于教育的政策措施；此外，为了使教育顺利地持续地开展，国家和地方公共团体还必须采取必要的财政措施。

对于上述修订后的《教育基本法》，虽然有不少质疑声音认为，上述"修正案彻底改变了现行法律的根本性质，教育成了以国家为重心的东西"。① 但总体说来，其2006年的修正仍主要系因应其国内社会发展变化之需要。以日本"教育再生会议"所列举的修正理由为例，修改1947年《教育基本法》至少包括以下五个方面原因：第一，在初中等教育阶段，未对监护人期待的知识能力及校内欺负等进行规定；第二，学校及教委尚未完全负起其教育责任；第三，教育机关及人员没有相互切磋之环境；第四，从幼儿教育到高等教育未有一个充分发展性的教育系统；第五，高等教育尤其是研究生教育尚未达到国际水平。②

2. 关于学校教育之法律：以《学校教育法》为核心

为贯彻和履行日本宪法第26条以及《教育基本法》第6条所拟定的有关"学校教育"之立法保护义务，日本国会先后制定了《学校教育法》、《对私立大学研究设备国家补助法》、《私立学校法》、《私立学校振兴助成法》、《义务教育诸学校教科用图书免费法》、《关于教科书发行之临时措置法》、《理科教育振兴法》、《产业教育振兴法》、《偏远地教育振兴法》、《学校图书馆法》、《学校保健法》、《学校给食法》等。就以上法律所规范的对象及其地位而言，由于《学校教育法》在立法上集中对日本的整个学校制度即从幼儿园到大学的整个学制及其重要内容都加以了明确规范。因而，它通常被认为系日本作为公共教育制度的学校制度的根本性法律。

---

① 罗朝猛：《日本〈教育基本法〉修订的历程、动因、内容及其争论》，《比较教育研究》2007年第8期。
② 吴坚、赵杨：《日本教育基本法的修改与其"教育宪法"地位探讨》，《高等教育研究》2008年第12期。

总体说来，日本《学校教育法》最初制定于 1947 年，此后历经了多次修订。在内容结构上，该法对日本各类别各阶段学校的性质、培养目标、学习年限，以及课程和教科书内容等都做了原则性规定。在该法律规范中，除那些制度性设置各阶段学校教育之保护机制外，作为社会权的受教育权之国家保护义务立法履行，主要体现为各级学校之学生入学资格、学生惩戒及保健措施；义务教育阶段父母的送学义务、暂缓就学或免除就学义务；高等学校学生之入学、退学与转学等。在此基础之上，日本政府为了履行上述法律所设定的各项一般性保护义务，其还分门别类制定了一系列的具体法令和法规，如关于学校设置基准的法律、关于学校保健与食品供给、振兴与支援教育、奖励入学以及私立学校的法规等等。

此外，为积极跟进上述 2006 年《教育基本法》的修订，日本国会于 2007 年对《学校教育法》也进行了相关方面的修改。根据学者牛志奎、若井弥一的论述，该次《学校教育法》的修订主要涉及了以下内容：（1）重新认识不同类型学校的教育目的和目标。以义务教育为例，为贯彻承继《教育基本法》第 5 条第 2 项之规定，《学校教育法》第 21 条重新规定了作为义务教育的普通教育目标。此教育目标所规定的 10 个项目，乃是对原有中小学教育目标规定之重构。（2）副校长以及骨干教师等新职位的设立。（3）增加了与学校评价以及信息提供相关的规定。例如，新修订的《学校教育法》第 42、43 条明确规定，为了改善学校运营，中小学校必须以自我检查与评价的基础上采取必要举措。① 从以上立法修正的情况来看，其显然多系属于对上文所指称的受教育权之国家制度性保障义务的履行。

3. 作为日本教育体制的新发展：《终生学习振兴法》

所谓终身教育，其通常是指人终极一生所受到的各种教育，在内容上，它包括学校教育、家庭教育、社会教育，以及其他各种教育活动。在亚洲，日本是最先接触终身教育理念并作出相应对策的国家。即早在 20 世纪 60 年代，出席第三次国际成人教育大会的日本代表波多野完治在听取保罗·朗格朗提出的"终身教育"理论后，即于

---

① 参见牛志奎、[日] 若井弥一《日本教育法制建设的新动向——〈教育基本法〉及相关教育法律的修订》，《中国教育法制评论》第 6 辑，第 233—235 页。

1967年通过论文《社会教育的新方向》将该理念引入日本,并为当时的日本政府所接受。此后,日本政府相继在一些重要文献中,如《关于全面扩充和改善学校教育的基本政策》、《关于终身教育的答询报告》、《教育改革推行大纲》等,均明确表示社会教育乃至教育政策整体都要向终身教育转型和发展。

作为上述理念贯彻和发展的重要成果,在1990年7月,经日本国会审议通过,其文部省颁布了《终身学习振兴法》。虽然该部法律只有12条,但是其所展现的教育理念、政策导向等对日本整个国家的教育发展均产生了深远影响。具体来说,《终身学习振兴法》乃系日本国会和政府针对宪法,以及《教育基本法》等法律规范所设定的委托或授权立法义务,而制定的一部为"满足国民对终身学习机会的需求"的基本法律。在内容结构上,它依次规定了"终身教育"的立法宗旨、政府制定相关政策措施的责任和义务、都道府县教育委员会的责任和义务、振兴区域终身学习事业的基本构想和基准、设置终身学习议会,以及相应的财政举措等。对于上述结构性安排,虽有不少学者质疑其不仅缺乏有关法律救济之规定,同时其实际规范内容还存在与其他法律,如《社会教育法》等相冲突,以及可操作性程度甚弱等问题,但总体而言,这并不影响该部法律在日本整个教育法体系中的开拓性作用和地位。在21世纪初期,即2002年日本通过颁布《终身学习完善法》对上述《终身学习振兴法》进行了些许修正,但总体上前者只是修改了部分措施与制度方面的细节,在实质内容方面并没有太大的改动。

(二)德国

虽然作为社会权的受教育权,在当前德国只能通过"社会国"原则,以及教育自由等加以拓展引申而至,但基于上述《基本法》各条款所具有的"宪法委托"之效力,即"立法者虽拥有很大的形塑空间,但其仍应始终坚持以社会平等为目标;立法者在为确保国民之社会安全创设相关制度保障时,有义务就个别具体内容作符合上述目标的形塑。"[1] 因而,为达致其国内教育安全以及教育公平之目的,其国家立

---

[1] Ernst Benda, §17 Der soziale Rechtsstaat, in E. Benda, W. Maihofer, H. J. Vogel (Hrsg.), Handbuch des Verfassungsrechts, 2. Aufl. 1994, Rn. 170.

法机关乃有通过立法以为国家、社会以及个人创制相应的受教育权之保护与给付义务。

1. 德国受教育权立法保护义务履行的整体状况

在现行德国联邦《基本法》的统摄下，若以传统学校体制为标准，德国立法机关对受教育权保护义务的立法履行，主要体现为对幼稚园法、中小学法、大学法、职业教育法、终身教育法等法律的具体创制。其中，在联邦，上述幼稚园法又主要涵括了《儿童与青少年援助法》、《儿童与青少年援助促进发展法》、《日间照顾增修法》；而大学法则主要是指《大学框架法》（该法已于 2008 年 7 月 1 日废止）等。在地方各邦，总体说来，其所制定的教育法规范大多比较类似。例如，在汉堡，其所制定的教育法规范主要有《儿童照顾法》、《中小学法》、《私立学校法》、《大学法》、《进修差假法》等。在巴伐利亚邦，不仅其邦宪法第 128 至 141 条对受教育权问题进行了明确规定，同时在法律层面，其还制定了《儿童教育暨照顾法》、《教育暨教学法》、《残障平等法》、《平等法》、《就学交通费补助法》、《大学法》、《医学大学法》，以及《终身教育促进法》等。

2. 具体考察：以《中小学法》为焦点

受资料收集以及篇幅之限制，此部分笔者将着重探讨德国各邦对中小学生之受教育权立法保护义务的履行状况。从当前来看，德国地方各邦不仅其邦宪法都规定有与中小学教育相关的宪法条文，同时根据这些条文所涵摄的宪法委托义务，其又都订有中小学法。

整体视之，在形式之法律层面，德国各邦关于中小学法的制定形式，主要可以分为两种类型：一类是将邦内所有中小学教育事务规定至一到两部法律中，其余则都交由法规命令规定，如巴伐利亚、下萨克森、图林根等邦即是采取如上形式；另一类则是将其分属于不同的教育性法规，例如北莱茵—威斯特法伦。总体说来，相对于其他国家，德国关于中小学法的法律规定乃相当简洁，即除涉及家长、学生以及教师的基本权利与义务之内容，是依形式之法律程序加以订立外，其他事务乃多是依赖于行政规则之方式。不过，近年来，德国各邦关于中小学法的制定，不论是以何种方式为之，都有日渐繁琐之趋势。例如，在采取单一规范模式的巴伐利亚邦，其教育暨教学法条文就高达129条之多；而采后者之规范模式的萨尔邦，其中小学法也有64条条文。

在内容维度上，德国联邦及其地方各邦所制定的中小学法，其主要涵括了受国民教育之权利与义务、受教育机会平等、奖学金、教育经费、体罚、家长选择受教育权，以及家长参与学校教育事务之权利等保护义务内容。根据以上法律层面的国家保护义务规定，其所函摄的义务主体分别指向了国家、学校、教师、家长以及学生个人等。

概括而论，首先国家无疑是其最主要的保护义务主体，其所对应的保护义务主要表现为，国家应保障人民进入公立教育机构就学之自由与平等机会，且对于那些具有特殊天份、残障或社会弱势者须采取特别之措施予以保护。质言之，在立法层面，当前德国各邦履行受教育机会平等的方式主要包括：一是通过制定平等法，以及平等受教育权条款等在法律上赋予所有人同等的受教育权地位，对于那些特殊学生，在考试和成绩评定部分给予不同之标准；二是由于多数学生都是因贫困而陷入受教育之不利地位，因而在上述法律设置中，其普遍要求国家建立各种针对学生财务之奖励与补助制度，如免收学杂费、教材费、补助就学交通费，以及实行奖学金制度等。不过，由于德国各邦所处的具体环境并不一致，因而其上述具体法律设置也存在着一定之差异。以免费提供学习材料为例，虽然其国内多数邦乃是将免费提供之范围限定在课本或教科书，但亦有少数邦将其扩展到了作业簿以及书笔等。此外，关于借用学习工具之问题，在其国内亦甚至出现了完全相反之规定。例如，有些邦甚至规定了可以借用昂贵之学习工具，如电脑、地图等；但另外一些邦则只是提供弱势家庭申请学习券，作为购买学习用品之津贴。

其次，就学校与教师而言，虽然德国各邦中小学法普遍承认中小学教师享有专业自主权，但在权利限度上，这一权利事实上乃是"服从义务之修正"。质言之，一方面德国各邦之中小学法皆明确规定学校及其教师享有实施管教以及维持秩序之权利，即为维系学校能够达成教育与教学之环境，以及保护学校所辖人员的人身与财产之安全，当学生违反在学义务时，学校及其教师可以选择使用管教之措施，如采取口头或书面之责备、书面告知家长、要求恢复损害物原状等,并在必要情况下可采取要求转班、警告退学、退学,以及不得入学本邦所有学校等维持秩序之措施。但另一方面,在享受上述权利的同时,其亦必须同时恪守民主法治国之比例原则,自觉遵守和履行如下之义务:一是必须实践中小学在宪法教育目标中的任务;二是须遵守学生人格权的宪法义务,不得体罚学生;三是其教育方式的选择应以达成课程纲领为目的;四是自主权之决定不得任意为之,且须避免灌输特定之价值观。

再次,就家长而言,由于德国《基本法》第6条第2项明确规定:"抚养和教育子女是父母的自然权利,也是父母承担的首要义务。"因而,根据该宪法条文,德国各邦中小学法普遍规定父母乃系中小学生实现受教育权的当然义务主体。就其与国家教育高权两者之间的关系而言,德国各邦立法普遍认为它们之间并不存在孰先孰后的顺序,在宪法秩序框架内,他们乃系共同担当教育儿童的责任与任务。以德国北莱茵—威斯特法伦邦为例,其邦《教育法》第2条第3项即明确规定家长与学校是伙伴关系。从各邦的具体立法来看,虽然家长对其未成年子女或被监护人享有教育权以及教育选择权等,但上述权利并非没有边界的。以教育选择权为例,虽然家长具有选择教育形式及其径路的自由,但他并不能以私人家庭教育品质优于国家教育品质为由,而为其子女申请在家教育。

(三) 中国

新中国成立以来,虽然《共同纲领》以及之后的历部宪法都对教育或受教育权问题进行了明确规定,但在1982年宪法颁布之前,它们都只是作为一种"方针条款"发挥效力。换句话说,在上述这一时期,公民受教育权的宪法规定,仅仅系在表征国家教育方针政策和原则纲领,其对立法者的建议或指示只具有政治和道德意义,立法者违反或不履行上述规定并不必然导致违宪。也正是因为此,我国立法机关在1982年之前仅制定了《学位条例》一部教育性法律。此后,1982年宪法第5条明确规定宪法作为国家的根本大法,其具有最高的法律效力和地位。在此宪法原则精神涵摄下,该部宪法所规定的各项基本权利的宪法效力终于摆脱了"方针条款"的窠臼,并被纳入到了"宪法委托"

视域。自此以后，中央和地方各级立法机关或机构为履行受教育权宪法保护义务，均出台了一系列有关受教育权的立法规范。

根据有关学者论述，目前我国"已初步形成以宪法确定的基本原则为基础，以教育法为核心，以教育专门法和行政法规为骨干，以教育规章、地方性法规和规章为主体的有中国特色社会主义的教育法律体系。"[①] 具体来说，在中央层面，全国人大及其常委会先后制定并颁布了《义务教育法》、《教师法》、《教育法》、《职业教育法》、《高等教育法》、《民办教育促进法》等多项教育性法律；而地方则在遵循上位受教育权立法的基础上，通过地方立法的形式，进而对上述国家教育法律和政策做重复和解读。在狭义法律规范层面，国家履行受教育权的宪法保护义务，主要通过设定受教育者与其他社会关系主体的权利义务关系实现的。具体来说，其主要涵括以下方面的内容：

第一，国家对受教育权的保护义务。以1995年《教育法》为考察焦点，在法律上对受教育权的保护义务，主要体现在以下方面：

（1）教育基本制度的建构义务。《教育法》通过设专章的形式，即在第2章详细规定了国家负有建构"教育基本制度"的制度性保障义务。具体来说，上述这些"教育基本制度"主要包括实行学前教育、初等教育和高等教育的学校教育制度、九年义务教育制度、职业教育制度和成人教育制度、国家教育考试制度、学业证书制度、学位制度、教育督导制度以及教育评估制度等。为积极履行上述各项制度性保障义务，全国人大及其常委会分别制定了《义务教育法》、《职业教育法》、《高等教育法》等多部专项性教育法律。

（2）教育投入与条件保障义务。我国《教育法》第7章对"教育投入与条件保障"问题进行了详细规定。其中，国家举办的学校教育，其经费来源主要依靠于国家的财政投入。根据《教育法》第54条、《义务教育法》第42条、《高等教育法》第60条等规定，国家对财政性教育经费的支出必须随国民经济发展以及财政收入增长而逐

---

① 教育部研究室：《依法治教全面推动教育的改革和发展》，载《中国教育报》1999年12月6日。

步提高,其具体规定,包括提高的比例及实施步骤等,由国务院规定。同时,根据《教育法》第10条、第37至40条、《义务教育法》第6条、《高等教育法》第8条和第9条、《职业教育法》第7条规定,为合理配置教育资源,国家必须采取积极举措,保障少数民族、边远贫困地区、残疾人、妇女、有违法犯罪行为的未成年人,以及失业人员等弱势群体平等享有受教育权。

(3) 教育行政监督义务。根据《教育法》第9章有关"法律责任"的规定,国家对受教育权的保护义务还体现在对违反羁束性教育法规范行为的处置与救济上。具体来说,其第71至80条明确规定了各类追究教育侵权责任人员刑事和行政责任的情形;第42条第4款、第81条明确规定了受教育者的申诉权利、民事责任等,据此国家有义务建立健全保障受教育权的程序性救济机制。

第二,受教育者与学校和其他教育机构,以及与教师间的权利义务关系。根据《教育法》第28之规定,虽然我国学校及其他教育机构依法享有招收学生,依照其章程自主管理、组织及实施教育教学活动,对受教育者进行学籍管理、奖励或处分,以及为其颁发学业证书等法定权利,但其权利并非没有边界的。质言之,其权利界限不仅受制于其自身的教育职责和义务性内容,同时还受制于法律所赋予受教育者的各项权利内容。具体来说,在我国,法律所设定的上述两者之间的权利义务关系主要体现在:

(1) 就学与升学。在义务教育阶段,《义务教育法》第12条明确规定,适龄儿童、少年享有免试入学、在户籍所在地学校就近入学的权利;第19条第2款规定:"普通学校应当接收具有接受普通教育能力的残疾适龄儿童、少年随班就读,并为其学习、康复提供帮助";第22条规定:"学校不得分设重点班和非重点班"。在非义务教育阶段,《高等教育法》第19条依次规定了专本科生以及硕博士研究生取得入学资格的基本条件;第9条第3款明确规定:"高等学校必须招收符合国家规定的录取标准的残疾学生入学,不得因其残疾拒绝招收"。此外,《民办教育促进法》第33条明确规定,民办学校的受教育者在升学以及就业等方面,应享有与同级同类公办学校的受教育者同等权利。

（2）教育管理与惩戒。虽然我国《教育法》没有对学校惩罚技术做具体规定，但其第28条还是把学校的奖惩权力外化为学校权利的形式规定了下来，规定学校有"对受教育者进行学籍管理、实施奖励和处分"的权利。① 但与此同时，这一权利亦受到《教师法》、《义务教育法》等相关法律条款的制约。例如，《义务教育法》第27条、《未成年人保护法》第14条即明确规定："对违反学校管理制度的学生，学校应当予以批评教育，不得开除"；第29条规定："教师应当尊重学生的人格，不得歧视学生，不得对学生实施体罚、变相体罚或者其他侮辱人格尊严的行为"。《教师法》第37条则更是从"法律责任"维度，规定了教师若体罚、侮辱学生将会承担何种不利法律后果。此外，从总体上看，当前我国对学生具体惩戒方式的规定，主要是体现在教育部所颁布的规章，尤其是有关学籍管理的规范性文件中。② 通常而言，其所规定惩戒的种类主要包括警告、严重警告、记过、留校察看、勒令退学和开除学籍等。

（3）学历（位）证书发放与授予。根据《教育法》第42条第3款规定，受教育者享有获得学习成功的权利，即"在学业成绩和品行上获得公正评价，完成规定的学业后获得相应的学业证书、学位证书。"以上述教育基本法为规范依据，其他各专项教育法对此问题进行了更加详细具体的规定。例如，在学历证书发放问题上，《高等教育法》第20与21条、《职业教育法》第25条第1款、《义务教育法实施细则》第15条分别规定了各类受教育者，包括接受学历或非学历高等教育的学生和自考生、接受职业学校教育或职业培训的学生，以及接受义务教育的儿童和少年，申请或领取学历证书、结业证书、培训证书，以及其他学业证书的原则性要求或条件。在学位证书授予

---

① 参见仲建维《学生权利论》，华东师范大学出版社2008年版，第114页。
② 这类规范性文件主要包括：1983年《全日制普通高等学校学生学籍管理办法》、1984年《关于高中生建立学生档案的暂行规定》、1990年《技工学校学生学籍管理规定》、1992年《职业高级中学学生学籍管理暂行规定》、1995年《研究生学籍管理规定》、1996年《小学管理章程》等。

方面,《学位条例》作为规定我国学位制度的基本法,其第 2 条明确规定:凡是"拥护中国共产党领导、拥护社会主义制度,具有一定学术水平的公民",都有关依照规定的条件获得相应的学位证书。此外,对获得学位证书的实体条件和程序作具体规定的还有《教育法》第 22 条、《高等教育法》第 22 条、《高等教育自学考试暂行条例》第 26 条以及《〈学位条例〉暂行实施办法》等法律规范。

第三,受义务教育者与监护人的权利义务关系。虽然我国《宪法》受教育权规定中没有对亲权人(包括父母或其他监护人)的权利进行明确规定,但正如学者林来梵教授等所言:"从宪法理论上说,未成年人的亲权人既拥有对他们施予教育的自由,亦负有让他们接受教育的义务,后者也可理解为构成宪法第 46 条第 1 款中所言的受教育义务。"[①] 以此为依据,在法律层面,我国多项教育法规范明确规定亲权人有义务保障其适龄子女或其他被监护人接受并完成义务教育,同时为他们接受教育提供必要条件。具体来说,《教育法》第 18 条第 3 款明确规定:"适龄儿童、少年的父母或其他监护人以及有关社会组织和个人有义务使适龄儿童、少年接受并完成规定年限的义务教育。"第 49 条第 1 款规定:"未成年人的父母或者其他监护人应当为其未成年子女或者其他被监护人受教育提供必要条件。"此外,《义务教育法》第 5 条第 2 款、第 11 条,以及《未成年人保护法》第 13 条也作了类似性规定。从上述条款所明确规定的"有义务"、"应当"等语词语义来看,正如学者周赟博士所言,"在立法文本中,凡是以'应当'引导的内容,都意味着有关要求不可以被违反,否则将为法律所不允许或径直带来法律上的制裁。"[②] 质言之,上述条款中的"有义务"、"应当"等语词,其乃系作为一种"指引要求",进而表征立法者在此问题上的价值判断和价值期许,即适龄儿童、少年的监护人负有依法保证其按时入学,接受并完成义务教育的义务。若上述监护人违背了此种受教育保护义务,那么其行为即构成对其子女或被监护人受教育权的侵犯。

[①] 韩大元等:《宪法学专题研究》,中国人民大学出版社 2004 年版,第 383 页。
[②] 周赟:《立法用规范词研究》,法律出版社 2011 年版,第 41 页。

二 上述国家受教育权立法履行状况的比较

（一）立法依据之比较：以宪法文本为中心

由于上述国家关于受教育权具体立法的根源，都系基于其宪法上存在相应的"宪法委托"之规定。而根据前文所述，宪法委托乃可以分为不同之类型，通常不同类型的宪法委托对于国家所科以的立法保护义务亦存在差异。为全面厘清上述国家受教育权具体立法的异同及其深层次原因，我们认为有必要对其立法的宪法依据进行先行比较。具体来说，以上国家或地区关于受教育权的立宪规定如表4.1所示：

表4.1　　　　　　　　三国受教育权宪法规定

国家	受教育权立宪规定
日本	第26条　全体国民按照法律的规定，依照其能力都有平等受教育的权利。全体国民按照法律的规定，都有使其保护的子女接受普通教育的义务。义务教育为免费。
德国	《基本法》第7条　学校教育 (1)国家对全部学校教育事业予以监督。 (2)教育权人对于子女是否接受宗教教育享有决定权。 (3)除与宗教无关的学校外，公立学校的宗教教育是一门正式课程。在不违背国家监督权的情况下，宗教课程根据宗教团体的有关原则进行。不得违反教师的意愿分派宗教课程。 (4)保障开设私立学校的权利。开设私立学校以代替公立学校需取得国家批准并应遵守各州法律。私立学校的教学目的、教学设备和师资水平不低于公立学校且不鼓励根据父母财产情况区别对待学生的，给予批准。教师的经济和法律地位未得以充分保障的，不予批准。 (5)私立国民学校的教学计划针对特别教育利益的，或国民学校作为综合学校、宗教学校或培养特定世界观的学校，应教育人的申请要求开办而当地又无此类公立学校的，方可允许开办私立国民学校。 (6)中学预备学校仍不得开办。 第20条第1款　德意志联邦共和国是民主的和社会的联邦制国家。 第28条第1款　各州宪法制度须符合本基本法规定的共和、民主、社会国和法治国家原则。
中国	第19条　国家发展社会主义的教育事业，提高全国人民的科学文化水平。 国家举办各种学校，普及初等义务教育，发展中等教育、职业教育和高等教育，并且发展学前教育。 国家发展各种教育设施，扫除文盲，对工人、农民、国家工作人员和其他劳动者进行政治、文化、科学、技术、业务的教育，鼓励自学成才。 国家鼓励集体经济组织、国家企业事业组织和其他社会力量依照法律规定举办各种教育事业。 第46条第1款　中华人民共和国公民有受教育的权利和义务。

根据上表所示，可以发现虽然上述国家宪法均就受教育权问题进行明确规定，但是其立宪形式和内容方面确存在诸多差异。

首先，德国《基本法》第7条虽然就"学校教育"问题进行了详细规定，但总体而言该条文所规定的主要系作为自由权的受教育权内容，对于作为社会权的受教育权则多是需要从第20和28条所规定的"社会国"原则，以及上述第7条中推导出来。而根据前文所述，虽然"社会国"原则乃一项具有约束力的宪法训令，但"其本身并不能推导出具体的国家任务"①，由此可以推论，虽然德国国家基于"社会国"原则应当负有社会立法的义务，但至于其如何立法则完全依赖于其国家立法机关的自身判断。与德国相异，日本宪法关于受教育权的规定乃属于明确的"立法委托"；而中国大陆和台湾地区关于受教育权的立宪规定，虽然其诸多内容都是属于宪法训令范畴，但显然与德国不同的是，其所指向的国家义务内容多是比较详细的。

其次，在"宪法委托"内容方面。在日本，其宪法所规定的受教育权"宪法委托"义务主要包括：（1）规定受教育权平等保护，（2）规定父母保证子女接受普遍教育的义务。在德国，除上述"社会国"原则所映射的抽象保护义务外，其《基本法》第7条所涉受教育权立法保护义务还主要包括：（1）对全部学校教育事业予以监督，（2）保障开设私立学校，等。我国除宪法第46条以"权利形式"概括设定了国家对受教育权的保护义务外，其19条涉及了如下"宪法委托"义务：（1）发展各种教育形式；（2）发展各类教育设施；（3）鼓励举办各种教育事业；等。

（二）具体立法义务履行的比较分析

1. 立法履行的结构体系比较

虽然上述国家宪法所规定的受教育权，均是以"宪法委托"形式表现出来的，但若进一步对其加以分类，则可发现上述受教育权立宪规定，除日本表现为"立法委托"之外，其余国家都是以"宪法训令"形式加以规定的。而根据前文所述，宪法训令所具有的拘束力，不仅体现为约束立法者，同时也拘束行政和司法机关。也正因为此，

---

① ［德］乌茨·施利斯基：《经济公法》，喻文光译，法律出版社2006年版，第105页。

上述国家在履行受教育权立法义务时，其通常不仅包括制定狭义的法律，同时还包括行政立法在内，甚至在某些国家行政立法比法律制定得更加细致、完善。

具体来说，在日本，其国家对宪法受教育权之立法保护义务的履行，首先乃表现为其制定了《教育基本法》和《学校教育法》等两部基本教育立法。而对于其他各类教育立法，其一般都系采取国会立法和地方立法相结合的方式进行，且其制定则多与国家政策相联系，改废都比较频繁，调整速度也比较快。而除此之外，在教育立法领域，日本对法律保留的要求也不是很严格。

在德国，根据《基本法》规定，在教育领域，德联邦只在制定大学框架法以及职业教育方面享有职权，而其余事项多系属于邦之权限。在德国中小学法中，除涉及家长、学生或教师基本权利之事务系以法律形式规定外，其余事务多是由以行政规则、法规命令等加以调整。所以，从整体上看，德国关于中小学法的法律规定一般都比较简洁，相反行政法规范则相当庞杂。

我国针对宪法第19条第1款所规定的"国家举办各种学校，普及初等义务教育，发展中等教育、职业教育和高等教育，并且发展学前教育"，全国人大及其常委会不仅在法律层面制定了《教育法》、《义务教育法》等分类齐全的教育法规范，同时在上述法律基础上，国务院及其各部门、以及地方各级立法机关还制定了具体的执行性规范。以义务教育为例，在法律层级，全国人大及其常委会制定了《义务教育法》（1986年制定、2006年修正）；在部门规章层级，教育部颁布了《义务教育法实施细则》；此外，在地方层级，还有23个省份以地方性法规形式对义务教育作了规定。

2. 立法内容的比较分析

从总体上看，上述国家通过立法以践行受教育权"宪法委托"义务，在立法内容方面，主要可以表现为形成教育制度，以及设定受教育者与第三方的权利义务关系。若以国家义务视角观之，前者则是立法机关履行制度性保障义务的结果，后者则是其履行狭义保护义务的结果。笔者也是以此为分析原点，进而试图对上述国家所规定的教育立法进行了一个分门别类的比较分析。具体比较结果，如表4.2所示：

表 4.2 三国受教育权立法比较

项目	义务类别	日本	德国	中国
国家的制度性保障义务	教育制度	战后日本建立了"6-3-3-4制"的学校教育体制。其《学校教育法》规定："所谓小学、初级中学、高级中学、大学、盲聋哑学校、养护学校、盲人学校及幼儿园"。日本现行教育制度的原则和特点由宪法和《教育基本法》所决定。	德国教育制度大致可以分为四个领域：幼稚园（基本领域）、小学与中学（初等与中等领域），大学（第三期领域），继续教育（第四期领域）。	我国《教育法》第 2 章第 17 至 24 条规定了各项教育基本制度。具体包括国家实行学前教育、初等教育、中等教育、高等教育的学校教育制度；职业教育制度和成人教育制度；国家教育考试制度；义务教育制度；国家教育督导制度和学业证书和学位证书制度；教育督导制度和学业及其他教育机构教育评估制度。
	受教育机会平等	日本《教育基本法》第 4 条规定："所有国民应平等地依其能力接受教育之机会，不得因人种、信条、性别、社会身份、经济地位、而在教育上有差别待遇。国家及地方公共团体对于有身心障碍者，应施其障碍状况，采取教育上必要之支援措施。国家及地方公共团体，对有能力但因经济上理由求学困难者，采取奖学之措施。"	当前德国履行受教育机会平等，主要存在两种方式：（1）给予受教育者法律上的自由和平等地位。其法律依据包括《基本法》第 2 条第 1 项之人格发展自由，第 3 条第 3 项之平等权，第 12 条之职业选择自由，邦宪法受教育权以及联邦和各邦间之平等法等。（2）建立各种对学生财务之奖励与补助制度。	我国《教育法》第 9 条第 2 项规定："公民不分民族、种族、性别、财产状况、宗教信仰等，依法享有平等的受教育机会。"第 36 条规定："受教育者在入学、升学、就业等方面依法享有平等权利。学校和有关行政部门应当按照国家有关规定，保障女子在入学、升学、就业、授予学位、派出留学等方面享有同男子平等的权利。"《义务教育法》第 12 条规定当地政府应当为异地就学儿童、少年提供平等接受义务教育的条件。
	教育经费	日本对于义务教育之经费系由国库部分负担。其《学校教育法》第 5 条规定："设置学校者管理其设置的学校，除法令有特别规定外，应负担学校的经费。"	德国中小学法和大学法都就教育经费进行了明确规定。其中，前者将公立中小学财务分为人事成本与事务成本。其中，即校内教职人员之经费由主管机关，校外教职人员之任命与命之主支出以及事务成本由国家设立之大学负担。后者则规定其他私立大学公立大学概由邦政府负担，预算编列、会计、审计方式具体依照邦之大学财务办法中。	我国《教育法》第 7 章对"教育投入与条件保障"问题进行了详细规定。其中，国家举办学校教育，其经费来源主要靠于国家的财政投入。对于职业教育，《职业教育法》第 4 章明确规定，国家鼓励通过多重渠道依法筹集发展职业教育的资金。

176

第四章　宪法委托：社会权国家保护义务的立法履行

续表

项目	义务类别	日本	德国	中国
国家的制度性保障义务	学费、以及奖(助)学金制度	日本《教育基本法》第4条第3项规定："国家及地方公共团体，应对有能力但因经济上理由而求学困难者，采取奖学之措施。"《学校教育法》第6条规定："学校可征收学费。但对于在国立或公立小学、初级中学、盲人学校、养护学校、聋哑学校及相当于小学、初级中学校进行义务教育者，不得征收学费。"	德国教育财务补助制度包括学费杂费、教材费、就学交通费、求学奖励四个部分。(1)所有公立中小学皆免学费。其大学学费，根据德国联邦法院判决国各邦除私立大学框架法规定，应采取有条件收费之外。(2)各邦实行方式各异提供免费举措，多数邦教科书多数邦形式作业本、课本或教材之材料皆免费提供。(3)各邦均规定了就学交通费补助办法，其法律依据包括中小学法、专门法、命令等。(4)联邦教育奖励法明确规定根据学生性向、特质、成就等给予中小学和大学就学之奖励。此外，各邦还制定有教育奖助法、生活津贴法等。	我国《教育法》第37条规定："国家、社会对符合入学条件，家庭经济困难的儿童、少年、青年，提供各种形式的资助。"《义务教育法》第2条规定："实施义务教育，不收学费、杂费"，《高等教育法》第54条规定家庭经济困难的学生，可以申请补助或减免学费；第55条规定国家设立奖学金，并鼓励高等学校学生勤工助学，各级各类学校兼优的学生，国家规定的专业的学生；以及到国家规定的地区工作的学生提供帮助。
	教育行政监督	依法治主义原则，国家须依法监督公私立学校。	德国《基本法》第7条第1项规定："国家对全部教育事业予以监督。"由于德国采用联邦制，因而对上述"国家"的理解包含两个层次：(1)根据德国中小学事务的监督权归属于各邦，在范围上包括中小学制之组织、规划、经营、监督的事项等。(2)对幼稚园、大学的监督则主要依赖于联邦。	除上述《教育法》第24条规定国家实行教育督导制度和教育评估制度外，其第9章明确规定了各类教育行政形式法律责任"，行政以及反民事责任的情形。

续表

项目	义务类别	日本	德国	中国
教育国家保护义务	学校（包括老师）与学生间的关系	教导与惩戒	日本《学校教育法》第11条规定："校长及教师，认为教育上必要时，得依监督厅之规定，对于学生、学徒施加以惩戒，但不得加以体罚。"《学徒教育施行规则》第13条更进一步规定：对应儿童之身心发展作惩戒时，必要之考虑。惩戒时，包括小学生（在大学受教育之处分，由校长（在大学包括学部长）行之。盲学校、聋学校及养护学校之在学之学龄儿童及学龄生徒外，得对具有下列情形之一的儿童行以退学：一、认为性行不良而改善无望者；二、无正当理由经常不出席者；三、破坏学校秩序、违反其他学生行为学生及学徒本分者。	德国各邦的明文禁止体罚学生。此外，教育措施和维持教学秩序措施二分，其中后者属于行政处分之范畴，只有后者在执行时有义务遵守法治国原则相关规定。	我国《教育法》第28条规定学校对受教育者享有进行学籍管理，实施奖励和处分的权利。《未成年人保护法》第14条规定："对违反学校管理制度的学生、学校应当予以批评教育，不得开除。"第29条规定："教师应当尊重学生的人格，不得歧视学生、不得体罚、变相体罚或其他侮辱人格尊严的行为"。《教师法》第37条则更是从"法律责任"维度，规定了教师体罚学生将会承担何种不利后果。
		就学与升学	日本《学校教育法》第26和27条、第47和49条、第56条、第67条，分别对小学生和初级中学生、高中生、大学生以及研究生的入学资格、入学以及退学条件等进行了明确规定。	德国各邦宪法或中小学法规定受九年或十年之全天义务教育。本法或州招生中，违反处罚以罚金或处罚，其学生具体的位置分配赖于有关学生位置分配的ZVS（"学生位置分配中心"）以及每年6月2日各邦达成的"国家协议"，以及每年由ZVS发布的"分配规章"。	我国《义务教育法》第12条规定，适龄儿童、少年免试入学，在户籍所在地学校就近入学的权利具有接受地学校应当接收具有接受普通教育能力的残疾儿童、少年随班就读，并为其学习、康复提供帮助；第22条规定，"学校不得分设重点班和非重点班"。在义务教育阶段，《高等教育法》第19条规定了专本科生以及硕博士研究生取得学历资格的基本条件；第9条第3款明确规定："高等学校必须招收符合国家规定的录取标准的残疾学生入学，不得因其残疾而拒绝招收"。《民办教育促进法》第33条明确规定民办学校的受教育者在升学、就业等方面享有与同级同类公办学校的受教育者同等权利。

第四章 宪法委托：社会权国家保护义务的立法履行

续表

项目义务类别		日本	德国	中国
狭义国家保护义务	学历学位证书发放与授予	日本《学校教育法》第63条规定："（1）在大学学习四年以上，并经一定的考试合格者，可称为学士。（2）关于学士事项，由监督厅规定之。"第68条规定："（1）设置研究生院的大学，根据监督厅规定，可授予博士、硕士以及其他学位。（2）关于学位事项，监督厅应向大学设置审议会咨询。"	根据欧洲《博罗尼亚宣言》以及《高等学校总纲法》等立法规定，德国传统之学位结构即"硕士—博士"二级学位制度，现已逐渐发展成为"学士—硕士—博士"三级学位制度。	以《教育法》第42条第3项为规范依据，《高等教育法》第20与21条、《义务教育法实施细则》第25条第1款、《职业教育法》第15条分别规定了各类受教育者申请取得学历证书、结业证书、培训证书或领学业证书的原则性要求或条件以及其他的证书种类。《教育法》第22条、《高等教育法》第22条、《高等教育自学考试暂行条例》和《学位条例》《学位条例暂行实施办法》等对获得学位证书的实体条件和程序作了具体规定。
	学生与亲权人间的关系·家长的教育选择权	在日本，父母等亲权人对其子女是否接受监护人是否享有教育选择权，其在宪法上并未予以明确规定。不过，日本《民法》第820条规定："行使亲权者，享有监护及教育子女之权利，并负该义务。"此外，日本学界亦多认为该监护教育权利亦包括亲权人的教育选择权，只是该项权利在事实上缺乏存在。同时，日本第13条、第23条等教育法规定可以间接解释出上述亲权人的教育选择权。而在"北海道学力测试事件"等判例中，日本最高裁判所亦承认受教育者之亲权人享有上述权利与自由。	根据德国《基本法》第7条第2项规定："教育权人对子女是否接受宗教教育享有决定权。"第6条第2项规定："抚养和教育子女是父母的自然权利，也是父母首要担负的首要义务。"国家机构对他们行为的认定为最后决定权，德国联邦宪事务法院认为子女的亲权，由国家与教育事务共同决定，国家的教育监督权和家长的亲权无轻重之分。此外，家长虽然享有教育选择权，但原则上其仅限于在目前现有学校型态或学区中选择。	我国《宪法》对父母及其他监护人的权利没有规定。但有观点认为父母及其他监护人为被监护人选择接受监护人选择受教育的机构、种类，这种权利在规范的层面上我国不存在。（参见刘连泰《国际人权宪章与我国宪法的比较研究》，法律出版社2006年版，第132页）

179

续表

项目义务类别		日本	德国	中国
狭义国家保护义务	学生与亲权人之间的关系 家长对子女的教育义务	日本宪法第26条第2项规定："全体国民按照法律的规定，都有使其保护的子女接受普通法律的义务。"其《新教育基本法》第5条第1项规定："国民对于其所保护的子女，要根据法律行的义务。"《学校教育法》第16条规定："使用子女者，不得因其使用而妨碍其子女受义务教育。"此外，该法第22条、第39条以及第90条还具体规定了亲权人对子女就读小学校、中学校之义务，及其违反规定所应承担之法律责任。其第23条还规定了对子女有病弱、发育不完全或其他不得已之事由时，可以暂缓或免除其就学义务。	除上述德国《基本法》第6条第2项规定，抚养和教育子女是父母承担的首要义务外。德国多数邦宪法亦就家长的教育义务进行了规定。例如，巴登一符腾堡邦宪法第12条第2项即指出："负有教育责任之主体乃该地区之家长、国家、教会区、乡镇、及其共属之儿童。"	我国《教育法》第18条第3款明确规定："适龄儿童、少年的父母或其他监护人以及有关社会组织和个人有义务使适龄儿童、少年接受并完成规定年限的义务教育。"第49条第1款规定："未成年人的父母或者其他监护人应当为其未成年子女或者被监护人受教育提供必要条件。"此外，《义务教育法》第5条第2款、第11条以及《未成年人保护法》第13条也作了类似性规定。

三　国家履行社会权立法保护义务的总体态势

通过上文的相关分析，可以发现各国在履行社会权立法保护义务时，它们乃存在着一些共同的特征和发展态势。具体来说，

第一，对于在宪法上明确规定社会权的国家，其关于社会权立法保护义务的履行，多是围绕"宪法委托"而展开。同时，根据其宪法委托类型的不同，其国家履行社会权立法保护义务的步骤、方式等也有差异。一般说来，若宪法社会权规定是以宪法训令形式出现，则国家立法者通常拥有更加广泛的自主裁量空间，并且在具体立法过程中，其亦较少受到法律保留原则的约束。

第二，如何理解社会权领域的"法律保留原则"，乃是国家履行社会权"宪法委托"义务的重要议题。通常认为，"就给付行政而言，并无普遍的法律保留存在，而是当预定之给付导致给付受领者之重大依赖、导致第三人受具体损害，或形成引起重大财经后果之新给付体系时，要求防止违宪之特别法律保留"。[①] 具体来说，在宪法社会权条款中明确规定"以法律规定"的法律保留原则，事实上乃包括"国家立法机关排他性地以狭义法律规定"和"可以通过法律授权以行政立法形式规定"两种方式。对于上述两种法律保留方式，它们乃分别与上文所述的"加强型"立法委托，以及"授权型"立法委托形成对应。从新近各国社会权立法的整体状况来看，正如德国学者阿斯曼所言："在现代立法国的现实当中，一方面从国会保留及干预权限，另一方面由行政之自我范围导出立法指示的行政原貌。"[②] 除上述"加强型"立法委托之外，各国对于社会权之"授权性立法委托"规范多是采取了如下策略，即坚持"重大性理论"，以及"授权明确性原则"。所谓"重大性理论"，它主要可以从以下两个角度加以阐述：（1）"立法机关不得随意授权行政机关对涉及基本权利的事项作出规

---

① ［德］施密特·阿斯曼：《秩序理念下的行政法体系建构》，林明锵等译，北京大学出版社2012年版，第180页。

② ［德］施密特·阿斯曼：《秩序理念下的行政法体系建构》，林明锵等译，北京大学出版社2012年版，第188页。

定,对涉及基本权利的重大事项必须由法律予以保留";(2)"只有那些涉及基本权利的'重大事项'必须制定法律,而一般性的涉及基本权利的事项可由立法机关授权行政机关制定行政法规。"① 在坚持上述"重大性理论"的前提下,国家立法机关通常可以授权行政机关制定行政法规、规章等行政规范性法律文件,但其授权内容、目的以及范围等必须明确具体,被授权机关在制定上述行政立法时,亦必须恪守其立法权限范围和限度,不得越权立法。

第三,社会权的立法进程深受其国内政策局势的影响。从世界范围来看,社会权立宪的一个显著特点,即在于不少规定都是置于宪法基本国策或总纲部分。通常认为,此种立宪形式虽然也具有宪法委托的效力,但总体而言,其纲领性属性应当是更为明显。也正是因为此,各国的国家政策走向,对社会权立法可谓影响深远。作为例证,在战后日本,由于自民党的长期一党执政,"从教育委员会的选举方法到教科书和整个学制都明显地带有自民党长期保守统治的痕迹。"② 在美国,虽然其宪法没有明确规定社会权内容,但在每次的政治选举中,不论是议员选举还是总统选举,有关福利开支和政策的事项都是他们辩论的重点问题。通常上台的政要的社会福利观念都会对整个国家的社会福利立法产生重大影响。

第四,各国社会权立法总体上都呈现出一种"金字塔"结构。以上文所探讨的受教育权立法为例,各国立法机关在践行宪法受教育权时,通常都是首先制定一个教育基本法,然后以此为依据分门别类制定各专项性教育法律。在此基础上,各行政立法机关再根据情况制定具体的执行性行政法规范,如行政法规、部门规章、地方性法规和规章等。一般认为,上述立法规范在效力上乃呈现递减之趋势,而数量上则呈现出上升趋势。

---

① 参见张翔《基本权利的规范建构》,高等教育出版社 2008 年版,第 68 页。
② 许建美、单中惠:《论影响日本教育政策的因素》,《清华大学教育研究》2002 年第 6 期。

第三节　立法不作为：国家对社会权宪法委托义务之消极怠惰

所谓立法不作为，有学者也将其称之为"立法怠惰"，它主要是指"宪法秩序赋予了立法部门某些职权，使立法部门就某些特定事物领域具有行使职权的权限，因此，职权上具有作为的可能与义务，只是立法部门并未以宪法秩序的意旨而履行的法现象。"[①] 通常而言，认定立法不作为必须同时满足以下条件：（1）国家立法机关依据宪法负有立法义务；（2）该立法机关对于此项立法义务消极怠惰不予履行，并且该不履行乃经历了一个合理期间。在具体的宪制实践中，各国对立法不作为的处理方式，基于其国家制度安排的不同，通常存在着很大差异。具体来说，在英美法系，由于其国家所设定的司法机制，即使不存在相应的法律规定，其亦可以通过司法判例为社会法律关系提供确定且可预见的"代立法作用"，因而其很少会探讨有关于立法不作为问题。而对于大陆法系国家，诸如德国、日本、韩国等，由于其通常并不存在如英美法系那般司法机制，因而其现实中对立法不作为的问题则比较重视。下文笔者将主要以我国为视角进行分析。

一　行政立法不作为：国家对社会权立法怠惰的主要领域

根据前文所述，国家对社会权之所以负有立法保护义务，主要是基于其规范所蕴含的宪法委托要求，而这亦恰好构成立法不作为的前提性要件。对于此一前提性要件，通常认为基于宪法委托类型化的差异，其对于是否会导致立法不作为违宪具有重要的参考价值。因为，宪法委托可以分为立法委托和宪法训令两种类型。其中，对于作为宪法训令的宪法社会权条款而言，虽然国家立法机关也对其负有立法保护义务，但其更多地乃是表现为一种国家政策导向，除非此种导向因

[①] ［日］笹田荣司：《西德立法不作为理论之展开》，转引自杨福忠《立法不作为问题研究》，知识产权出版社2008年版，第25页。

为国家情势的变迁而变得刻不容缓，否则立法机关可以自行决定立法时间而不受其他任何限制。一言概之，在此种情形下，通常并不会产生立法不作为的问题。而对于以立法委托形式存在的宪法社会权条款，虽然其对国家立法机关科以了较刚性的立法保护义务，但在现实中，其亦很少情况会出现立法不作为的现象。因为，宪法的相关规定通常都比较抽象，此时只要国家立法机关能够原则性地制定一部法律规范，那么立法不作为也会瞬间成为泡影。以我国宪法为例，虽然我国社会权保障水平和力度等都还存在很大的发展空间，但其并不存在立法不作为的现象。究其根源，其实答案非常简单，那就是立法机关的稍有作为即可满足宪法本身所蕴含的巨大弹性空间。

那么我们不禁要问既然在现实中很少情形会出现社会权立法不作为现象，那是否还有继续探讨的必要。对此，我们认为答案无疑是肯定的。因为，从各国社会权实践来看，社会权立法不作为问题通常并不在于法律层次。对于大多数国家而言，基于宪法委托之要求，其立法机关都在其领域内制定有保障社会权的基本性法律。但通常而言，这些基本性法律并不能完全起到甚至只能起到少许实际直接保护社会权的效果。究其根源，即在于上述基本性法律规范本身即具有很强的抽象性。质言之，基于社会情势的复杂变化，其通常系选择将更具体的规定委任给下一层级的立法机关，主要表现为行政立法机关制定相应的实施细则。而问题亦恰好在此，即在各国具体实践中，社会权保障的立法缺位多是基于上述行政立法机关的作为导致的。也正是因为此，笔者认为对社会权立法不作为的探讨，应主要集中到行政立法不作为上。

二 社会权行政立法不作为的评判标准

随着社会福利国家的兴起，行政立法作为广义立法的重要组成部分已经获得了社会各界的普遍承认。从类型上看，行政立法可以分为职权立法和授权立法两种类型，但对于职权立法的正当性问题学界一直存在争议。其中，持否定意见的学者多认为，职权立法"不仅违反权力分立原则造成行政权的过度膨胀，而且将使立法者制定法律的职责萎缩。"① 从世界范围来看，英美法系国家和大陆法系的德国通常都不承认职权立法类型，而我国（包括台湾地区）、法国、日本等国家虽然还存在行政职权立法现象，但也基本上都予以了严格控制。也正是基于如上考虑，在本书笔者将视线主要集中在授权立法之不作为维度。

（一）社会权授权行政立法的分类

正如美国学者肯尼思·F. 沃伦在谈及行政授权立法时所言："广泛的授权得到法院的支持不是因为它们在技术上是合乎宪法的，而是因为实际的或正当的统治需给予行政管制者如此广泛的授权。"② 从整个社会权立法进程来看，虽然绝大多数国家通常都会制定一些框架性的基础性法律，但因社会权保障所涉情势之复杂，其很多情形下又会授权制定行政立法。

通常各国关于授权立法的分类及确定标准等问题容有不同规定。例如，在德国，其行政机关除享有继受的立法权之外，其本身并不存在任何固定的立法权力。在通常情形下，"行政机关能够行使的立法权力只能由立法机关委托；或为极其有限之目的例外地由立法机关授予的权力，或根据基本法所采取的临时措施性质的立法权力。"③ 相对于其他国家而言，德国在设定立法权时的一个显著的特点即在于，它不仅没有将一切立法权力明确地赋予立法机关，反而明确规定立法机关可以将其立法职权委托给行政机关行使。具体来说，根据德国《基本法》第80条第1款规定，德国联邦政府、联邦部长以及州政府可享有制定行政法规的权力，但前提是其必须有法律的授权，且其授权的内容、目的和范围必须明确。④ "如法律规定此项授权可以再予以授

---

① 陈新民：《中国行政法学原理》，中国政法大学出版社2002年版，第124页。
② ［美］肯尼思·F. 沃伦：《政治体制中的行政法》，王丛虎等译，中国人民大学出版社2005年版，第97页。
③ ［印度］M. P. 赛夫：《德国行政法——普通法的分析》，周伟译，山东人民出版社2006年版，第37页。
④ 根据德国联邦宪法法院的相关判例总结，此处的"内容"是指条例的主题（Subject matter）；"目的"是指立法机关通过该条例欲实现的计划；"范围"是指条例所及的限度或程度。参见［印度］M. P. 赛夫《德国行政法——普通法的分析》，周伟译，山东人民出版社2006年版，第40、41页。

权的,则此项授权的再授权须由行政法规规定"。而这恰好与上文所述德国教育立法大多以行政法规为主形成了印证。

在日本,授权行政立法可以分为"委任命令"和"执行命令"两种。其中,前者意指"依据法律的委任,由行政机关制定的、创设私人的新的权利义务的法规命令"。通常认为,委任命令不允许所谓的"白纸委任",即其委任的前提条件是必须要有法律的个别的、具体的授权才行,并且授权的内容、目的、范围和程度等都必须明确具体。被委任的行政机关在履行具体的委任立法过程中,绝不能超出委任的范围。而对于后者,它主要是指"为了执行上位法,将上位法所规定的私人的权利义务加以详细说明的法规命令,或者,为了实现上位法所规定的私人的权利义务而明确其程序的法规命令。"① 在通常情形下,"执行命令"比"委任命令"拥有更广泛的裁量形成空间,在现实中,容易造成立法不作为的主要系"委任命令"。

在美国,虽然其一直被奉为系实行"三权分立"最严格的国家,但自联邦政府成立以来,其国会即没有放弃通过法律授权行政机关行使立法权力。总体说来,目前美国的委任立法主要包括联邦委任立法和州委任立法两个面向。总体说来,它们都承认委任立法对于现代行政的必要性,但在授权的标准上却存在着较大的差异。其中,对于前者,美国最高法院通常认为其必须以某种"可理解的原则"作为基础限制权力的行使,而根据学者王名扬教授的解释,"可以理解的原则和空洞的标准实际上没有什么不同,而且比标准所包括的范围更广。"② 而对于后者,除纽约等少数州外,大部分州都是采取严格的立法权力委任观点,即其认为委任立法必须包含"明确的标准"以限制行政机关行使立法权力。

在我国,以授权依据为区分标准,授权立法大致可以分为专门授权和一般授权立法。具体来说,专门授权立法主要表现为"试验性立法",它主要系以《立法法》作为其规范依据,即全国人大及其常委

---

① 参见吴东镐、徐炳煊《日本行政法》,中国政法大学出版社2011年版,第88页。
② 王名扬:《美国行政法》,中国法制出版社2005年版,第301页。

会有权授权国务院根据实际需要制定行政法规。"在社会关系未定型、制定法律的条件尚不成熟的情况下，某些应以法律形式规定的事项，可以先由行政机关通过行政立法的形式加以规定，进行试验总结，等待条件成熟再由法律正式加以规定。"① 而一般授权立法，其通常又可以分为执行性授权立法和补充性授权立法两种。其中，前者主要包括授权制定实施细则、具体办法、具体标准等；而后者则主要是依授权对法律、法规所未能规定的特殊情况予以补充。

从上述国家授权立法的规定来看，虽然其存在某些差异性特征，但亦至少存在如下共同特征：第一，为回应现代行政的多元化需求，各国对授权行政立法一般都持肯定态度。第二，在通常情形下，授权立法必须满足授权明确性要求，即授权目的、内容、范围等必须明确；第三，授权立法在种类上，主要可以分为创设性行政立法和执行性行政立法、试验性行政立法等。

从各国社会权所涉授权行政立法规定来看，最可能涉及立法不作为的乃是创设性或执行性授权立法。在我国，尤其表现在配套性授权立法中。② 在授权对象上，仅以2006年《义务教育法》为例，其即可分为以下多种类型：（1）对国务院予以授权。例如，其第44条第33款规定："义务教育经费保障的具体办法由国务院规定。"（2）对国务院各部门予以授权。例如其第39条第1款规定："教科书的审定办法由国务院教育行政部门规定。"（3）对地方各级人民政府予以授权。例如，其第12条地方有义务为适龄儿童、少年提供平等义务教育的条件，"具体办法由省、自治区、直辖市规定。"此处的"规定"，应当包括制定地方性法规或规章。而除此之外，在上述第一级授权立法的基础上，其还可能存在第二级授权，例如，1992年国务院《义务教育法实施细则》第10条第2款规定："省级人民政府应当制定义务教育实施细则，规定实施义务教育的目标、

---

① ［日］上拂耕生：《行政立法与法治行政原理》，《行政法学研究》2001年第3期。
② 关于配套性立法的基本论述，可参见王压非《配套立法辨析》，《郑州大学学报》2012年第6期；汤晨：《我国配套立法及其监督机制研究》，硕士学位论文，上海交通大学，2010年。

完成规划期限和措施等。设区的市级或县级人民政府应当根据省级人民政府的规划制定实施义务教育的具体方案。"

(二) 社会权授权行政立法不作为之判定程式

以上述立法不作为成立要件为基础，判断是否属于社会权授权行政立法不作为主要可以分为下述几步：

首先，看行政立法机关是否具有相应的立法责任和义务。若以我国授权行政立法为例，我们认为其授权设定方式主要包括以下两种：(1) 全国人大及其常委会的特别授权。所谓特别授权，也有学者将其称为概括授权，它主要是指由全国人大及其常委会对国务院，以及经济特区人民政府所设定的概括性行政立法授权。比如，1983年其授权国务院对《关于工人退休退职暂行办法》，以及《关于安置老弱病残干部暂行办法》的部分规定做必须修改和补充即属此例。(2) 法条授权。比如，上文所述的《义务教育法》第12条、第39条，以及第44条等都属于此种情形。通常此种情形都比较容易辨认。

此外，还有部分学者认为上述设定方式还应当包括"法律文本默示授权"，即"法律文本虽然没有明示授予行政立法权，但是，从特殊的条文里可以推断出实际存在行政立法授权。"[①] 例如，某法律条文规定，"……但是，法律、行政法规另有规定的，依照其规定"。对于此种授权模式，笔者认为既然没有授权裁量的明文，就不应当以裁量来对待它。

其次，被授权行政立法机关是否拥有相应的立法能力。在解决被授权立法机关负有行政立法义务的基础上，如果要认定该行政立法机关不作为，首先必须证明是具有相应的立法能力。在现代行政社会，由于社会权所涉社会关系通常比较复杂，且其经常涉及资源分配等专业性很强的问题，所以并不是所有的行政立法机关都拥有相关方面的立法能力。因而，如果一旦能够认定被授权行政立法机关不具备相应的立法义务履行能力，则即可立即证明其构成行政立法不作为。通常而言，不可抗力、不确定的政策情势，以及官僚制度、立法程序等都

---

① 于立深：《行政立法不作为研究》，《法制与社会发展》2011年第2期。

可以构成其抗辩的正当性理由。当然，在具体实践中，被授权行政立法机关若以此理由进行抗辩，则其必须负相应的举证责任。

再次，在同时满足上述两项条件时，若被授权行政立法机关在合理时间内仍未能制定相应之立法，则可认定其构成行政立法不作为。在此一步骤中，需要论述的核心问题即在于如何确定"合理时间"的界限。就目前来看，虽然学界对此进行了较多的探讨，但由于所涉问题本身的复杂性，其亦很难提出统一性意见。或许，正是因为此，不少学者认为，对合理期间程度的判断，有必要对个别的事例个别地进行检讨，不应划一地以同一时间程度作为基准。对于此种观点，笔者也较为认同，但在具体操作中，日本学界所总结出的几点应当考虑的因素非常值得参考，它们分别是：（1）明确立法不作为的初始时间；（2）在判断期间是否已经过时，须同时考虑立法必要性强度及立法难易程度等客观情况，以及立法机关之努力程度等主观情况；（3）在判断是否属合理期限时，优先适用"警告判决"，给立法机关一次在近期自己解决立法问题的机会；（4）在通常情况下，合理期间的最长期限自立法不作为违宪状态开始之日起，最多不能超过5年。①

总而言之，在具体认定社会权授权行政立法不作为问题时，必须结合具体案例具体分析，只有同时满足上述三项条件时，才能认定其构成立法不作为。同时，必须指出的是，由于社会权立法本身即具有很大的复杂性、专业性，因而除非非常必须或明显，否则对其予以不作为认定都宜慎重。

三 问责制：社会权授权行政立法不作为之控制

根据前文所述，要想证成社会权授权行政立法不作为，其必须满足的一个条件是行政立法机关必须具有履行授权立法的能力。在具备此种权力能力的基础上，上述行政立法主体是否立法毫无疑问会受到一定动机的支配，通常学界将这种动机称之为"决策者的动机"。根据美国学者R. 肯特·韦弗（R. Kent Weaver）的研究，这种动机虽然

---

① 参见毕雁英《行政立法不作为责任研究》，《法学杂志》2010年第8期。

可以表现为追求好评、追求合理性政策和回避责难，但与前两项相比，决策者通常都会更优先考虑回避责任。因为"决策者通常并不是追求好评最大化而是追求责难最小化的人。"① 也正是因为此，对社会权行政立法不作为予以控制，须重点需要解决的问题即在于如何利用上述"回避责难动机"以激励被授权立法主体积极主动立法。

对此具体的解决方案，我们认为应当加大对立法不作为的责任追究，进而将上述立法者的"回避责难动机"统一到追求好评上来。具体来说，这种责任追究机制的设计，可通过行政问责制度而展开。根据学界的通常理解，所谓问责制度，即是指对政府及其官员的一切行为和后果都必须而且能够追究责任的制度。② 具体来说，在社会权行政立法不作为领域，实行行政问责制度应当通过追究政治责任、法律或行政责任两条路径进行。

第一，追究政治责任。政府及其官员承担政治责任，乃是民主政治发展的必然要求。在授权行政立法不作为中，引入政治责任追究有利于被授权行政立法主体及其领导人能够更好地树立责任意识，并以实际行动回避被政治追究之责难。以我国为例，在授权行政立法领域，若被授权行政主体及其领导人消极懈怠、恶意叫停行政立法制定，并给国家、社会以及公民权益造成重大损失，则立法授权机关可以建议被授权行政立法主体的同级人大及其常委会就此问题展开特定问题调查、询问或质询等。一旦证实上述领导人员确实负有重大懈怠责任，则可对其作出免职或撤职，或要求其引咎辞职等。

第二，追究法律或行政责任。在行政立法活动中，对负责实施立法行为的行政机构及其工作人员，如果通过审查证实上述立法不作为系因其主观故意或疏忽过失造成的，则主管行政机关应当根据其过错程度，分别作出不同的处理决定，例如，如果情节较轻微，则可以采取取消其当年的评优、评先资格，向社会公开道歉、消除影响等补救

---

① R. Kent Weaver, The Politics of Blame Avoidance, Journal of Public Policy, 转引自杨福忠《立法不作为问题研究》，知识产权出版社 2008 年版，第 103 页。
② 参见田科瑞《盘点官员问责制：并非一问就灵，要完善需法制保障》，载《北京日报》2005 年 4 月 4 日。

行为；如果较重，已经符合法律所规定的行政处分或刑事责任条件，则坚决对其分别予以追究行政和刑事法律责任。

除通过上述强责任的形式刺激相关责任人员认真履行被授权行政立法之外，对于因立法不作为而导致公民社会权具体受到侵害的，公民则可以向人民法院提起诉讼，在有条件的国家或地区，其还可以直接提起宪法诉讼以救济自己的权利。对此，笔者将在第五章予以详细论述。

第五章　可诉性：社会权国家保护义务的司法实施

第一节　司法义务：社会权可诉性的理论证成

一　人权的可诉性概念释义

"可诉性"，在英语中通常被表达为"justifiability"① 或"judiciablity"，有时亦采用"suability"或"actionability"等语词。从当前国内外对"可诉性"概念的使用来看，其内涵"不仅在不同语境中是不同的，而且其内容还随着时间的变化而变化。"② 通常说来，界定"可诉性"概念内涵，可以从两个层面、两个维度加以进行。

首先，两个层面分别系指国内法层面以及国际法层面。其中，狭义的"可诉性"概念通常系被限定在前者即国内法层面，其基本内涵主要系指某一事项或规范可以被司法机关进行裁判。例如，学者 Kitty Arambulo 认为，其即是指"权利应受法院或准司法机构审查的能力。当法官能够在具体案件中考虑权利并据此作出进一步判决，即可说该

---

① 关于"justiciability"一词，我国也有学者将其译为"可司法性"、"可审判性"以及"可受法院审判性"等，但多数学者仍是将其译为"可诉性"。其中，还有学者明确指出"可诉性"和"可审判性"乃系两个不同概念，它们虽然都含有请求救济的意思，但救济的途径却存在诸多差别，例如前者包括司法和非司法两种途径，而后者则只包括司法救济途径。详细可参见孙萌《经济、社会和文化权利的可诉性——标准与实践》，知识产权出版社 2010 年版，第 15 页。

② Craig Scott & Patrick Macklem, "Constitutional Ropes of Sand or Justiciable Guarantees? Social Rights in a New South African Constitution", 141 *U. Pa. L. Rev.* 1, 17 (1992).

权利是可诉的。"① 在此基础之上，还有学者，如 Craig Scott、Patrick Macklemd 等，认为此一狭义可诉性概念，除将审查裁决者限定在国家司法机关之外，其还应当涉及法院受理诉讼的条件，以及裁决能力等问题。例如，他们在论述南非新宪法之社会权可诉性问题时，曾明确指出"可诉性是指司法裁判某人的权利是否遭受侵害的能力，或者是指司法裁决国家是否履行宪法规定的尊重、保护或实现个人权利的义务的能力。"②

在国际法层面，可诉性概念的使用通常系采广义。即所谓广义可诉性，即是指"将权利交由第三方裁决"。此处的"第三方"不仅应当包括法院，同时更重要的还包括国际准司法机构在内。在通常情形下，这些国际准司法机构乃是由独立专家组成的条约机构，如联合国人权事务委员会、消除种族歧视委员会等，它们有权受理并裁决个人或集体因权力受到侵害而提起的申诉（complaints）或来文（communications）。而关于上述"裁决"之含义，一般认为其不仅包含了对抗制的含义，同时还包含审问制的含义。其中，"前者是指两造制度下的司法程序，后者是针对案件事实加以审查和评价的审查程序。"③

其次，两个维度分别是指审查裁决者维度以及权利人维度。其中，以前者为基础对可诉性加以定义的学者多认为，可诉性即意味着由"司法机关判定一个人的权利是否被侵犯或国家是否履行宪法规定的尊重、保护和实现人的权利的义务……"④ 从目前学界关于可诉性含义的界定来看，多数学者都系以该维度基础的。作为例证，上述两个层次的可诉性界分，其主要差异即是以审查裁决主体为区分标准

---

① Kitty Arambulo, "Giving meaning to Economic, Social and Cultural Rights: A Continuing Struggle", *Human Rights and Human Welfare* (2003), Vol. 3, p. 114.

② See Craig Scott & Patrick Macklem, "Constitutional Ropes of Sand or Justiciable Guarantees? Social Rights in a New South African Constitution", 141 *U. Pa. L. Rev.* 1, 17 (1992).

③ Ralph Beddard & Dilys M. Hill, *Economic, Social and Cultural Rights Progress and Achievement*, Macmillan Academic and Professional LTD, p. 17.

④ See Craig Scott & Patrick Macklem, "Constitutional Ropes of Sand or Justiciable Guarantees? Social Rights in a New South African Constitution", 141 *U. Pa. L. Rev.* 1, 17 (1992).

的。其中,狭义可诉性将审查裁决主体仅限定在法院,而广义可诉性则将其扩展至包括国际准司法机构,如联合国人权事务委员会、消除种族歧视委员会等在内。除上述之外,亦有学者从权利人维度对可诉性加以界定。例如,学者IIan Wall即认为,"可诉性是个人起诉国家违背其义务的能力。"[①]

虽然广义的人权可诉性概念已经在国际社会获得了广泛支持和认可,但不可否定司法主义仍是其最基础、最核心、最关键的部分。在本书,由于笔者所欲探讨的社会权国家保护义务主要体现在国内法范畴,因而对于人权可诉性的理解亦主要限定在狭义范围之内。在具体界定狭义可诉性概念时,我们认为仍有必要同时兼顾权利人维度,以及审查裁决者维度两个方面的内容。具体来说,所谓人权的狭义可诉性,它既是指人权受侵者请求救济的资格及能力,又是指法院行使权力争议裁决的能力与权力。对于以上两者之间的逻辑关联性,由于可诉性理论的根本目的乃在于对人权内容的切实保护,因而在对其概念进行界定时,首先必须从权利主体及其应受保护的利益出发加以分析,其次才是由此引申出法院在保护上述权利方面的义务和责任。换句话说,法院在此所应承担的司法保护义务,归根结底乃是由人权所涵摄的利益需求——救济请求权所决定的。

二 国际社会关于社会权可诉性的主要论争

虽然曾有部分国际人权学者指出,社会权可否"在法院予以审判的'理论上的墨守法规的争论',都是'目标以外'的事情,因为关键问题是有效保护讨论中的权利,不管是通过法院还是通过其他机制。"[②] 但在具体的国内人权实践环节,多数学者仍致力于证明"要实现对经济和社会权利的权利承诺,就必须认真对待经济和社会权利保障的有效性问题,而要解决此问题,最重要的就是解决它们在法律

[①] See IIan Wall, "The Aspirational Nature of Economic, Social and Cultural Rights", *C. O. L. R. V.* (2004).

[②] M. 谢宁:《作为法律权利的经济和社会权利》,载[挪威]艾德等《经济、社会和文化的权利》,中国社会科学出版社2003年版,第51页。

第五章 可诉性：社会权国家保护义务的司法实施

上的可诉性问题。"① 笔者亦不例外。

在当代国际人权可诉性理论中，有关社会权可诉性的争议，自20世纪50年代国际人权公约起草开始即从没有消停过。虽有学者曾明确指出，社会权的可诉性是社会权发展的必然结果，否定社会权的可诉性，乃是自由主义权利观念的傲慢与偏见在新世纪的具体表现。② 但自上述两国际公约制定之初，国际人权领域确实即存在着如下根深蒂固之观念，即《公民和政治权利公约》与《经社文权利公约》所欲涵盖的权利内容以及其国家义务性质具有本质性区别。质言之，与前者相比，后者多被认为其只是一种相对次要且不可诉的道德权利宣言。而即使是在新近，亦仍有不少国家或学者对社会权可诉性持否定意见。以美国学者凯斯·桑斯坦（Cass R. Sunstein）为例，其即认为"一个创制了积极权利的宪法不太可能通过司法予以强制实行，因为这些权利都界定得非常模糊，同时还牵涉到无数人的利益，并且它们的存在还依赖于政府机构的积极管理。"③ 总体说来，在国际人权法领域，有关社会权可诉性的之争论，其大致可以体现在以下几个方面④：

第一，社会权的不确定性是否影响其可诉性。其中，以社会权概念本身的不确定性为由进而否定其可诉性的观点，其具体理由大致包含了以下两个方面：（1）社会权概念本身的不确定性。持此观点的学者多认为，社会权本身即是一个具有开放性的概念，其内涵与外延通常在不同的国家甚至在一个国家的不同地区都有不尽相同的表达，而即使是在同一国家或地区，其关于社会权概念的表述也经常会因其社会经济发展，以及环境变化等而产生相应的变化。以日本《宪法》第

---

① 黄金荣：《司法保障人权的限度——经济和社会权利可诉性问题研究》，社会科学文献出版社2009年版，第85页。

② 龚向和：《作为人权的社会权》，人民出版社2007年版，第89页。

③ Cass R. Sunstein, "On Property and Constitutionalism", Law and Economics Working Paper No. 3 (2d series).

④ 当然，除下述三个方面的否定性理由外，也有学者指出其还应包括资源缺乏而不可能完全实现以及民主考量等理由。详细可参见胡敏洁《福利权研究》，法律出版社2008年版，第82页；龚向和：《作为人权的社会权》，人民出版社2007年版，第83—84页。

25条规定为例,其关于条款"最低限度生活"的理解即具有很大的模糊性和不确定性。(2)社会权之权利义务表述的模糊性。从上文关于社会权规范的宪法结构分析来看,其条款表述多系采取国家义务式的立宪方式。对于这种立宪方式,不少学者认为虽然其为国家设定了宪法保护义务,但依据其使用的规范语词,如"国家尽可能"、"国家逐步"等,可以断定这种宪法义务仅停留在要求国家应当有所作为,至于其应当如何作为则完全系国家自由裁量的事项。对于这种自由裁量之事项,毫无疑问应当将其排除在司法审查的范围之外。

针对上述质疑,赞成社会权可诉性的学者提出了反驳。他们认为,首先,社会权主要系相对于自由权而存在,其本身即是一种类权利。此种类权利概念的模糊性或不确定性,并不能被其无限制扩展至其权利的所有层级。作为例证,就目前而言,虽然关于何谓社会权概念本身仍存在一些争议,但是对于次一层级的受教育权、劳动权以及社会保障权的社会权属性,已经在国际社会得到了广泛承认和认可。并且,在某些国家宪法中,其权利再次一级的内容,如平等就业机会等,亦可以在相对之阶段得到确定。其次,对于否定论者所提出的国家义务的不确定性,事实上其亦是站不住脚的。因为,作为一种强制性义务,至少在作为与不作为之间仍是可以确定的。换句话说,当宪法某条款明确规定国家负有某种作为之义务,如果其没有采取任何举措,则仍可以判定其违宪或直接依据宪法给予相对一方最低限度的社会权保障。

第二,承认社会权可诉性是否即违背分权原则。分权原则,作为现代民主宪法政治的重要原则之一,其通常认为国家资源的经济分配应交由具有民主合法性的立法机关处置。而事实上,社会权的实现状况与上述国家的资源分配状况紧密相关。也正是因为此,不少学者认为即使在宪法中规定有社会权,其宪法效力亦只能作为一种客观法规范,仅对立法及行政机关产生约束力。质言之,社会权在本质上是计划性的(Programmatic),其所映射的国家义务主要是立法机关的义务,即其实现的具体次序、步骤、方式等均系交由国家立法机关决定。在此之中,司法机关对其只负有消极的尊重义务,如果其贸然采取行动，如判决政府应承担某种具体的社会权保护义务，则很有可能导致司法权对立法权的入侵，进而违背分权原则。

针对上述有违分权原则之观点，学者 S. 利本堡认为，那种对三权分立作"社会政策和财政分配属于立法机关的独有管辖范围"解读的观点，只是一种僵硬的、形式主义的三权分立理念。许多公民与政治权利如选举权、平等权、言论自由权等，同样也关涉社会政策问题，也具有财经因素。① 如果以此否定社会权的可诉性，那么公民与政治权利的可诉性也应当被否定。而除上述之外，也有学者指出，如果宪法明确规定了社会权的可诉性，那么司法机关对社会权提供司法救济即不仅不是对立法权的僭越，而且是其一种刚性的宪法义务。作为例证，《南非宪法》第8条第1款即明确规定："如果考虑到权利的性质和权利设定的任何义务的性质，该条款可予以适用。"而在具体的宪制实践中，南非宪法法源亦确实审理了不少社会权案件。

第三，法院缺乏对公共政策的考量能力是否影响社会权可诉性。现代社会，法院的主要职能是适用法律而非制定政策。在现实中，社会权往往会牵涉到带有意义深远的社会—经济后果的复杂的政策选择，比如社会资源配置、征税比率确定等，此等政策选择多是必须依靠立法以及行政机关等专业团体才能达成。质言之，受制于上述问题的政治性和专业性，以及宪法社会权条款的概括性等因素，法院通常并不能及时有效评估出实现上述权利的最有效的政策措施，同时也难以洞见自己的判决在民主社会中对其他权利和需求的影响。正是因为此，不少学者认为应当否定其具有可诉性。

但也有不少学者认为，这并不能成为否定社会权可诉性的理由。因为，"所有权利都具有社会政策意义。……积极命令或许带来意义深远的结果，可是同时，司法留给行政和立法机关以选择余地肯定是适宜的。但这并不意味着法院应放弃所有实施经济和社会权利的责

---

① 参见 S. 利本堡《在国内法律制度中保护经济和社会权利》，载［挪威］艾德等《经济、社会和文化的权利》，中国社会科学出版社2003年版，第65页。

任。法院可要求行政和立法机关承担举证责任,证明依据宪法对经济和社会权利的承诺,其政策选择为合理正当。假如后者不能证明合理性,法院即可据此发布宣告式命令。此命令确立依宪法可接受的判决的参项,同时仍为立法机关行使方法的选择留有充分'空间'。"[①]

三 社会权可诉性及其限度的学理证成

根据上文所述,虽然质疑社会权可诉性的观点已遭到了全方位的批判,但是否对上述观点继以"否定之否定",即可自证其具有可诉性,我们认为仍有待进一步分析。具体来说,证成社会权具有可诉性主要可以从权利与义务两个维度进行。

(一)"一体性方法":权利维度下的社会权可诉性证成

从新近的研究状况来看,学界开始出现了一种新型的社会权可诉性证明方法,即"一体性方法"(integrated approach)。该证明方法主要应用在国际人权法领域。具体来说,其论证思路可以归纳为:基于人权所具有的相互依赖性和不可分割性原理,"不同种类的人权对于保障人的尊严都是同等重要的,我们不能也不应对不同的人权进行区别对待"。[②] 质言之,在国际人权法领域,他们认为应当将公民与政治权利以及经社文权利放在一起综合进行保护。其中,对于后者,即使在其缺乏相应法律保护机制的情形下,亦应承认并积极促成其通过公民与政治权利的法律实施机制,进而给予其一定程度的司法保障。目前,在国际人权实践中,这种"一体性方法"对于社会权的运用,主要系将国际人权法中的某些社会权条款视为限制公民和政治权利的法律原则和公共利益。即其通常适用情形为,当有人认为自己的公民与政治权利受到政府的限制而向法院起诉要求予以保护时,法院可以根据上述社会权条款所包含的社会公共利益进而判定此种限制是合法的。

---

① S. 利本堡:《在国内法律制度中保护经济和社会权利》,载[挪威]艾德等《经济、社会和文化的权利》,中国社会科学出版社 2003 年版,第 66 页。

② 黄金荣:《司法保障人权的限度——经济和社会权利可诉性问题研究》,社会科学文献出版社 2009 年版,第 150 页。

总体而言，采取如上"一体性方法"的思路，虽然对强化社会权效力起到过某些推波助澜的作用，但在终极意义上，这种保护方式并不能直接推导出社会权的主观权利属性，相反它作为一种客观性规范或原则性规范，充其量只能被认为系间接的保护社会权所指向的客观利益。也正是因为此，我们认为该论证方式并不能直接有效地证明社会权具有可诉性。

（二）"义务层次论"：义务维度下的社会权可诉性证成

通常而言，"法律义务同时与法律权利和公共权力相对应。"① 在人权领域，既然社会权可以作为一种具体法律权利形态存在，那么其所对应的权利义务关系自然亦可以通过上述一般性原理加以诠释。一般说来，基于社会权的权利先在性，国家首先应当在其权利内容涵摄下负有相应的人权保障义务；而除此之外，由于社会权的国家义务亦可能源自于公共权力本身，例如某国宪法直接授予某一公共权力具有调整社会权事项的职权。也正是因为此，笔者认为若另辟蹊径，从国家义务视角探讨社会权的可诉性，则不论是在广度还是在深度上，都比单纯的透过其权利本身加以论证，更加具有说服力。

所谓国家义务的可诉性，即是指特定国家机关有权对国家义务行为予以司法审查，亦即对国家义务正当行使予以司法强制的可能性。② 通常而言，国家义务的可诉性主要取决于两个方面的要素③：（1）国家义务的性质。一般说来，只有法律义务才具有司法强制的可能性。换句话说，如果某种国家义务只是一种政治或道德义务，那么其肯定不会具有法律上的可诉性。（2）国家义务规定的详略程度。正如有学者在否定社会权可诉性时所言："'积极/消极'问题、资源限制问题、规范模糊性问题、司法能力以及政治合法性问题都是环环相扣的，但从法院的角度言之，经济和社会权利规范的模糊性问题又居于

---

① 钱大军：《法律义务研究论纲》，科学出版社2008年版，第108页。
② 刘耀辉：《国家义务的可诉性》，《法学论坛》2010年第9期。
③ 根据学者龚向和教授的论述，社会权的可诉性至少与两方面密切联系：（1）宪法是否对社会权予以确认，（2）违宪司法审查制度是否建立。参见龚向和《作为人权的社会权》，人民出版社2007年版，第134页。在本部分，笔者主要系在前者之中进行考虑，对于后者将在下文进行相关论述。

核心的地位。"① 也正是因为此，可以说社会权国家义务规范的详略以及清晰程度直接制约着其是否具有可诉性以及其可诉性的具体程度。一般而言，若上述国家义务是以具体的法律义务，如规则形式出现的，那么由于其本身即具有确定性特征，因而其是否可诉，根据其规范文本很容易分辨。而较为复杂的情形，乃是针对国家抽象的法律义务。对于此种类型的法律义务，由于其规范表述通常具有概括性、原则性强等特点，因而对于其可诉性的分析通常需要具体情况具体分析。

具体来说，对于法律性国家义务的可诉性探讨，我们认为若单纯依赖其权利或义务的规范条文，则很可能因受制于其规范本身的模糊性、不确定性等，进而达不到理想的分析效果。此时，若另辟蹊径，将其置于上述国家义务的类型化模型中加以研究，则很有可能起到意想不到的效果。为此，下文笔者将分别从尊重、保护两个层面分析社会权是否具有可诉性。

（1）社会权在国家尊重义务层面均具有可诉性。正如学者黄金荣博士所言，"法律上的尊重义务只是保障这种已经存在的东西继续存在而已。"② 不论是出于保护自由权还是社会权，此一层次的国家义务，都只是要求国家不得干涉或侵犯他人的既得权利或利益。在基本权功能体系中，其主要是与防御权功能相对应。在国际人权法领域，此种义务通常被认为是直接的、立即生效的和不需要国家积极作为即可自动执行的。在具体操作中，国家是否违反了尊重义务通常比较容易界定。并且，在通常情形下，只要国家已经为其权利救济提供了相应的程序性机制，其并不需要耗费太多的社会资源。也正是因为此，多数学者认为，虽然学界对于社会权的可诉性仍颇有争议，但其权利内部所"固有的消极禁止（'尊重'的义务）显然可在法院得到实施。"③

---

① 转引自黄金荣《司法保障人权的限度——经济和社会权利可诉性问题研究》，社会科学文献出版社 2009 年版，第 181—182 页。
② 黄金荣：《司法保障人权的限度——经济和社会权利可诉性问题研究》，社会科学文献出版社 2009 年版，第 185 页。
③ S. 利本堡：《在国内法律制度中保护经济和社会权利》，载［挪威］艾德等《经济、社会和文化的权利》，中国社会科学出版社 2003 年版，第 68 页。

（2）在国家保护义务层面，社会权是否具有可诉性应当视情形而定。通常而言，其大致可以区分为以下三种情形：

第一，狭义保护义务应当具有完全可诉性。由于狭义国家保护义务的功能，旨在"保障公民的自由不受侵犯，因此它同防御权功能一样，首先体现了法治国家中的自由权理念，而不是社会国家中的社会权理念。"① 也正是因为此，学界亦多认为狭义保护义务应当与尊重义务一样，具有完全可诉性。对于此一结论，国际人权学者 B. 托比斯亦表示了相同看法。例如，他在论及作为社会权的健康权时，即曾指出："在一定情况下，保障的义务也可以成为审判的。特别是当某些机构不能发挥适当作用时，可认为国家负有保障个人免受这些机构行为的损害的可审判的义务。"②

第二，制度性保障义务③通常不具有可诉性。如前文所述，国家的制度性保障义务，乃属于基本权利的"客观价值秩序"范畴。而在基本权功能体系理论中，作为客观法规范的权利义务内容，其通常被认为是不具有可诉性的，当然也存在某些例外情形。具体来说，此一层面的国家义务可诉性可以分别从消极和积极两个层面来加以理解。

首先，在消极层面，国家的制度性保障义务事实上乃蕴含着对现有制度的尊重。此时，如果国家在抽象法律关系中违背了上述尊重义务（主要指立法机关以立法形式否定或废弃了宪法所明确规定的社会权制度），即构成违宪。对于违宪之事例，通常应依照违宪审查程序加以处理。而如果此种尊重义务之违反，直接涉及具体的权利义务关系，则可直接将其纳入尊重义务的可诉性范畴。

其次，在积极层面，由于国家的制度性保障义务主要是要求国家对抽象的社会权制度加以具体化，因而其更多的乃是体现为国家立法机关

---

① 陈征：《基本权利的国家保护义务》，《法学研究》2008 年第 1 期。
② B. 托比斯：《健康权》，载［挪威］艾德等《经济、社会和文化的权利》，中国社会科学出版社 2003 年版，第 204 页。
③ 此处的国家制度性保障义务，主要限定为组织与程序保障义务。根据有关学者论述，"组织和程序保障与制度性保障在相当大的程度上是重合的。……在某种意义上，组织与程序保障也属于制度性保障的内容，只不过更为具体而已。"参见张翔《基本权利的规范建构》，高等教育出版社 2008 年版，第 117 页。

的抽象性法律义务。对于此种法律义务,通常认为由于国家拥有自由裁量的决定权,因而,其不应当具有可诉性。但其亦存在以下几种例外情形:(1)国家立法不作为。承前文所述,虽然国家在履行制度性保障义务时具有形成自由,但这种形成自由仅仅是表现在如何履行阶段,而未包括是否履行。对于后者,将有可能产生立法不作为之诉。① (2)而除此之外,对于立法者违反立宪精神,未遵循"比例原则"、"平等原则"等形成的立法,有学者认为,其"事实上是立法者对尊重义务的违背,司法机关对此进行的审查,当归入尊重义务可诉的层次之中。"②

第三,国家给付性保护义务具有"最低限度"的可诉性。根据前文所述,国家给付性保障义务乃隶属于广义国家保护义务范畴,它与组织和程序保障义务共同构成制度性保障义务。在通常情形下,对给付性保障义务的可诉性分析,可以将其直接纳入到制度性保障义务中予以分析。但在本书,笔者将给付性保障义务单独予以列出,主要系基于该义务在社会权实现中的重要地位和作用。即"在法律语境中,公民权利典型的重心在人权义务的前两个层次,即尊重的义务和保护的义务,而社会权利的重心则在第三个层次,即实现义务层次。"③

总体说来,对社会权给付义务可诉性的探讨,可以将其置于基本权功能体系中加以分析。首先,作为制度性保障义务的给付保障,主要是作为一种"客观价值秩序"发生效力的。即在此情形之下,社会权的给付义务只被视为是一种"宪法委托",在具体履行时,其首先必须满足"最低核心"义务,即为确保各社会权保障能够至少达到一个最基本水平,国家必须承担最低限度的核心义务。对于此一"最低核心"之义务,日本学者大须贺明认为,它应当是一个确定性概念。即随着科学技术的发展,其"在客观上是具有能够判断之现实性和明确性的。"④ 正是基于上述立法义务所具有的羁束性以及确定性特征,

---

① 关于立法不作为司法控制的正当性的论述,可参见杨福忠《立法不作为问题研究》,知识产权出版社2007年版,第116—121页。

② 刘耀辉:《国家义务的可诉性》,《法学论坛》2010年第9期。

③ Ida Elisabeth Koch, "The Justiciability of Indivisible Rights", Nordic Journal of International Law, Vol. 72, No. 1, 2003, p. 27.

④ [日]大须贺明:《生存权论》,林浩译,法律出版社2001年版,第99页。

学界通常认为此种"最低核心"之给付保障义务应当具有立法上的可诉性。即当立法机关不履行或不适当履行上述确定性义务时，司法机关可以宣告其违宪。其次，体现为积极受益权功能面向的给付保障义务的可诉性。在基本权功能体系中，受益权功能通常是作为"主观权利"的基本权利功能面向出现的。也正是因为此，对于此种给付保障义务，其应当具有完全可诉性。

总而言之，我们认为以上国家尊重、保护和给付义务层次的可诉性与该义务所对应的权利是否具有可请求性，乃同一事物的两个对应面。就社会权是否具有可诉性而言，通过对其对应面即国家义务的可诉性分析，可以基本认定其应当具有可诉性。但基于其所体现的国家义务层次不同，其可诉性程度也存在诸多区别。一般认为，社会权在国家尊重以及狭义保护义务层面，其应当具有完全的可诉性；在制度性保障义务层面，通常受其"宪法委托"性质的影响，其只在特定情形下具有可诉性；在国家给付性保障层次，通常认为其只在"最低核心"限度内具有可诉性。

第二节　社会权可诉性的司宪保护

虽然学界关于社会权可诉性的争议仍未消停，但事实已经胜于雄辩。在世界范围之内，不仅支持社会权具有可诉性的观点已经获得了理论上的证成，同时在具体的实践环节，通过司法以保障社会权也已经为越来越多的国家所接受和实践。

一　域外国家社会权司宪保护的模式与策略

（一）直接保护模式：基于南非经验的考察

在此种直接司法保护模式中，通常社会权不仅可以作为某种直接的宪法规范依据而具有效力，同时法院在对其予以保护的过程中，可以不必考量某种对于立法的实质性尊重。具体来说，采取此种保护模式的国家，其必须同时满足以下两个条件：第一，宪法明确规定了社会权，并赋予其基本权利效力；第二，该国家建立了违宪司法审查制度。目前，从世界范围来看，这类国家主要有日本、南非，以及德国、法国、意大利等西欧国家和俄罗斯等独联体国家。在本书，笔者将主要以南非为例，来探讨该国家是如何对社会权予以直接司法保护的。

基于特定的历史原因，南非是在其1996年《宪法》中明确将社会经济权利纳入到"权利法案"。但在此前后，其国内亦曾就宪法中这种权利的合法性以及宪法法院应当予以如何适用等问题产生过激烈的争辩。① 就目前而言，南非宪法法院虽然已明确确认所有的社会权都应当具有可诉性，但在具体审理过程中，其亦认为上述权利的可诉性程度乃有差异。质言之，基于社会权的具体权利种类以及其所体现的国家义务层次的不同，法院在对其予以司法适用时的审查标准也有不同。

1. 涉及国家尊重义务的司法审查基准："严格审查标准"

根据南非宪法法院既已审结的社会权判例，可以发现对于社会权的尊重义务，其通常被认为是具有可诉性的。作为例证，在首次鉴定（First Certification）一案中，南非宪法法院即明确指出："这些权利至少在某种程度上是可诉的。……对我们而言，社会经济权利将几乎不可避免地产生这种结果（主要指预算问题，笔者注），这个事实并不会构成其可诉性的一个障碍。在最低限度上，社会经济权利可以从消极的意义上确保个人免受不当侵犯。"② 而对于此类案件的审查标准，南非宪法法院通常认为应当采取严格审查之基准。其中，以 Jaftha v. Schoeman; Van Rooyen v. Stoltz 案（以下简称 Jaftha 案）③ 为例，在

---

① 根据学者郑贤君教授的总结，当时这种争辩至少可以体现在以下方面：（1）认为这些权利不是普遍接受的基本权利；（2）认为这类权利与权力分立原则不一致，司法将会侵犯立法和行政的正当领域；（3）认为社会经济权利是非司法性上文，特别由于其实施可能引出预算问题。参见郑贤君《社会基本权理论》，中国政法大学出版社2011年版，第116—117页。

② The Government of South Africa v. Irene Grootboom and Others, Case CCT11/00, judgment of 4 October 2000, para. 20.

③ 该案的案情大概为：该案上诉人是依靠救济金生活的贫困妇女，她因欠债未还而被起诉。根据《治安法院条例》，允许在没有充分司法监督的情况下拍卖债务人的住房以还债，而这将导致上诉人无家可归。上诉人则主张：她被侵犯的是消极层面的住房权，因为她有自己的住房；依宪法第26条，在这种情况下政府应当对其住房负有消极不侵犯的尊重义务，即不得妨碍或损害自己已有的住房。因此，本案的争议焦点是：《治安法院条例》中为了偿还债务而设计的执行程序是否是合宪的，是否侵犯了上诉人依宪法第26条所享有的住房权。Jaftha v. Schoeman; Van Rooyen v. Stoltz, 2005 (2) SA 140 (CC).

该案判决中，南非宪法法院即认为，"在本案中，不需要对所有对宪法施加的消极义务构成侵犯的情形进行阐述。但是，至少在适足住房的情形下，任何允许剥夺现有住房的措施都构成对第26条①第1款保护的权利的限制。但是，这种措施可能依据宪法第36条②而获得正当性。"根据以上判决之要旨，可以发现南非宪法法院对上述尊重义务之司法审查，事实上乃采用了建基于宪法36条基础上的"比例审查基准"。即通过比较分析对上诉人住房权予以限制是否符合宪法第36条规定的比例原则，进而得出结论："为清偿债务，在没有司法监督的情况下拍卖极端贫困的债务人的住房，使他们无家可归甚至失去人的固有尊严，构成了对住房权的消极义务的违反，不具有合理性和正当性。"无独有偶，在格鲁特布姆（Grootboom）③案件中，虽然该案主要系涉及政府的积极保护义务，但是具体审理时，南非宪法法院通过援引联合国经社文委员会"第3号一般性意见"，进而亦表明了政府违反住房权尊重义务的行为，应当使用更严格的审查标准。具体来说，在该案中，南非宪法法院认为，虽然南非尚未批准加入《经社文国际权利公约》，但其关于社会权"逐步实现"义务的解释，亦应适用于南非宪法，即国家对"逐步实现"义务的履行，并不意味着其可以采取"任何后退的措施"以侵犯权利主体既已享有的各项社会权。在此，"任何后退的措施"，事实上即暗含着南非宪法法院对社会权尊重义务的司法审查立场，即应当采取严格的审查基准。

---

① 1996年《南非宪法》第26条关于"住房权"的规定："1. 每个人都有权获得足够的住房；2. 国家必须在其可利用资源的范围内采取合理的立法和其他措施，以逐步推进这项权利的实现；3. 在法院没有综合所有相关的情况作出判决之前，任何人都不得毁坏他人的住宅，任何法律都不得允许任意将人们从其住宅中驱逐。"

② 1996年《南非宪法》第36条规定："权利法案中的权利只有依据一般适用法则才能加以限制，即在一个建立在人的尊严、平等和自由基础上的开放和民主的社会中，这种限制是合理、公正的，而且必须考虑所有的相关因素，这些因素包括：（a）权利的性质；（b）限制目的的重要性；（c）限制行为的性质和范围；（d）限制和限制目的的相关性；（e）为实现目的的更少限制的措施。"

③ Government of the Republic of South Africa and Others v. Grootboom and Others, 2001 (1) SALR 46 (CC).

2. 涉及国家保护义务的司法审查基准：以"合理性审查"为主

除上述少数社会权案例是涉及其尊重义务层面的可诉性外，近年来南非宪法法院所审结的诸多社会权宪法案例，多是集中体现在对其国家保护义务的审查。并且，总体说来，对这种国家保护义务的司法审查，南非宪法法院多是采取较为宽松的"合理性审查"标准。即通常情形下，其多系考虑以下几个标准：（1）立法及政策在可获得的资源限度范围内必须充分，以便权利能够逐步实现；（2）立法及政策应做到全面且协调、平衡且灵活，既要把责任分配给政府的各个层级，又要充分考虑到处于危急状态下人们的迫切需要；（3）为计划或政策之实施，各级政府应提供必要的资源和条件；（4）政府在合理设计计划或政策的同时，还必须保证其得到合理实施，没有得到合理实施的计划不能被认为是政府已经履行了它的积极义务。① 以格鲁特布姆（Grootboom）案为例，在该案中，南非宪法法院即认为政府的住房政策因未达到上述第二条标准，即"政府未能为那些具有迫切需要的人提供短期、临时性的救济措施"②，因而构成违宪。

尽管如此，我们仍然必须看到上述"合理性审查"标准并非是一成不变的。通过系统考察南非宪法法院新近审理的 Soobramoney 案③、Grootboom 案、TAC 案④、以及 Khosa 案⑤，可以发现上述"合理性审查"正呈现出愈加严格之趋势。具体来说，虽然早在 1998 年 Soobramoney 案中，南非宪法法院既已初步形成了针对社会权国家保护义务的"合理性审查"标准，但此时这一标准可以说是相当宽松的，即只要符合"基本合理和良好意愿"之标准即可。此后，在 Grootboom 案中，南非宪法法院采用了稍为严格的"手段—目的"审查标准，并认为"如果政府的计划或政策忽略了那些最迫切需要帮助的弱势群体的权利，即是计划或政策是出于良好的意愿，也不能被认为是合理的。"就

---

① 参见侯宇清《南非宪法法院判例研究》，博士学位论文，湘潭大学，2011 年。
② Government of the Republic of South Africa and Others v. Grootboom and Others. 2001（1）SA 46（CC），para. 66.
③ Soobramoney v. Minister of Health, KwaZulu Natal, 1998（1）SA 765（CC）.
④ Minister of Health v. Treatment Action Campaign, 2002（5）SA 721（CC）.
⑤ Khosa v. Minister of Social Development. 2004（6）SA 505（CC）.

第五章 可诉性：社会权国家保护义务的司法实施

TAC 案而言，虽然其在形式上与 Grootboom 案采用了相同的审查标准，但它们对"合理性"的解释并不完全相同。相比之下，前者"对政府行为的审查更加严格，法院对政府做出的指令也更明确、更具体。宪法法院的判决具有明显的强制性，而非宣示性的。"① 发展至 2004 年，在 Khosa 案中，宪法法院直接采用了类似"比例性审查"的更为严格的审查标准。具体来说，在该案审理过程中，Mokgoro 等 7 位法官明确认为，对"合理性审查"标准的把握应当更为严格，即必须以宪法第 36 条为依据，对其所列举的 5 项权衡因素做整体上的从严把握。

在南非社会权司宪实践中，正如某学者所概括的那样："问题主要不是根据宪法社会—经济权利是不是具有可诉性的问题，'而是在具体的案件中应如何实施它们的问题。'"② 根据上文简要的论述，可以发现南非宪法法院已经初步形成了社会权司宪适用的整套体系，并针对不同层面的社会权审查，发展出了不同的审查基准。从上述审查基准的发展趋势上看，其关于社会权可诉性的审查已经愈发严格。尽管南非在社会权司宪方面已经取得了诸多突破，但其亦同时存在诸多可待进一步发展的空间。以"最低核心"义务之可诉性为例，虽然依照《马斯特里赫特指导准则》规定："这种最低核心义务不论有关国家的资源可利用性情况或任何其他因素和困难如何，均一律适用。"③ 但南非宪法法院除承认"合理的政策请求权"（reasonable policy entitlement）④ 之外，至今仍坚持否定个人可以直接根据这一"最低核心"义务请求国家对其住房、医疗保健、食物以及社会保障等生存手段予以保障。

---

① 侯宇清：《南非宪法法院判例研究》，博士学位论文，湘潭大学，2011 年。
② 柳华文：《经济、社会和文化权利可诉性研究》，中国社会科学出版社 2008 年版，第 155 页。
③ The Maastricht Guidelines on Violations of Economic, Social and Cultural Rights, Utrecht: SIM Special No. 20, 1998, p. 5, para 9.
④ 所谓"合理的政策请求权"，即是指如果国家在保护社会权方面没有制定法律和政策，那么个人就可以在法庭上请求国家（主要包括立法和行政机关）"在其可利用的资源范围内采取合理的立法和其他措施"，如果认为国家采取的措施不合理，那么个人也可以要求法院予以审查。参见黄金荣《司法保障人权的限度——经济和社会权利可诉性问题研究》，社会科学文献出版社 2009 年版，第 316 页。

（二）间接保护模式

1. 通过适用正当程序等宪法原则予以保护：基于美国经验的考察

诸如美国、加拿大等宪制国家，虽然它们在宪法上没有明文规定社会权（美国多称为福利权），但这并不表明其在事实上就排斥对社会权进行任何保障与救济。从以上国家的具体宪制实践来看，它们目前已经发展出一种通过扩张性解释其他宪法原则进而对社会权提供间接的司法保护。其中，以美国为例，其法院即主要系通过以下两种径路对社会权予以司法保护。

（1）将社会福利扩展解释成一种"新财产权"，进而通过适用宪法正当程序原则对社会权予以司法保护。根据美国学者瑞克（Charles A. Reich）的阐述，"新财产"应包括社会福利以及公共职位等政府馈赠，一旦其被转变成为类似财产的权利，对其剥夺就须受到正当程序原则之限制。① 在具体的司法实践当中，"戈尔德伯格诉凯利案"（Goldberg v. Kelly）② 可以堪称系上述"新财产权"学说运用的成功典范。在该案例中，美国联邦最高法院不仅在其判决脚注中明确援引了上述"新财产权"之观点，即"这些保障来源，不论是来自私人还是公众，其都不再被认为是奢侈品或是施舍，对受领者而言它们是基本的而不是特权；余下的只是穷人的权利，虽然为公共政策所承认，但仍未能获得有效地执行。"③ 同时，其还明确指出，"财产和自由利益不能被任意剥夺，除非所有者在事前听证中享有了保护其权益的权利。"由此，通过该案件，美国法院扩展了被正当程序保护的"财产"概念，通过扩展受程序保护的自由和财产利益，扩展了权利保护的范围，从仅仅保护那些拥有传统财产的富人和中产阶级，扩展到那些贫穷的人和那些利益明显不受保护的人。④ 而在此后，美国法

---

① See Charles A. Reich, "The New Property", in Yale Law Journal, Vol. 73, 1964. 参见张千帆《西方宪制体系》（上册·美国宪法），中国政法大学出版社2000年版，第264页。

② 本案例的具体内容，可参见北京大学司法研究中心《宪法的精神》，中国方正出版社2003年版，第422—425页。

③ See Charles A. Reich, "Individual Rights and Social Welfare: The Emerging Legal Issues", in Yale Law Journal, Vol. 74, 1965.

④ 参见胡敏洁《福利权研究》，法律出版社2008年版，第106页。

院所判决的一系列案件,如佩里诉辛德曼案(Perry v. Sindermann)[①]、大学董事会诉罗斯案(Board of Regents v. Roth)[②]等,其均系在重述或发展上述"戈尔德伯格诉凯利案"中所表达的观点。

(2)通过适用宪法平等保护条款对社会权予以间接保护。美国对于社会权的司法保护,除通过上述扩大适用正当程序原则以保障"新财产权"外,其还存在着诸多通过适用宪法平等保护条款以间接保障社会福利的案例。对于上述案件的审理,美国法院根据其平等保护内容的差异,现已逐渐积累出能够涵盖以上各种案例类型的多重审查标准,包括严格审查标准、中度审查标准、合理审查标准。具体如表5-1所示:

表5.1　　美国福利领域适用平等保护条款的不同基准[③]

	严格审查标准	中度审查标准	合理审查标准
适用对象	居住年限、种族或某些基础性权利(州际旅行权)	基于性别、非婚生子女引发的福利案件	多数社会经济立法中涉及的福利权益适用此种标准
一般审查规则	采取的手段与立法目的之间具有某种必要关联性,而涉及的利益往往是某些"重大的迫切利益"	采取的手段与立法目的之间具有某种实质性关联,而涉及的利益往往是"重要利益"	采取的手段和立法目的之间只需具有"合理",涉及一般的正当利益
举证责任	由政府证明合宪	由政府证明合宪	由指控方证明违宪
适用结果	推定违宪	通常判定为违宪,但允许相当程度的个案裁量	推定为合宪
典型案例	Shapiro v. Thompson	Califano v. Westcott	Dandridge v. Williams

在整体上,美国法院所审结的适用宪法平等条款的福利案件,如果未涉及"可疑归类"和宪法所保障的基本性权利,其基本上都是采用宽松的合理审查标准。在通常情形下,法院适用此一审查标准,其

---

① Perry v. Sindermann, 408 U.S. 593 (1972).
② Board of Regents of State Colleges v. Roth, 408 U.S. 564 (1972).
③ 参见胡敏洁《福利权研究》,法律出版社2008年版,第110页;林来梵:《宪法审查的原理与技术》,法律出版社2009年版,第279页。

唯一的任务即在于确保立法权在一定的制度限制当中。只要立法机关所采取的手段举措与立法目的之间具有某种"合理"的关联，法院即应当对其予以尊重。以"丹德里奇诉威廉斯案"（Dandridge v. Williams）① 为例，在该案判决中，美国高等法院即明确指出："在社会经济领域，州并不会因法律归类存在欠缺而侵犯平等保护条款。若其归类存在'合理基础'，那么其并不会因归类不具精确性，或在现实中导致某些不平等而产生违宪。"除上述之外，在福利性案件中，有关中度审查标准的适用，通常认为其与合理审查的区分，乃在于"所涉法规是否关涉对福利受领者利益的彻底剥夺，以及其福利金的削减。"② 有关严格审查标准的适用，其通常会涉及"疑问分类"。其中，在社会权保障领域，这种"疑问分类"多是体现在种族歧视方面，尤以教育歧视更为显著。作为例证，在"布朗诉托皮加校区教育委员会案"（Brown v. Board of Education of Topeka）③ 中，最高法院即在通过一系列分析之后，进而指出："在公共教育领域中，'隔离但平等'原则并不适用。分隔的教育设施根本不可能是平等的。"④ 其无疑是违反了宪法第14条修正案所保证的法律上的平等保护权利。

虽然至今美国宪法仍未承认社会权作为基本人权的存在，但其法院基于司法能动主义之宪制传统，通过发展适用宪法正当程序以及平等保护条款以审理有关教育以及社会福利方面的案例，确实在事实上起到了保障公民社会权的实际效果。不仅如此，通过对以上案例的审理，美国法院所积累形成的多维审查标准，亦为其他国家或地区借鉴吸收提供了参考蓝本。不过，亦正如有学者所担心的那样，由于"美国政府在实际上制定政策和措施保护需要援助的穷人实施社会权利并非是出于宪法的要求，美国宪法不包含积极国家的哲学，不同时期的法院采用肯定性救济手段主要依赖法官个人的价值判断，而这种价值判断既不是美国官方

---

① Dandridge v. Williams, 397 U.S. 471 (1970).
② 参见胡敏洁《福利权研究》，法律出版社2008年版，第115页。
③ Brown v. Board of Education of Topeka, 347 U.S. 483 (1954).
④ 参见［美］布莱斯特等：《宪法决策的过程：案例与材料》（下册），张千帆译，中国政法大学出版社2002年版，第709—713页。

和主流价值,也不是所有法官的坚持。因而,采用肯定性手段救济社会权利的前途是有限和不确定的,它既不能给予所有社会权利以司法可诉性,人们也无法指望所有法官都会坚持这一立场。"①

2. 通过扩张解释生命权等自由权予以保护:基于印度经验的考察

受《印度宪法》第 37 条规定②之克制,印度法院曾在相当长时期内对体现为社会权规定的"国家政策指导原则"的可诉性抱否定态度。但自 20 世纪 70 年代末期开始,此种态度即逐步被印度最高法院的司法积极主义倾向所打破。即在具体的司法实践中,印度最高法院开始广泛尝试通过扩张解释生命权、人格尊严等基本权利,进而为社会权司法保护打开了方便之门。直至目前,其至少已将生活权、受教育权、健康权、住房权、食物权等社会权纳入了此等保护之行列。③ 而与此同时,正如学者 Mahendra P. Singh 等所调侃的那样,在此进程中,"宪法第 21 条规定的生命权和个人自由乃是这一趋势的最大受益者;其几乎成了包含有尊严和有意义的生命的每个方面的一个剩余基本权。"④

通过对上述相关案件的梳理,可以发现印度通过司法保护社会权,至少有以下几个方面的经验值得参考和借鉴:

(1) 将社会权注入其他基本权利中加以解释适用,打破了传统宪法政策不可诉的神话。正如学者索拉布吉所言,"印度最高法院在促进人权的过程中露了一手绝活:在基本权利中纳入了'国家政策的指导原则'。"⑤ 在 1981 年 "Francis Chralie Muffin" 案⑥中,法官巴格瓦

---

① 郑贤君:《社会基本权理论》,中国政法大学出版社 2011 年版,第 110—111 页。
② 《印度宪法》第 37 条规定:"本编所含条款不通过任何法院实施,但本编所述原则,系治理国家之根本,国家在制定法律时有贯彻此等原则之义务。"
③ 例如,涉及生活权的案例有 1987 年 "Olga Tellis v. Bombay Municipality" 案;涉及受教育权有 1992 年 "Mohini Jain v. State of Karnatak" 案以及 1993 年 "Unni krishnan J. P. & Ors etc v. State of Andhra & Ors" 案;涉及健康权的有 1996 年 "Paschin Banga Khet Mazdoor Samity v. State of West Bengal" 案;涉及住房权的有 1997 年 "Nawab Khan Gulab Khan v. Ahmedabad Municipal Corporation" 案;涉及食物权的有 2003 年 "PUCL" 案等。
④ [印] Mahendra P. Singh, Surya Deva:《印度宪法:于多样性中统一的典范》,柳建龙译,载《河南省政法管理干部学院学报》2009 年第 5 期。
⑤ [印] 索利·J. 索拉布吉:《美国和印度的平等问题》,载 [美] 路易斯·亨金等《宪制与权利》,郑戈译,生活·读书·新知三联书店 1996 年版,第 137 页。
⑥ Francis Chralie Muffin v. The Administrator, Union Territory of Delbi, (1981) 2 SCR 516 at 529.

蒂指出,"生命权应包括所有与此相关联的东西,包括基本的生活必需品如足够的食物、衣着和住所。"在1987年"Tellis"案中,印度最高法院又指出,"生命权范围是宽泛的,生活权是其重要方面,……对生命权内容和含义的这种理解,得到宪法第39条第1款、第41条规定的适当谋生手段及工作权的支持。"①

(2)通过积极发展"社会行动诉讼"(Social action litigation)制度推进社会权司法保护。在印度,"社会行动诉讼"制度最先可以追溯到20世纪80年代初。即早在1981年"S. P. Gupta v. Union of India"一案中,最高法院法官巴瓦蒂即明确提出:"如果侵犯了某一个人或某一阶层的人的法律权利而对其造成了法律上的错误或损害,但该人或这一阶层的人由于社会经济地位造成的无力状态不能向法院提出法律救济时,任何公民或社会团体都可以向高等或最高法院提出申请,寻求对这一阶层的人遭受的法律错误或损害给予司法救济。"② 此后,通过此种"社会行动诉讼"形式,印度法院为社会权保护开辟了新的天地。作为例证,在上述"Olga Tellis v. Bombay Municipal Corp"案中,提出申诉的并不是那些权利直接受到侵害的人行道上的定居者,而是一位新闻记者和其他一些利益团体。在"PUCL"案中,向法院请求实施计划和饥荒法的乃是公民自由行为联盟(PUCL)。此除上述扩大诉讼主体资格之外,印度法院还借此发展了书信管辖权制度以及事实调查委员会制度等。其中,就前者而言,"提出公益诉讼的人甚至不用准备一份正式的起诉书,只要代表社会弱势群体写一封非正式的书信就可以引起法院对该案的管辖。"③

(3)对社会权救济印度法院采用了更为灵活、具体的判决举措。与其他多数国家相比,印度法院对社会权案件的审判,经常超越了单纯的宣告性判决,即通常其不仅会判决确认政府的行为是否违宪,同

---

① Olga Tellis v. Bombay Municipality Corporation,(1987)LRC(Const)351. 参见何平《社会救助权研究》,博士学位论文,湖南大学,2010年。
② S. P. Gupta v. Union of India, 1981(Supp)SCC 87.
③ 黄金荣:《司法保障人权的限度——经济和社会权利可诉性问题研究》,社会科学文献出版社2009年版,第335页。

时还会根据案件的具体情况，进而判决要求政府承担更为细致、具体的法律责任或义务。作为例证，在1996年"Paschin"案中，其法院判决不仅确认了政府的赔偿责任，同时还进一步列出了政府应采取的积极步骤的清单，要求政府在规定的时间内改善医疗设施和服务。此外，法院还判决这些命令应适用于联邦政府和其他各省政府。在2001年"PUCL"案中，印度最高法院则是采取了更为详细的救济举措，即其不仅为政府设定了详细具体的作为义务，如政府"应在每一所由政府开办或资助的小学中实施午餐计划，向每个儿童提供被烹调好的午餐。午餐最少应含300卡路里和8—12克蛋白质，这一计划至少应持续200天。那些提供未烹调过的食物的政府必须在三个月内，在该省至少一半以上的地区内开始提供烹调过的食物，而且必须在接下来的三个月内，在全省其他地方也提供烹调过的食物。"同时，为保证上述作为义务能够确实得到履行，其还建立了专门的监督机构以持续地检查法院的上述命令是否得到实施。

二　中国社会权司法保护的理论争论与问题

（一）关于我国宪法可诉性的理论之争

虽然"人权可诉性问题在国际人权学界和各国宪法学界争论得沸沸扬扬，可在中国几乎不存在类似的争论。"[①] 究其根源，一方面在于与国际主流理论相异，中国不仅确认了社会权的基本权利地位，并且对其重视程度亦明显多于自由权；而另一方面，更重要的是，在我国制约社会权可诉性的关键，不在于其与自由权的差异，而在于宪法本身是否具有可诉性。围绕宪法本身是否具有可诉性[②]，社会各界曾进行过非常激

[①] 龚向和：《国际人权可诉性理论之缺失：中国人权司法保护之路》，载柳华文《经济、社会和文化权利可诉性研究》，中国社会科学出版社2008年版，第187页。

[②] 当前，我国关于宪法可诉性的论证多是从宪法适用角度进行的。而何谓宪法适用，根据学者朱福惠教授的总结，其大致存在司法适用说、宪法职权说、专门活动说、宪法争议处理说等多种学说。其中，学者童之伟教授的下述观点颇具代表性，他认为宪法适用是指"适格的宪法关系主体在宪定职权范围内，依照宪法或法律规定的程序直接应用宪法的原则、规则或概念处理各种具体事务或具体纠纷的活动。"参见韩大元《共和国六十年法学论争实录·宪法卷》，厦门大学出版社2009年版，第331—333页。

烈的争论。具体来说，其大致可以分为否定论和肯定论两个阵营。

1. 否定说

否定论者多认为，根据我国现行宪法架构和宪法制度，若通过司法直接适用宪法规范本身，乃属于一种非法的"司法抢滩"① 行为。具体来说，其论证理由大致包括以下方面：

第一，我国宪法主要表现为是一种政治法，其只具有间接的法律效力。在我国，主张宪法不应予以司法适用的学者，一般都认为宪法乃国家固国安邦的总章程，其虽然具有法律的外在形式，但归根结底，它只是一种政治法。质言之，他们"在某种意义上，只是将宪法看成了一种价值主张或体系，需要化为具体的部门法上的权利才具有被实现的效力，不具有直接适用的效力的可能性。"②

第二，现行宪法文本规范排除了宪法司法适用之可能性。(1) 他们认为，"宪法适用没有宪法解释的支撑，就根本不存在适用问题。"现行宪法除在其第 67 条第 1 款明确赋予了全国人大常委会以"解释宪法，监督宪法实施"的职权外，并未赋予其他任何机关（包括人民法院在内）以解释宪法的权力。换句话说，否定论者多认为，"宪法规定全国人大常委会的'解释宪法'职权不仅是一种专属权，而且还是一种排他性的权力。"③ (2) 现行宪法第 126 条只规定人民法院"依照法律"独立行使审判权。依以上学者理解，此处的"法律"，并不包括宪法在内。因为，"我国制宪者在立宪过程中是刻意将'宪法'和'法律'加以区别，无意采取泛化的'法律'，但也不把'法律'局限在狭义的法律。"④

---

① 关于"司法抢滩"的涵义，其大体是指司法机关，尤其是最高司法机关以既有的职权为基础，不断抢占新的职权行使领域，在事实上改变宪定权力配置格局并使之于己有利的行为或活动。参见童之伟《"宪法司法化"引出的是是非非——宪法司法适用研究中的几个问题》，《法学》2001 年第 11 期。

② 韩大元：《共和国六十年法学论争实录·宪法卷》，厦门大学出版社 2009 年版，第 238 页。

③ 强世功：《谁来解释宪法——从宪法文本看我国的二元违宪审查制度》，载《中国宪法学精萃》（2004 年卷），高等教育出版社 2004 年版，第 403 页。

④ 此处的"法律"为何不包括宪法，其具体论证理由可参见姚岳绒《我国〈宪法〉第 126 条"法律"外延的界定》，《政治与法律》2010 年第 7 期；刘松山《人民法院的审判依据为什么不能是宪法》，《法学》2009 年第 2 期；等等。

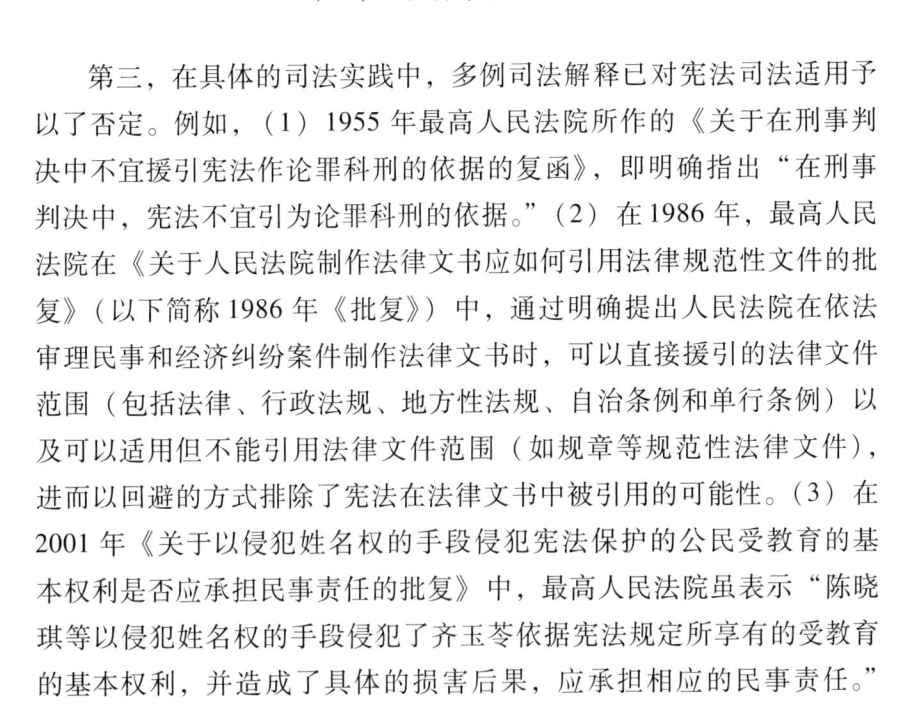

第三，在具体的司法实践中，多例司法解释已对宪法司法适用予以了否定。例如，（1）1955年最高人民法院所作的《关于在刑事判决中不宜援引宪法作论罪科刑的依据的复函》，即明确指出"在刑事判决中，宪法不宜引为论罪科刑的依据。"（2）在1986年，最高人民法院在《关于人民法院制作法律文书应如何引用法律规范性文件的批复》（以下简称1986年《批复》）中，通过明确提出人民法院在依法审理民事和经济纠纷案件制作法律文书时，可以直接援引的法律文件范围（包括法律、行政法规、地方性法规、自治条例和单行条例）以及可以适用但不能引用法律文件范围（如规章等规范性法律文件），进而以回避的方式排除了宪法在法律文书中被引用的可能性。（3）在2001年《关于以侵犯姓名权的手段侵犯宪法保护的公民受教育的基本权利是否应承担民事责任的批复》中，最高人民法院虽表示"陈晓琪等以侵犯姓名权的手段侵犯了齐玉苓依据宪法规定所享有的受教育的基本权利，并造成了具体的损害后果，应承担相应的民事责任。"但该批复已于2008年被废止，即"停止适用"。

2. 肯定说

持肯定意见的学者多认为，"宪法在司法领域内适用，不存在任何问题。"[①]"根据法治理论，宪法和宪法权利可由司法机关予以实施是天经地义的事情。"[②] 上述否定论者的理由，在事实和逻辑上均不能成立。具体来说，他们辩驳道：

第一，宪法虽具有政治法属性，但其首要属性仍表现为是"法"。作为一种法规范，其无疑应当具有法所应有的各项特征，自然就包括法律效力在内。对于此处"法律效力"的理解，持肯定论的学者多认为它主要应当表现为司法效力。因为，"如果没有司法效力，所谓的法律效力就是空话。"[③] 而除此之外，有学者更进一步指出，"宪法不应当仅

---

① 吕艳滨：《宪法在司法审判中的适用性理论研讨会综述》，载张庆福《宪制论丛》（第3卷），法律出版社2002年版，第521页。
② 黄金荣：《司法保障人权的限度——经济和社会权利可诉性问题研究》，社会科学文献出版社2009年版，第361页。
③ 参见徐秀义、韩大元《现代宪法学基本原理》，中国人民公安大学出版社2001年版，第333页。

仅理解为一种政治纲领,而同时必须被理解为法律,如果不是全部,至少一部分应当可以被法官加以解释;如果这种解释不能进行违宪审查,至少在法律、法规没有规定的情况下可以援引,以保护公民的基本权利。"①

第二,上述否定论者对宪法第 67 条以及第 126 条规定的理解并不妥当。因为,首先,一方面,宪法序言最后一段已明确指出,宪法本身是以"法律的形式"存在的;而另一方面,诚如学者唐忠民教授所言,"将宪法包括于'法律'之中,也并非只是民间的口头的习惯用语,中共中央、国务院几个普法决定,都是将宪法包括在'法律'之内。"② 依照此种逻辑,宪法第 126 条所指涉的"法律"自然应当包括宪法在内,而非单纯由全国人大及其常委会所制定的狭义法律概念。另外,"若从狭义理解这里的'法律',显然同样也排除了行政法规、地方性法规、自治条例和单行条例的适用,这无疑是荒谬的。"其次,根据宪法序言最后一句规定,全国人大及其常委会行使宪法监督权只是"维护宪法尊严,保证宪法实施"的一种方式而已。宪法第 62 条和第 67 条的规定不应具有排他性,否则即与宪法序言的最后一句话前后矛盾。③

第三,上述最高人民法院批复并未明确指出宪法不具有司法适用性。具体来说,(1) 上述 1955 年批复只规定了在刑事判决中不宜援引宪法以定罪科刑。那么在逻辑上,对于刑事判决之外的民事、行政判决,以及非定罪科刑的刑事判决,其都没有明令禁止不能适用宪法。而除此之外,上述批复所使用的"不宜"而非"不能",亦暗含着其并未完全排斥宪法的司法适用。(2) 上述 1986 年批复并未对是否可以援引宪法裁判具体案件加以明确规定,此时仅以其没有规定为由进而将其定性否定,显然在逻辑上是说不通的。此外,作为一种肯定性论证,1988 年《关于雇工合同"工伤概不负责"是否有效的批

---

① 强世功:《宪法司法化的悖论——兼论法学家在推动宪制中的困境》,《中国社会科学》2003 年第 2 期。
② 唐忠民:《宪法保障公民自由的规定法院应可以适用》,《法学》2009 年第 4 期。
③ 参见杨海坤、朱中一《从行政诉讼走向宪法诉讼——中国实现宪制的必然之路》,载《中国宪法学精萃》(2003 年卷),机械工业出版社 2004 年版,第 198 页。

复》事实上即"以特有的方式适用与引用了宪法条款,这实际上就表明最高人民法院已把宪法首先作为一个'法'来看待。"①(3)对于上述2001年批复,虽然其已于2008年被"停止适用",但正如学者秦前红教授所言:"齐玉苓案'批复'的废止不能简单理解为宪法的司法适用在中国就此彻底终结,相反最高人民法院还保留了借由司法解释或司法批复等途径让宪法的司法适用制度卷土重来的可能性。"②

(二)我国社会权司法保护分析

虽然在理论上,诚如学者黄金荣博士所言,现在中国的情况是,"人们才刚刚开始讨论宪法本身是否具有可诉性的问题,而对于如何实现宪法性经济和社会权利的可诉性这类具体的司法适用技术问题,似乎还远没有提上议事日程。"③但具体的宪制实践中,令人颇感欣喜的是,近年来我国各级人民法院已经受理并审结了多起涉及宪法适用的社会权案例。相信通过上述这些案例的整理和分析,定能为完善我国社会权甚至整个人权保障机制起到重要的促进作用。

1. 当前我国社会权司宪保护的整体性特征

通过对我国人民法院既已审结的社会权宪法案例④进行整理和归纳,我们可以发现其大致存在如下整体性特征:

---

① 王学栋、冯俊海:《我国宪法的司法适用性:相关司法解释评析》,《河北法学》2002年第6期。
② 秦前红:《废止齐案"批复"之举值得嘉许》,《法学》2009年第4期。
③ 黄金荣:《司法保障人权的限度——经济和社会权利可诉性问题研究》,社会科学文献出版社2009年版,第356页。
④ 根据笔者的搜集,我国各级人民法院既已审结的社会权宪法案件主要有:1."宜昌市无线厂诉卢玲等四人终止劳动合同纠纷案",载《最高人民法院公报》(以下简称《公报》)2000年第6期;2."刘明诉铁道部第二十工程局工伤赔偿案",载《公报》1999年第5期;3."龙建康诉永胜县交通局损害赔偿案",载《公报》2001年第1期;4."张连起、张国莉诉张学珍损害赔偿纠纷案",载《公报》1989年第1期;5."齐玉苓诉陈晓琪等以侵犯姓名权的手段侵犯宪法保护的公民受教育的基本权利纠纷案",载《公报》2001年第5期。6.1996年"莫尊通不服福清市人事局批准教师退休决定侵犯劳动权案",载《人民法院案例选》2000年总第32辑;7."吴粉女诉上海长宁区市政工程管理所恢复退休金待遇案",载《人民法院案例选》1999年总第30辑;8."巫凤娣诉慈溪市庵东镇环境卫生管理站退休待遇纠纷案";9."蒋韬诉中国人民银行成都分行招录公务员歧视案";10.权泰源诉辽源矿务局梅河煤矿工伤伤残赔偿案;等等。其中,以上"8—10"号案例,载王禹《中国宪法司法化:案例评析》,北京大学出版社2005年版。当然需要说明的是,由于获取资料有限,此处只能作粗略的总结,司法实践中此类案件肯定还大量存在。

第一，主要由基层人民法院予以审理。就以上笔者所搜集的社会权宪法案件而言，除个别案件是由高级或中级人民法院审理外，其余多是由基层人民法院加以审理并适用的。并且，在地方法院系统，还出现了基层人民法院适用宪法但中级人民法院予以回避的案例。例如，在"吴粉女诉长宁区市政工程管理所恢复退休金待遇案"中，其一审基层法院即是直接适用了《宪法》第 44 条规定进行裁判说理，二审法院虽然维持了一审判决，但其在判决书中却只指出"根据现行法律、法规的精神，退休人员的生活受到国家和社会保障。"由此，很显然二审法院实际上采纳了上述宪法条款之精神，但似乎刻意回避了援引宪法具体条款。针对此种现象，周伟教授曾解释道："对此，显然与宪法和法律没有明确赋予人民法院直接适用宪法原则处理民事的或者行政的案件有着直接的联系。同时，也是由于受案人民法院并没有把这些案件作为宪法基本权利争议进行处理，而是作为普通民事案件或行政案件行使管辖权所形成的。"[①]

不过，与上述较高层级的地方人民法院态度相异，最高人民法院曾多次间接表达了支持援引宪法作为案件审判依据的意愿。例如，在"张连起诉张学珍损害赔偿纠纷案"中，受理该案的天津塘沽区人民法院并没有直接根据宪法来认定双方当事人的约定无效，而是逐级上报，请示至最高人民法院。最后，最高人民法院通过批复的形式，主动直接运用了宪法来认定该案双方当事人的行为无效。[②] 而在 2001 年"齐玉苓"案件中，最高人民法院亦同样是通过批复的形式，支持地方法院援引宪法审理案件，即其指出："陈晓琪等以侵犯姓名权的手段，侵犯了齐玉苓依据宪法规定享有的受教育的基本权利，并造成了具体的损害后果，应承担相应的民事责任。"[③]

[①] 周伟：《宪法基本权利司法救济研究》，中国人民公安大学出版社 2003 年版，第 162 页。

[②] 在该案件中，天津塘沽区人民法院最终在判决中只是贯彻了上述批复之精神，而未直接援引上述批复作为判案依据。其理由主要是因为，1986 年《批复》明确规定："最高人民法院提出的贯彻执行各种法律的意见以及批复等，应当贯彻执行，但不宜直接适用。"

[③] 虽然该批复已于 2008 年被"停止适用"，但最高人民法院并没有列明停止适用的理由。而据此，学界虽然对以上理由进行了多方揣测，但我们认为这并不能表明最高人民法院事实上完全否认了其拥有理解、适用宪法审理具体案件的权力。

第二，案件受理主要采取民事诉讼形式。对于笔者所搜集的上述社会权宪法案例，除个别案例，如"莫尊通不服福清市人事局批准教师退休案"、"蒋韬诉中国人民银行成都分行招录公务员歧视案"是通过行政诉讼形式起诉或受理的，其余所有案件均是采用了民事诉讼形式。针对上述现象，学者莫纪宏教授认为，其主要是因为"在民事审判中适用宪法不会涉及行使国家权力的国家机关，所以，不会引发国家机关的反感，也不会妨碍国家机关行使国家权力的活动"。①

第三，案件适用均是采用非独立适用方式。所谓非独立适用方式，即是指在案件具体审理过程中，宪法只是出现在法院判决书的说理部分，或者是与其他法律规范结合起来共同作为案件的判决依据，其目的主要是为增强人民法院适用具体法律、法规的正当性和合理性。从上述笔者所搜集社会权宪法案例来看，其均是采取了上述适用模式。② 其中，作为前者之例证，在"龙建康诉永胜县交通局损害赔偿纠纷案"③ 中，受案人民法院即只是在该案的判决说理部分指出："把只有企业才能承担的安全风险转给能力有限的自然人承担，该约定损害了劳动者的合法权益，违反了我国宪法和劳动法的有关规定，属无效约定，不受法律保护。"而在判决依据部分，其则只列明依照《民法通则》、参照《劳动法》、《道路交通事故处理办法》以及云南省公安厅公交（1998）95号通知的有关规定。而作为后者之例证，在"巫凤娣诉慈溪市庵东镇环境卫生管理站退休待遇纠纷案"④ 中，慈溪市人民法院即是在该案的判决审理依据部分，明确指出依照《宪法》第44条、第45条第1款，以及《劳动法》第73条第1款第1项、参照《国务院关于工人退休、退职的暂行办法》的有关规定作出

---

① 莫纪宏：《宪法在司法审判中的适用性研究》，《北方法学》2007年第3期。
② 在审判实践中，虽然存在独立适用宪法作为审判依据的案例，如"范雪珍、范昌其、范桂娣、范昌波、范小蓉诉上海市房屋土地管理局颁发房地产权证案"（该案可参见王禹《中国宪法司法化：案例分析》，北京大学出版社2005年版，第28—31页），但其并不属于社会权案件。
③ 参见王禹《中国宪法司法化：案例评析》，北京大学出版社2005年版，第86—92页。
④ 参见王禹《中国宪法司法化：案例评析》，北京大学出版社2005年版，第155—159页。

判决。

2. 我国社会权司法适用存在的主要问题

承上文所述，虽然我国各级人民法院在司法实践中援引宪法社会权条款进行裁判存在着许多共性，但同时由于目前我国关于社会权司宪适用的理论研究尚不够深入，并且案件本身和办案人员具有极大的复杂性，因此，其具体适用又很不规范、甚至还存在着一些盲区。

第一，社会权司宪适用形式各异。人民法院在援引宪法社会权条款作为司法审判的规范依据时，必将涉及如何全面和准确地适用宪法的问题。以笔者所搜集的上述案例为依据，虽然其均是采取非独立适用之方式，但就具体适用而言，其则适用形式很不规范。具体来说，可以将其大概归为以下三种类型：（1）直接援引宪法社会权条款。比如，在"权泰源诉辽源矿务局梅河煤矿工伤赔偿案"[①]中，其判决书就直接援引了《宪法》第42条"中华人民共和国公民有劳动的权利和义务"的规定。（2）仅表明宪法社会权的具体类型。例如，在"莫尊通不服福清市人事局批准教师退休决定侵犯劳动权案"[②]中，其判决书即主张"……且被上诉人福清市人事局作出的批准退休决定违反了《宪法》所规定的公民劳动权，是具体行政行为"。（3）笼统适用宪法的原则和精神。例如，在"刘明诉铁道部第二十工程处第八工程公司罗文敏工伤赔偿案"中，其一审判决书就主张"把应由企业承担的风险责任推给承担风险能力有限的自然人，不利于对劳动者的保护，有违我国宪法和社会主义的公德"。

第二，当前社会权司宪适用模式不统一。根据受理案件的法院是否由其自身直接依据宪法社会权条款裁判案件为标准，目前我国各级人民法院适用宪法社会权条款裁判案件可以分为直接适用与层报最高法院以司法解释形式适用两种模式。所谓直接适用，就是受案法院由其自身根据案件的审理情况援引宪法社会权条款作出裁判

---

① 参见吉林省高级人民法院编《人民法院裁判文书选》（吉林，2000年卷），法律出版社2001年版，第218页。

② 最高人民法院中国应用法学研究所编：《人民法院案例选》总第32辑，人民法院出版社2000年版，第368—36页。

第五章 可诉性：社会权国家保护义务的司法实施

的适用模式。目前，绝大多数案件都采此种模式，如"莫尊通不服福清市人事局批准教师退休案"、"吴粉女诉长宁区市政工程管理所恢复退休金待遇案"等。而与此相对应，在"张连起、张国莉诉张学珍损害赔偿纠纷案"中，最高人民法院作出了《关于雇工合同"工伤概不负责"是否有效的批复》，有学者认为"本案说明了一个重要的宪法适用原则，即我国的宪法具有直接的法律效力，但是普通法院不能运用宪法直接的法律效力来审理案件，而必须上报请示最高人民法院决定。并且这一宪法原则在后来的'齐玉苓案件'得到了进一步例证"，但该学者最后又指出了该宪法适用模式"是否足以成为我国宪法在司法过程中的一个重要原则，还是有待于进一步观察"。①

第三，当前我国社会权司宪案件尚未真正涉及到可诉性的多层次问题。虽然通过上述社会权宪法案例，我们可以从侧面佐证社会权在我国具有宪法意义上的可诉性乃已成为客观事实，但若以上述可诉性层次理论作为分析框架，则可以发现上述既已审结的社会权宪法案例，多是涉及到社会权的间接"第三人"效力。② 质言之，在上述这些案件中，其多体现为作为私主体之间的涉社会权纠纷，在此人民法院乃是作为间接第三人效力的义务主体出现的，其应当履行的义务内容乃是以一种符合宪法的方法解释普通法律，将基本权利价值注入法律裁决中。③ 其中，以"张连起、张国莉诉张学珍损害赔偿纠纷案"为例，虽然该案只是一则普通的劳动权纠纷案件，但由于案发当时尚未制定劳动法，因此认定"工伤概不负责条款"是否有效在当时于法无据，此时最高人民法院才通过间接适用宪法的形式确认该条款无

---

① 王禹：《中国宪法司法化案例分析》，北京大学出版社2005年版，第16页。
② 根据学者李秀群博士的阐述，间接第三人效力与直接第三人效力的区别在于，直接效力针对的是法律行为，即私法主体的行为是否侵犯其他私法主体的宪法权利；间接效力则不是从法律行为的性质入手，而是从宪法对私法的约束力的角度主张对私法主体的保护。参见李秀群《宪法基本权利的水平效力研究》，中国政法大学出版社2009年版，第126页。
③ 当然，亦有个别此类案件在审理过程中涉及到了狭义国家保护义务的可诉性问题。例如，在2001年"齐玉苓案"中，针对该案件的一审判决，山东省高级人民法院根据最高人民法院的"批复"，依照《宪法》、《教育法》等撤销了一审判决，并判决支持了原告齐玉苓的诉讼请求。

效,并进而要求受案法院据此并根据民法通则等法律有关规定妥善处理本案。而除上述此类案件之外,对于尊重以及保护义务层面的社会权可诉性问题,现有的社会权司宪实践则基本上都没有涉及,而这些恰好是论证宪法社会权具有可诉性的核心议题。

第三节 社会权可诉性的法律适用:以中国为例

虽然在宪法层面,承认社会权具有可诉性已经成为时代发展的潮流,但作为一种辩证的逻辑,我们亦得承认社会权的实现状况乃受到多种因素的制约,社会权的宪法适用只是作为其最后一环起到兜底性保障作用。在各国具体的宪制实践中,真正制约社会权发展的首先乃是其国内立法,即其国家关于社会法的制定是否已经足够完善;其次,乃是针对该立法的司法,即在上述立法框架内,国家司法机关是否能够适时提供相应的救济。对于上述立法以及司法的性质,毫无疑问,它们都应当属于社会权国家保护义务的基本范畴。由于前文,笔者已就社会权国家立法保护义务进行过详细论述,因而在本部分,笔者将不再单独分析社会权法律适用的立法规范内容,进而直接从司法实务角度出发,探讨各类社会权在法律层面的具体适用状况。当然,还必须指出的是,受篇幅之限制,本节仅研究了中国社会权的法律适用状况问题。

一 我国受教育权的法律适用状况分析

以最高人民法院应用法研究所编写的《人民法院案例选》为参照系,该案例选收录的有关受教育权的具体案例,若是以诉讼类型为标准,主要集中在民事诉讼和行政诉讼方面。而在刑事诉讼方面,其至今还尚未收录过任何有关受教育权方面的案例。除去上述以诉讼类型为标准的分类方法之外,我们认为如果以案件的被告主体身份为标准,其又大致可以分为以主管教育行政机关为被告的案件、以学校为被告的案件以及以其他平等民事主体为被告的案件三种类型。下文我们将主要以被告的主体身份为区分标准来具体分析当前我国法律层面受教育权的司法救济现状。

（一）以主管教育行政机关为被告的受教育权案件

在上述各类受教育权案件之中，以主管教育行政机关为被告的案例主要有"薛淑琴诉吕梁地区行政公署招生考试委员会办公室侵犯其受教育权案"和"孙庆龙诉兴化市教育局不履行办理入学及进编手续法定职责案"。仔细分析以上两个案例，我们发现从原告的起诉目的的角度来看，以上两案例的原告都是试图通过提起行政诉讼方式以实现其被侵犯的受教育权。而在案件的具体审理过程当中，人民法院则首先都无一例外地选择了将评判诉讼行为标的是否符合行政诉讼受案范围作为其首要法律义务。具体来说，在1996年"薛淑琴诉吕梁地区行政公署招生考试委员会办公室侵犯其受教育权"案中，受案法院离石市人民法院在接到原告薛淑琴提交的起诉书当日即依据《行政诉讼法》第2条对被诉行政行为的性质做出了具体认定。而在2004年"孙庆龙诉兴化市教育局不履行办理入学及进编手续法定职责"案中，受案法院兴化市人民法院则经审理认为"江苏省教育厅以中小学民办教师为招生对象的中师民招生，是为稳定苏北偏远农村中小学教师队伍、提高其整体素质而专门针对教育行政系统内部人员——民办教师而进行的在职教育培训，与民办教师转为公办教师的教师进编行为同属教育行政系统内部行政行为，不属于行政诉讼受案范围。"

根据以上情况进一步综合分析两个案例，我们可以看出虽然当前我国《行政诉讼法》第11条、第12条都没有明确就受教育权的可诉性问题做出规定，但这并不意味我国事实上已经排斥或否定了受教育权的行政诉讼保障路径。相反，在具体的司法实践当中，当事人只要认为主管教育行政机关的具体行政行为侵犯了其合法受教育权并向人民法院提起行政诉讼，人民法院就完全可以依据《行政诉讼法》第2条的规定加以审查受理。此外，上述两个案例还启示我们，即人民法院在具体审查受理和审判的过程当中，如果其发现上述被诉行政行为事实上乃不应当不属于行政诉讼的受案范围，如上文提及的内部行政行为等，人民法院则还有权在裁定不予受理或裁定驳回原告起诉的基础上进而根据案件的具体情况而依法向有关主管行政机关提出其司法建议。

(二) 以学校为被告的受教育权案件

从《人民法院案例选》收录的受教育权案例来看当前我国受教育权案件主要都是集中在以学校为被告的受教育权案件上。仔细分析这些案例，我们发现如果以其具体内容为划分标准，我们大致可以将其分为涉及入学机会的案件①、涉及高校毕业证和学位证发放的案件②以及涉及学校与学生纠纷的其他案件③三种类型。其中，具体的司法实践之中，就涉及入学机会的案件而言，其既可以表现为民事诉讼形式，也可以表现为行政诉讼形式；而就涉及高校毕业证、学位证发放

---

① 这类涉及行政诉讼的案件主要有：（1）"残疾人王伟诉平顶山市财贸学校侵犯受教育权案"，载《人民法院案例选》，中国法制出版社 2000 年版，第 675—677 页；（2）"杭燚诉南京理工大学取消研究生入学资格案"，载《人民法院案例选》，第 43 辑，人民法院出版社 2003 年版，第 425—434 页；（3）"林群英诉厦门大学博士生招录案"，载《人民法院案例选》第 64 辑，人民法院出版社 2009 年版，第 417—429 页。涉及民事诉讼的案件有：（1）"齐玉苓诉陈晓琪冒名顶替到录取其的中专学校就读侵犯姓名权、受教育的权利损害赔偿案"，载《人民法院案例选》第 38 辑，人民出版社 2002 年版，第 97—107 页；（2）"张雪荣诉厦门大学教育合同因合同未成立而致张雪荣诉讼请求被驳回案"，载《人民法院案例选》第 49 辑，人民出版社 2002 年版，第 218—222 页。

② 这类案件主要有：（1）"张向阳诉南京大学拒绝颁发学士学位证书案"，载《人民法院案例选》第 34 辑，人民法院出版社 2001 年版，第 350—354 页；（2）"谢文杰诉山西师范大学拒绝颁发毕业证案"，载《人民法院案例选》第 44 辑，人民法院出版社 2004 年版，第 438—445 页；（3）"廖志强诉集美大学不授予学士学位案"，载《人民法院案例选》第 51 辑，人民法院出版社 2005 年版，第 421—428 页；（4）"陈舜文、陈丽云诉南华大学颁发毕业证、学位证案"，载《人民法院案例选》第 59 辑，人民出版社 2007 年版，第 526—532 页；（5）"褚玥诉天津师范大学授予学士学位案"，载《人民法院案例选》第 64 辑，人民法院出版社 2009 年版，第 408—416 页。

③ 这类案件主要有：（1）"袁昌富等 25 人诉楚雄学校依法设立后发起人出走致学生转学要求退还收取的费用并赔偿损失案"，载《人民法院案例选》第 37 辑，人民法院出版社 2002 年版，第 151—158 页；（2）"丁添因旷课被依守则规定按自动退学处理后诉厦门市集美区实用技术学校招生简章不实退赔学杂费案"，载《人民法院案例选》第 37 辑，人民法院出版社 2002 年版，第 157—162 页；（3）"赵烨炀诉汶河小学接受入学同意三年级就读后又让其于一年级就读致辍学侵害受教育权赔偿损失案"，载《人民法院案例选》第 45 辑，人民法院出版社 2004 年版，第 190—197 页；（4）"钟杨志不服闽西职业技术学院退学处理案"，载《人民法院案例选》第 76 辑，人民法院出版社 2011 年版，第 300—306 页；（5）"徐思嘉诉武汉理工大学取消学籍案"，载《人民法院案例选》第 90 辑，人民法院出版社 2016 年版，第 336—344 页。

的受教育权案件和其他涉及高校与其学生间的受教育权案件而言，其前者在现实中主要是通过行政诉讼形式实现的，而后者则主要是通过民事诉讼实现的。

仔细分析上述两种诉讼类型的受教育权案件，我们认为在当前具体的司法实践当中区别采用民事诉讼还是行政诉讼来受理审判对此类受教育权案件，其根本依据就在于上述学校是否依法行使了我国《教育法》、《高等教育法》等相关法律赋予的高校或其他学校以招收学生和其他受教育者、进行学籍管理等相关权力。而具体来说，我们则可以分别通过对《人民法院案例选》现已收录的案例来加以总结和评析。

第一，对以学校为被告的受教育权民事诉讼案件的评析。就总体而言，以学校为被告的受教育民事诉讼案件都存在着一个共同的特点即作为被告的学校与作为原告的学生之间事实上都是处在一种平权型的法律关系之中。其中，以颇具争议的"张雪荣诉厦门大学教育合同因合同未成立而致张雪荣诉讼请求被驳回案"为例，虽然该案在庭审过程当中曾存在着是采取民事诉讼还是行政诉讼来加以审理的争论，但在最后审理的过程中，厦门市思明区人民法院还是认为："原告在陈述事实理由及辩论的过程中，均是以原、被告之间已存在教育合同关系，被告违反合同的约定，擅自解约为事实基础。因此，可以认定原告在侵权损害赔偿与解除合同损害赔偿两种责任的请求权竞合的情况下，选择了违约损害赔偿请求权。"[①] 换句话说，在该案之中，虽然案件涉及了张雪荣的入学机会权，但其更多的还是表现为一种平等民事主体间的违约责任，因而其应该被纳入到民事诉讼范畴。而无独有偶，在"丁添因旷课被以守则规定按自定退学处理后诉厦门市集美区实用技术学校招生简章不实退赔学杂费案"中，虽然集美区人民法院最后也是采取民事诉讼形式审理了该案，但在该案审查受理之初，其内部事实上也形成过两种截然相反的观点，即"一种意见认为本案应属行政部门管理，由教育行政部门整顿处理，不属于法院管辖。另一

---

① 最高人民法院应用法研究所：《人民法院案例选》第49辑，人民出版社2002年版，第220页。

种意见认为,本案纠纷实质上是产生于学生交纳学费就学后,其接受教育与办学者提供教学服务的过程中,因此他们之间形成的是一种民事法律关系,系民事合同纠纷,应依照民事法律、法规来调整,因此,人民法院有权管辖。法院采纳了后一种观点,依法受理了这起纠纷案件。"①

仔细分析以上分歧观点,我们认为一方面令人欣喜的是,当前某些受教育权案件在现实中确实可以或者已经通过走民事诉讼的路径进而获得了有效的法律救济与保护;而另一方面,我们也必须看到受案情复杂程度、法律理念、法官素质等因素的影响,虽然我国立法已经明晰了作为平权型的学校与其学生间的受教育权纠纷的民事可诉性问题,但在具体的操作过程当中,受案法院依然无法摆脱或避免在认定此类案件性质时所面临的诸多疑难困境。

第二,对以学校为被告的受教育权行政诉讼案件的评析。根据我国最高人民法院《关于执行〈中华人民共和国行政诉讼法〉若干问题的解释》第1条、《中华人民共和国教育法》第21条和28条、《中华人民共和国学位条例》第8条、第9条及第18条等相关条文的规定,我国在具体的司法实践当中事实上已经认可了以学校为被告的受教育权案件的行政诉讼保护路径。作为例证,在上述《人民法院案例选》收录的11个以学校为被告的受教育权案件中,其采取行政诉讼方式加以审理的有6个,占总数的54.5%。并且,就这6个既已收录的受教育权案例来看,我国司法实践中对此类案件最终是否采取行政诉讼的方式加以审理,其关键问题就在于原被告之间到底是否存在一种管理与被管理的行政关系。具体来说,通过对上述案例的实证分析,我们发现在涉及入学机会的受教育权案件中,如果原被告之间依据《教育法》、《高等教育法》等法律法规的相关规定进而存在着一种事实上的隶属性行政法律关系,那么其就应当采取行政诉讼的方式加以审理和救济。例如,在《人民法院案例选》收录的案例中,"残

---

① 最高人民法院应用法研究所:《人民法院案例选》,第37辑,人民法院出版社2002年版,第160—161页。

疾人王伟诉平顶山市财贸学校侵犯受教育权案"、"杭燚诉南京理工大学取消研究生入学资格案"等案例都属于此种情形。而除此之外，在涉及高校毕业证、学位证颁发的受教育权案件中，由于《中华人民共和国学位条例》、《学位条例暂行实施办法》等法律法规已经明确规定，高校授予学生学位、毕业证等行为应当属于法律、行政法规授权的组织作出的具体行政行为，因而其应当被纳入到行政诉讼受案范围。或者正是因为此，目前虽然还有一些法院和学者对此仍有不同看法，即他们认为"学校不是行政机关，不能成为行政诉讼的适格被告；颁发学位证、毕业证是一个学术问题，不是行政权的问题，不能由司法权来加以审查，否则就干预了学术自由，干预了学校的办学自主权。"[①] 但从总体上来说，将此类受教育权案件纳入到行政诉讼范畴在学界与实务界已经达成了普遍共识。作为例证，《人民法院案例选》现已收录的4个有关涉及学位证、毕业证颁发的受教育权案，人民法院都是通过行政诉讼形式加以受理和审判的。

（三）以其他平等民事主体为被告的受教育权案件

我国目前关于受教育权民法保护的立法规定主要可以分为两种情况。其中，第一种情况为，根据我国《义务教育法》、最高人民法院《关于人民法院审理离婚案件处理子女抚养问题的若干具体意见》第12条等法律文件的规定，父母及其他监护人对被监护人应当负有妥善安排或资助被监护人享有受教育权的义务。当上述监护人员不履行或违法履行该义务时，被监护人或者法律法规规定的其他主体可以依法向人民法院提起民事诉讼。在具体的司法实践当中，我国目前已经出现过相关方面的司法案例。例如，《人民法院案例选》2003年第44辑收录的"无锡市大同路社区居民委员会申请撤销丁建华的监护人资格案"[②]，即属于此种情况。具体来说，在该案中，大同路居委会即是以"丁建华的行为严重损害了丁忆的身

---

① 最高人民法院中国应用法学研究所：《人民法院案例选》第40辑，人民法院出版社2004年版，第442页。

② 最高人民法院中国应用法学研究所：《人民法院案例选》第44辑，人民法院出版社2004年版，第91—93页。

心健康，侵害了丁忆作为未成年人的受教育权为理由"，进而根据《民法通则》中有关监护方面的法律规定向人民法院提起民事诉讼的。并且，该案的最终结果也是以受案法院即无锡市崇安区人民法院依据《民事诉讼法》第161条、《民法通则》第18条第三款撤销了丁建华对丁忆的监护资格而告终的。而作为立法的第二种情况，我国目前其他以平等民事主体作为被告的受教育权案件主要乃是表现为第三人对公民受教育权的侵犯。具体来说，《人民法院案例选》目前已经收录了两个这方面的案例，即包括："邱晖华诉全南县邮政局邮递延误使自己失去上学机会损害赔偿案"[①] 和"郭帅闯诉郭雪闯在其提前退学后冒用其姓名、学籍参加中招考试被录取并致其后失去当兵机会从而侵犯其姓名权、受教育权案"[②]。就前一案例而言，虽然我国《人民法院案例选》目前只收录了这一个案例，但事实上全国范围内还存在着多起类似的第三人侵权案件。例如，江苏张某录取通知书被邮政延误案、河南陈某研究生入学考试准考证被邮政延误案等等。在这类案件之中，多数人民法院认为，"被告的行为侵害了原告的受教育权，给原告造成了巨大的精神压力和痛苦。对此，被告应当给予原告必要的精神损害赔偿。"而除此之外，就后一个案例来说，虽然其具有受教育权案件的形式特征，但是从实质上来看，其并非严格意义上的受教育权案件，因而在司法实践当中我们认为更宜将其作为一般民事案件来加以处理。

总而言之，通过上文我们对《人民法院案例选》所收录的受教权案例的分析，我们认为虽然当前我国立法对受教育权法律层面可诉性的规定还存在着诸多不尽完善的地方，但是无论从何种视角上加以分析，我们都无法否认二十年来我国司法实务界对公民受教育权保障所做出的诸多努力。截至目前，我们可以说当前我国已经形成了较为成熟的受教育权司法保障体系，通过行政诉讼、民事诉讼等多种诉讼方

---

① 最高人民法院中国应用法学研究所：《人民法院案例选》第48辑，人民法院出版社2005年版，第245—249页。
② 最高人民法院中国应用法学研究所：《人民法院案例选》第48辑，人民法院出版社2005年版，第345—350页。

式以保障公民受教育权在我国司法实务界已经取得了普遍共识。在某种程度上我们进而可以说，当前我国司法实务界对受教育权法律层面可诉性问题的一致认同已经确实在不同程度上矫正了立法关于受教育权法律保护的诸多缺陷。

二　我国劳动权的法律适用状况分析

当前我国有关法律层面工作权可诉性的司法实践主要是体现在行政诉讼和民事诉讼两个方面。而在刑事法方面，虽然上文已经得出其应当具有法律层面可诉性的结论，但遗憾的是《人民法院案例选》至今还尚未收集到相关方面的现实案例。而具体来说，笔者搜集到的案例主要是通过行政诉讼方式加以审理的。而除此以之外，其则全部是涉及劳动合同纠纷的民事诉讼案件。为了达到分析问题的针对性与便捷性，我们将主要分工作权的行政诉讼救济和民事诉讼救济来分别加以分析。

（一）通过行政诉讼予以适用

就目前而言，虽然《人民法院案例选》已经通过具体案例证明了关涉工作权方面的行政许可、行政处罚、行政强制、行政合同等具体行政行为和行政不作为行为案件都具有法律层面上的可诉性。但仔细分析以上案例，我们发现其所涉内容的分布状况并不是非常均匀。从某个侧面上看，我们甚至可以说这种分布还具有严重的偏向性特征。具体来说，在当前《人民法院案例选》所收录的工作权行政诉讼案例之中，其绝大多数案件都是偏向于工作权的主体资格争议方面。并且，就这种主体资格争议而言，其又主要是集中在律师执业资格[①]、

[①] 目前，《人民法院案例选》所收录的涉及律师执业资格争议的工作权案件主要有：(1)"龚仕清诉四川省司法厅对注册律师工作执照不予答复行为案"，载《人民法院案例选》1992—1999年行政卷合订本，中国法制出版社2000年版，第495—498页；(2)"刘香平不服湖北省司法厅取消律师资格决定案"，载《人民法院案例选》1992—1999年行政卷合订本，中国法制出版社2000年版，第504—507页；(3)"贺龙国不服江苏省司法厅、灌南县司法局拒绝履行法律服务执照注册行为案"，载《人民法院案例选》第34辑，人民法院出版社2001年版，第322—327页。

教师主体资格①、医师执业资格②等三个方面。此时，我们如果回视一下前文所论述的关于工作权可诉性的立法规定，即在立法上，工作权行政诉讼的受案范围应当是涵括了行政处罚、行政许可、行政确认、行政监督等多种类型的违法或不作为行政案件。而在现实当中，我们却发现目前现有的工作权行政诉讼案件多是涉及行政许可、行政处罚以及行政不作为方面的工作权主体资格争议案件。而根据前文所述，虽然劳动行政监督案件的可诉性问题不仅已经为我国劳动立法所肯定，且将其积极运用到具体司法实践之中也是刻不容缓。但非常遗憾的是，直到现在，我国司法领域还是没能或者说还基本上没有出现有关劳动监督方面的行政诉讼案件。而除此之外，我们认为即使是在劳动行政处罚、劳动行政许可以及劳动行政不作为领域，其对工作权的行政诉讼保护也不并非完美。因为如前文所述，具有上述性质的工作权行政诉讼案件目前主要是集中在涉及律师执业资格、教师主体资格以及医师执业资格方面的行政争议。因而，在上述三种涉及工作权主体资格争议的行政案件外，亦即在其他有可能涉及到劳动行政处罚、劳动行政许可以及劳动行政不作为案件的领域内，其有关工作权可诉性的司法履行状况还有待进一步改善。

（二）通过民事诉讼予以适用

虽然目前我国关于工作权中劳动争议诉讼案件的受案范围还存在诸多争议，但我们认为根据《企业劳动争议处理条例》、《关于审理劳动争议案件适用法律若干问题的解释》等规定，至少劳动者与用人

---

① 目前，《人民法院案例选》所收录的涉及教师主体资格争议的工作权案件主要有：(1)"吴锦华不服龙岩市新罗区教育局吊销教师资格证的处罚决定案"，载《人民法院案例选》第34辑，人民法院出版社2001年版，第345—349页；(2)"黄源芳诉广州市番禺区教育局不予接受的答复案"，载《人民法院案例选》第45辑，人民法院出版社2004年版，第447—454页；(3)"马文峰等11人诉三门峡市教育局等要求履行职责、安置工作案"，载《人民法院案例选》第50辑，人民法院出版社2005年版，第197—202页。

② 目前，《人民法院案例选》所收录的涉及医师执业资格争议的工作权案件主要有：(1)"张福林诉虞城县卫生局不予办理执业许可证案"，载《人民法院案例选》第39辑，人民法院出版社2002年版，第392—396页；(2)"陈炳才不服龙岩市新罗区卫生局停止医师执业活动处理决定案"，载《人民法院案例选》第43辑，人民法院出版社2003年版，第400—407页；(3)"李文英请求泸州市江阳区卫生局履行行政合同安排工作案"，载《人民法院案例选》第50辑，人民法院出版社2005年版，第350—354页。

单位发生的如下纠纷可以通过民事诉讼加以解决：（1）在履行该劳动合同的过程中发生的纠纷；（2）未订立书面劳动合同，但已形成劳动关系后发生的纠纷；（3）劳动者退休后，与尚未参加社会保险统筹的原用人单位因追索养老金、医疗费、工伤保险待遇和其他社会保险费而发生的纠纷。① 然而遗憾的是，在我国当前的司法实践之中，虽然《人民法院案例选》已经有代表性地收录了一些涉及工作权的民事诉讼案例②，但对上述案例稍加分析，我们就可以发现当前我国试图通过民事诉讼路径以实现工作权可诉性的理想也还远未实现。

具体来说，我们认为其理由主要可以包括：其一，上述司法案例虽然分别涉及到了国有企业的下岗分流及其待遇问题、解除劳动合同的经济补偿或赔偿问题、违反合同约定而导致辞退问题以及违反法律法规所导致的劳动合同解除问题等，然而稍加分析，我们就可看出以上案例就其形式而言，其事实上都是以书面劳动合同的存在为前提和基础的；而就其具体内容而言，它们则绝大部分都是因解除劳动合同而引起的劳动纠纷。此时，我们若再仔细比对一下上文所述的劳动争议诉讼的受案范围，我们就可以发现当前我国关于工作权的劳动争议诉讼主要还是局限在其受案范围第一项的部分情形之内。换句话说，对于上述受案范围的第二、三项以及第一项的其他情形，我们认为即便在具体的司法实践当中已经出现过相关方面的一些案例，但是从整体上来看，其情况依然是不容乐观的。其二，如上文所述，根据最高人民法院《关于审理劳动争议案件适用法律若干问题的解释（二）》第3条，以及其他法律法规规定，对于某些特定的劳动争议情形，当

---

① 李瑜青：《劳动纠纷仲裁与诉讼》，上海社会科学院出版社2007年版，第13页。
② 例如，这类涉及工作权的民事诉讼案件有：（1）"谢青诉福建省石油总公司长汀支公司应撤销将其定为下岗职工的通知劳动争议案"，载《人民法院案例选》第36辑，人民法院出版社2001年版，第167—175页；（2）"虞志华诉飞羽公司解除劳动合同并给予经济补偿案"，载《人民法院案例选》第48辑，人民法院出版社2005年版，第437—442页；（3）"李晴诉滨城学院违约解除劳动合同应支付经济补偿金及赔偿金案"，载《人民法院案例选》第48辑，人民法院出版社2005年版，第443—449页；（4）"葛新年因沭阳县邮政局将其辞退诉邮政局案"，载《人民法院案例选》第50辑，人民法院出版社2005年版，第450—455页；（5）"付胜军诉四川和益电力股份有限公司解除劳动合同纠纷案"，载《人民法院案例选》第51辑，人民法院出版社2005年版，第225—233页，等等。

事人无须以劳动仲裁为前置程序即可向人民法院提起民事诉讼。而纵观上述司法案例，我们发现其在程序上都是以仲裁裁决为前置条件的。换句话说，我们认为虽然从某个侧面看，像这类能够直接提起民事诉讼的劳动争议案件一般都是相对简单的，但是它作为一种特别的劳动争议诉讼类型，《人民法院案例选》至今没有收集到一例属于此类情形的案例，这也不得不让我们开始揣测甚至怀疑当前此类案件在我国司法领域的可诉性状况到底如何。

总而言之，通过仔细分析以上《人民法院案例选》所收录的工作权案例，我们发现就目前而言，虽然在工作权的某些方面，例如在以律师执业资格、教师主体资格、医师执业资格为代表的工作权主体资格争议方面以及在具有书面劳动合同前提下的劳动解除方面，我国各级司法机关确实已经较好地实现了其可诉性的司法履行问题。但就工作权的大部分内容而言，即使是在法律层面，我们认为其可诉性的司法履行状况还是不容乐观的。

三　我国社会保障权的法律适用状况分析

就目前而言，由于我国各级立法机关对社会保障权的立法规定（此处不包括宪法）主要表现在社会救助权、社会保险权、社会福利权以及社会优抚权等四个方面，因而我们在此探讨社会保障权法律层面可诉性的司法履行现状时，也将分别从以上几个方面来加以探讨。

（一）社会救助权的法律适用状况

所谓社会救助权，也有学者将其称之为社会救济权，它主要是指社会成员在因自身、自然或社会原因造成贫困，无法维持基本生活的情况下，从国家获得物质帮助的权利。就目前而言，虽然学界普遍认为，"社会救济是社会保障的最低层次，被视为整个社会保障制度的第一道防线。"[①] 但在具体的司法实践之中，我国司法机关对公民社会救助权的保障状况仍很不乐观。具体来说，这种不乐观主要可以表现在以下几个方面：

---

① 张姝：《社会保障权论》，博士学位论文，吉林大学，2005年。

第一,从数量关系维度看,目前我国司法实践中有关社会救助权的司法案例甚是少见。其中,以《人民法院案例选》为参照系,只有极个别有关社会救助权的司法案例。目前笔者搜集到的只有"王秀英诉合江县参宝乡人民政府不予发给《五保供养证书》案"[1]和"苏翔诉厦门市同安区民政局不履行社会救助义务纠纷案"。[2]

第二,从上述案例的内容维度看。根据我国有关学者论述,当前我国有关社会救助方面的法律制度主要可以包括城市居民最低生活保障制度、农村救助与扶贫法律制度、特殊对象的救助制度、城市流浪乞讨人员救助法律制度、专项灾害救助法律制度。[3]但从以上制度的司法履行状况来看,我们发现目前其仅仅涉及了对农村贫困人口社会救助权的司法保障,而对于其他类型社会救助权的司法保障,我国似乎还没有提上议程。

第三,从案件的诉讼类型维度来看。就目前而言,我国对法律层面社会救助权的司法保障主要是通过行政诉讼路径加以实现的。而事实上,我们知道在刑事法上我国也有社会救助方面的法律规定,例如,现行《刑法》第216条明确规定:"挪用国家救灾、抢险、防汛、优抚、救济款物,情节严重,致使国家和人民群众利益遭受重大损失的,对直接负责人员处以3年以下有期徒刑或拘役,情节特别严重的处3年以上,7年以下有期徒刑。"然而,纵观我国当前社会现实,通过刑事诉讼路径以救济公民社会救助权的案件也是少之又少。

(二)社会保险权的法律适用状况

所谓社会保险权,它主要是指公民作为劳动者依照国家所建立的社会保险制度在履行一定的义务后有得到特定金额的权利。从我国目前的立法状况来看,社会保险权在我国具体可以细化为养老保险、医疗保险、工伤保险、生育保险等多项内容,这些内容都应当具有法律层面的

---

[1] 最高人民法院中国应用法学研究所:《人民法院案例选》(1992—1999年合订本·行政卷),中国法制出版社2000年版,第737—740页。
[2] 最高人民法院中国应用法学研究所:《人民法院案例选》第83辑,人民法院出版社2013年版,第311—315页。
[3] 巢健茜:《劳动法与社会保障法》,科学出版社2007年版,第237—240页。

可诉性。不过，在具体的司法实践当中，其可诉性程度却有可能呈现出不同的特征。为了能够更加直白地分析出这种潜在的不同特征，我们将继续通过《人民法院案例选》所收录的具体案例来进行分析。

1. 工伤保险

从整体上看，《人民法院案例选》收录的两个保险方面的案例，占总社会保障案件的大多数。由此可以粗略推断出，当前我国关涉社会保障权可诉性的案例主要集中在工伤保险方面。而进一步对其加以甄别归类，可以发现上述工伤保险案例事实上主要集中在工伤认定方面。

这些案例大致可以分为直接关涉工伤认定的工伤保险案件（以下简称工伤认定案件）和其他工伤保险案件两种类型。而就工伤认定案件来说，如果以原告的身份为区分标准，我们又可以将其进一步细分为以单位员工（包括其近亲属）为原告的工伤认定案件和以用工单位为原告的工伤认定案件。并且，从以上审理结果来看，其最终都是以原告胜诉而告终的。具体来说，在这些案件的具体审理过程当中，除有少数案件[①]是通过二审法院改判而使原告获得胜诉的，其余绝大部分案件都是在一审终结之时原告即获得了人民法院的判决支持。或许正是因为此，在我国当前的工伤认定案件中，不论是以单位员工为原告的案件，还是以劳动单位为原告的案件，其最终的审理结果基本上都是有利于劳动者的。作为例证，在《人民法院案例选》所收录的相关案例中，除极个别案件，如"陈昌国诉东莞市社会保险基金管理中心行政给付纠纷案"[②]因原告使用假身份证办理工伤保险进而没能获得相应的工伤保险救济外，其余基本上都是以支持劳动者的工伤保险

[①] 例如，这类案件有：（1）"余启良不服泸县劳动和社会保障局工伤认定案"，载《人民法院案例选》第50辑，人民法院出版社2005年版，第227—233页；（2）"罗寿芬等诉泸州市劳动和社会保障局行政确认案"，载《人民法院案例选》第52辑，人民法院出版社2006年版，第436—444页；（3）"林国雄诉深圳市劳动和社会保障局工伤认定案"，载《人民法院案例选》第62辑，人民法院出版社2008年版，第385—393页；（4）"宋德鸿诉东营市劳动和社会保障局工伤认定案"，载《人民法院案例选》第62辑，人民法院出版社2008年版，第405—414页。

[②] 参见最高人民法院中国应用法学研究所：《人民法院案例选》第62辑，人民法院出版社2008年版，第423—430页。

诉求而告终。如果单从这一维度出发，我们完全有理由相信当前我国社会保险权在工伤保险方面确实已经较好地实现了其在法律层面的可诉性。

2. 养老保险

所谓养老保险，有学者也将其称之为老年社会保险或年金保险，它主要是指劳动者在到达国家规定的退休年龄，退出社会劳动领域后，按规定享受物质待遇，保障其基本生活需要的一种社会保险制度。① 就目前而言，由于我国的养老保险制度还尚处于改革探索阶段，其出台的政策文件多尚处在"决定"、"通知"和部门规章的层次。② 因而在现实中，受这种低层次法律文件等消极因素的影响，我国目前司法实践中关于养老保险可诉性的实现状况还不容乐观。

以《人民法院案例选》为参照系，有关养老保险方面的收录案例③总体较越少。以上案例事实上都是通过行政诉讼的方式表现出来的。如果我们依此路径进而从行政诉讼的受案范围角度来审视之，以上案件则主要涵括了有关养老保险的行政裁决、行政确认、行政处理以及行政不作为的可诉性问题。针对以上案件类型，我们认为虽然我国《行政诉讼法》已经在立法上明确肯定了其法律层面的可诉性，且当前司法实践也在一定程度上践行了这种法律上的可诉性。然而，进一步分析以上案例，我们无法否定当前我国不论是在司法还是在立法

---

① 陈信勇：《劳动与社会保障法》，浙江大学出版社2007年版，第238页。

② 目前，我国已经出台的有关养老保险制度的法律文件主要有：1991年的《国务院关于企业职工养老保险制度改革的决定》，1992年的《县级农村社会养老保险基本方案（试行）》，1992年的《乡镇企业职工养老保险办法》，1995年的《国务院关于深化企业职工养老保险制度改革的通知》，1997年的《国务院关于建立统一的企业职工基本养老保险制度的决定》，2005年的《国务院关于完善企业职工基本养老保险制度的决定》，等等。

③ 这5个案例分别为：（1）"张宝珍不服上海市社会保险管理局作出的养老保险裁决案"，载《人民法院案例选》（1992—1999年合订本·行政卷），中国法制出版社2000年版，第733—736页；（2）"上海嘉华会计师事务所静安业务部不服上海市社会保险管理局养老保险裁决案"，载《人民法院案例选》第36辑，人民法院出版社2001年版，第404—408页；（3）"黄兰芳诉海门市劳动局退休管理行政处理决定案"，载《人民法院案例选》第34辑，人民法院出版社2001年版，第328—332页；（4）"范爱民诉清河区财政局不依法发放退休工资、福利待遇案"，载《人民法院案例选》第41辑，人民法院出版社2003年版，第432—440页；（5）"黄萍萍不服厦门市思明区人事劳动和社会保障局退休待遇确认案"，载《人民法院案例选》第50辑，人民法院出版社2005年版，第234—240页。

上，对于养老保险法律层面的可诉性问题，其都有待于进一步改进。

具体来说，我们在此将主要以"黄兰芳诉海门市劳动局退休管理行政处理决定案"为例来进行分析。在该案例中，当事人双方争议的焦点事实上即在于劳社部发（1999）8号文件规定的办理退休手续时，"身份证与档案记载的出生时间不一致，应以本人档案中最先记载的出生时间为准"的规定是否合法有效。在一审中，受案法院启东市人民法院严格依照上述规章规定，进而在判决中指出："被告认定原告在1999年11月办理退休手续时，尚未达到规定的退休年龄，有事实根据。被告作出注销原告退休审批表和退休养老证的行政处理并无不当"。而二审法院对此却没有苟同，因为根据1989年9月8日公安部《关于全国范围内实施居民身份证使用和查验制度的请示的通知》规定："居民身份证是国家法定的证明公民个人身份的证件，具有一定的权威性，并可用作办理聘用、雇佣和离退休手续。"虽然（89）公发15号文与劳社部发（1999）8号文属同一位阶的规范性文件，且前文比后文早出台10年，虽然此两文不是同一机关制定的，在特别法律规范文件与一般法律规范文件效力原则面前没有可比性，但劳社部发（1999）8号文件"职工身份证与档案记载的出生时间不一致时，以本人档案最先记载的出生时间为准"之规定，无疑应当受到质疑。① 而就我们看来，虽然《行政诉讼法》第53条明确规定人民法院审理行政案件可以参照规章，人民法院认为地方人民政府制定和发布的规章与部门规章，以及各部门规章间不一致的，由最高人民法院送请国务院作出解释或裁决。但具体的司法实践运作中，由于《行政诉讼法》不仅在其第12条明确排除了对包括规章在内的抽象行政行为的合法性审查排除，而且在人民法院内部，受基层法院素质整体偏低等因素的影响，多数法官在适用规章等审理此类行政案件时，其更多的是在依据规章而非参照规章。如此一来，在现实中对于此类行政案件可诉性之实现状况，毫无疑问会大打折扣。

---

① 最高人民法院中国应用法学研究所：《人民法院案例选》第34辑，人民法院出版社2001年版，第328—332页。

3. 医疗与生育保险

在医疗保险的立法领域，虽然根据《国务院关于建立城镇职工基本医疗保险制度的决定》精神，劳动和社会保障部已经会同有关部门、部委共同研究制定了 16 个配套文件，为推进我国基本医疗保险制度改革提供了一个比较完整的政策体系。但是从司法层面来看，由于上述 16 个配套文件的法律层级事实上都是处于规章层次。而在现行的行政诉讼体制下，我们知道人民法院审理行政案件的依据只包括法律和法规，规章只能起到参照作用。如此一来，我们就会发现，如果从严格意义上来定义医疗保险争议的法律依据问题，其可以说是无法律法规可依。或许正是因为这种立法的不完善，直到现在我国《人民法院案例选》还没有收录到任何一个严格意义上的医疗保险案件。而正是从这种视角上加以分析，我们似乎可以这样认为，即当前我国立法关于医疗保险案件的可诉性在其司法领域中并未得到实践的直接证明。而无独有偶，对于生育保险的可诉性现状分析，其也应当属于此种状况。具体来说，虽然我国《妇女权益保护法》、《劳动法》等法律也规定了妇女生育方面的一些权利，但是就目前而言，我国直接关涉生育保险的法律文件主要为 1988 年 6 月国务院发布的《女职工劳动保护规定》以及 1994 年劳动部颁布的《企业职工生育保险试行办法》。根据这两个法律文件，虽然有学者通过统计指出，"截至 2006 年末，全国参加生育保险人数为 6549 万人。"① 但是从司法实践的角度看，我国关于生育保险可诉性的案例也是非常少见的。

（三）社会优抚权的法律适用状况

所谓社会优抚权，它主要是指那些为维护国家安全或社会秩序作出贡献和牺牲的人员及其家属有享受国家在物质上的优抚和抚恤的权利。在内容上，它主要包括退伍军人就业安置、现役军人及其家属优待、烈属抚恤、军人退休生活保障等等。就目前的立法保障而言，根据有关学者的研究，虽然国务院《军人优抚优待条例》的颁布和施

---

① 陈信勇：《劳动与社会保障法》，浙江大学出版社 2007 年版，第 318 页。

行，使我国社会优抚工作向制度化、法制化和社会化方向迈出了重要的一步，但由于其缺乏国家基本法的强制，因而在市场经济条件下，不少地方执行起来还很困难。而在具体的司法审判层面，以《人民法院案例选》为例，虽然目前其一共只收录到 5 个①相关方面的案例。但通过以上案例的分析，我们发现当前我国在社会优抚权法律层面可诉性的司法履行方面其确实取得了一些成绩。

尤为值得肯定的是，在此类行政案件的诉讼受理方面，根据我国《行政诉讼法》第 11 条第 1 款第（六）项规定，只有公民"认为行政机关没有依法发放抚恤金"，其才可以依法向人民法院提起与行政优抚有关的行政诉讼。然而，在"赵贵金诉任丘市民政局不依法发放抚恤金案"中，人民法院却在事实上用司法判例的形式扩展了《行政诉讼法》的上述立法规定。具体来说，在该案中，由于原告赵贵金的诉讼请求主要是要求民政局按照 420 号文件的规定履行义务，而事实上我们知道上述 420 号文件所要调整的乃是移交政府安置的军队离休干部随军遗属的生活补助费标准，而非抚恤金。既然如此，那么依据《行政诉讼法》第 11 条第 1 款第（六）项的规定，人民法院本不应该受理此案。然而，在本案之中，受诉人民法院并没有就此而了结。相反，它通过分析指出，根据《行政诉讼法》第 11 条第 1 款第（八）项以及最高人民法院《关于执行〈中华人民共和国行政诉讼法〉若干问题的解释》第 48 条第 2 款之规定："人民法院审理起诉行政机关没有依法发放抚恤金、社会保险金、最低生活保障费等案件，可以根据原告申请，依法书面裁决先予执行。"涉及社会保险金、最低生活费等案件，应当属于行政诉讼的受案范围。而在此案中，生活补助费

---

① 这 5 个涉及社会优抚权的案例分别为：(1)"席福宗诉笃忠乡人民政府不履行法定职责案"，载《人民法院案例选》第 31 辑，人民法院出版社 2000 年版，第 334—337 页；(2)"赵贵金诉任丘市民政局不依法发放抚恤金案"，载《人民法院案例选》第 45 辑，人民法院出版社 2004 年版，第 438—446 页；(3)"谭国华诉河南金龙精密钢管股份有限公司、中国科学院新乡科学仪器研制中心劳动争议案"，载《人民法院案例选》第 48 辑，人民法院出版社 2005 年版，第 428—431 页；(4)"王泽隆请求合江县民政局发放抚恤金案"，载《人民法院案例选》第 50 辑，人民法院出版社 2005 年版，第 376—380 页；(5)"李彦启等诉邳州市陈楼镇人民政府不依法履行优待金给付义务案"，载《人民法院案例选》第 53 辑，人民法院出版社 2006 年版，第 461—465 页。

事实上与以上几种案件情况类似,是要求行政机关发放生活补助的具体行政行为,因而人民法院有权加以审理。而除此之外,以上案例中的"李彦启等诉邳州市陈楼镇人民政府不依法履行优待金给付义务案"也是属于此种情形。

总而言之,我们认为通过对以上案例的分析,可以看出当前我国人民法院在审理社会优抚权方面的案件时,针对那些法律法规没有明文规定是否可诉的情况,其事实上已经认可了一种更为人性化的受理审查方式,即只要符合"以人为本"的精神,其就可以根据案件的具体情况,进而通过《行政诉讼法》第 2 条以及对其第 11 条的兜底条款的扩张解释而将其纳入到行政诉讼中去。

(四) 社会福利权的法律适用状况

社会福利权作为公民有享受国家和社会提供的诸如文化、教育、娱乐和医疗保健等方面的各种公共社会福利,以提高其自身生活质量、自我发展的权利,其主要覆盖在职业福利、民政福利、公共福利三个方面。与上述各类社会保障权不同,国家对社会福利权的保障还具有诸多特殊之处。例如,有学者将其主要概括为:第一,社会福利保障对象针对全民,具有普遍性;第二,社会福利权利义务不一致,具有单向性;第三,社会福利待遇标准一致,具有公平性;第四,社会福利的高层次性。[①] 而我们认为在以上所有特征之中,其最大的特征即在于它超越了保障人们基本生活需求的标准,进而是为了保证人们能够过上尊严、体面、文明的生活,亦即是为全体社会成员物质和文化生活水平和生活质量的改善和提高而提供的保障。也正是基于此,我们认为对于社会福利权的可诉性探析宜区别视之。具体来说,以 1986 年《关于进一步保护和扶植社会福利生产的通知》、1991 年《残疾人保障法》、1992 年《妇女权益保障法》、1994 年《母婴保健法》、1996 年《老年人权益保护法》等涉及社会福利权的法律法规定为依据,我们可以再次将其对应到前文所提及的国家尊重、保护和给付义务之中去。即只有涉及社会福利权的国家尊重和保护义务规

---

① 陈信勇:《劳动与社会保障法》,浙江大学出版社 2007 年版,第 380 页。

定，其才具有完全的可诉性，而其若涉及到国家的给付义务层次，当事人则必须要有明确具体的规则时才能向人民法院提起诉讼。当然《人民法院案例选》尚无一例社会福利权的案例。

总之，通过上文对《人民法院案例选》所收录社会保障权案例进行分析，可以发现社会保障权在法律层面的可诉性乃具有如下特征：

第一，关于案例的整体布局。当前我国有关社会保障权可诉性案例的分布很不均匀。从已有统计数据来看，社会保障权案例主要都是集中在社会保险权之工伤保险领域，特别是工伤认定方面。而对于社会保障权之其他领域，如社会保险权之医疗与生育保险领域、社会救助权领域、社会福利权领域，其可诉性案例可谓"凤毛麟角"。

第二，关于案例的适用依据。在社会保险权之养老保险、医疗与生育保险等领域内，由于国家出台的立法政策、法律文件多尚处于"决定"、"通知"和部门规章层次，而现行行政诉讼体制又明确规定人民法院在审理行政案件时只能依据法律法规，并参照规章。因而，在具体处理上述案件时，人民法院往往被陷入无法律法规可依或有法律法规可依，却又因受法官业务素质整体偏低等因素影响，而径行违法适用规章等规范性法律文件的境地。

第三，关于案例所呈现的国家义务层次。上述《人民法院案例选》之社会保障权案例，主要体现的乃是国家对社会保障权的尊重和保护义务。以占绝对数量优势的工伤保险案例为例，以上案例的诉讼目的，即基本上都是为了防止劳动和社会保障部门或用工单位对受害人社会保险权的侵害。而事实上，众所周知，社会保障权的根本目的，乃在于为那些处于弱势或者是特殊情形下的公民提供物质帮助。换句话说，从义务视角来看，社会保障权的重心乃在于国家具体给付义务的履行。而纵观上述带有明显给付性质或特征的社会救助权、社会保险权之养老保险等，其可诉性案例就如沧海之一粟。

最后，我们认为虽然当前我国关于社会保障权的维护，还亟须进一步发展和完善，国家对社会保障权法定义务的最终履行还任重而道远，但我们亦无需妄自菲薄。因为，依据本书对社会保障权可诉性及其程度的分析，我们发现近二十年来，我国关于社会保障权实践机制的建设，并非没有任何成功经验。作为例证，在工伤认定案件中，法院对劳动者权利和利益诉求的一贯支持；在社会优抚权案件中，法院对《行政诉讼法》相关条文的扩张性解释。如是等等，这些都是国家践行社会保障权法定义务的进步因子。它们目前虽是星星之火，但注定可以燎原！

结　　论

虽然我们仍处于美国学者亨金所指称的"权利的时代"——"人权是我们时代的观念，是已经得到普遍接受的唯一的政治和道德观念"[①]，但现实也业已证明，仅仅依靠高呼人权口号并不能直接促成权利的实际享有。人权，由"应然"转向"实然"，必然有赖于国家义务的切实履行。可以说一言以蔽之，"走向'义务国家'时代应当成为我们的必由之路"[②]。

与传统自由权相异，虽然社会权保障亦需要防止他人的非法干涉或侵犯，但总体上而言，其重心显然系在于要求国家为其提供积极的保护义务。从某种意义上说，国家保护义务乃是制约社会权实现的根本性因素。

正是基于此一内在逻辑机理，本书紧紧围绕"国家对社会权负有保护义务"这一中心论点，对其进行了理论上的论证以及现实上的剖析。

在理论论证方面，笔者遵循了价值与规范相结合的分析范式。在价值层面，我们认为社会权乃同时具有工具性和目的性价值。其中，相对于人权的本源即人性尊严而言，社会权无疑是工具性的。这种工具性，首先即表现为社会权得以诞生的现实根源，即在于为了解决自由资本主义时期日益加剧的贫富差距、失业、温饱，以及偏差教育等社会弊病。而另一方面，相对于国家保护义务而言，其又具有目的性

---

① ［美］亨金：《权利的时代》，信春鹰等译，知识产权出版社1997年版，前言1。
② 蒋银华：《国家义务论——以人权保障为视角》，中国政法大学出版社2012年版，第310页。

价值。因为，国家对社会权负有保护义务乃是由社会权本身的内在价值所决定的。在此环节，国家是工具，国家义务是手段，社会权本身是目的。

在规范层面，传统学界对于国家保护义务的规范证成多是直接援引了德国基本权功能体系理论。在本书，笔者虽然有所参照，但并未直接予以套用。因为，通过分析发现德国"国家保护义务"理论的缘起，事实上是以自由权为"中心主义"的，其论证思路为国家保护义务是基本权由主观权利向客观法拓展的结果。而对于社会权，其则存在着显著差异，因为社会权的宪法效力，事实上乃经历了一种从道德效力向法律效力、从客观法效力向主观权利效力反向演进历程。

在解决国家对社会权应当负有保护义务的基础上，本书对国家如何履行其保护义务进行了详细探讨，而这也恰好构成了本书的重心之所在。本书结构之所以作如此安排，事实上是有用意的。因为，虽然近年来关于国家义务理论的研究还刚刚起步，但其所形成的理论成果还是比较厚实的。其中，最具有代表性的两部论著分别是：蒋银华博士所撰写的《国家义务论——以人权保障为视角》；以及张翔教授所撰写的《基本权利的规范建构》。其中，前者的最大特色即在于从政治哲学的角度对国家义务的理论渊源、宪制功能等进行了深入解读；而后者所产生的最大学术"轰动性"，即在于通过对德国基本权功能体系理论的借鉴，进而"尝试建立一套基于中国宪法文本的基本权利的宪法解释框架，厘清宪法中基本权利条款的规范内涵和规范结构，使之在技术层面上成为可以适用的规范。"[①]

由于本书写作的主要目的和意义即在于通过借鉴吸收上述框架性理论成果，进而在此基础上将国家义务分析范式纳入到社会权保障的精细化研究当中。因而，本书的重心乃在于后三章内容。为了对社会权国家保护义务的实践运作作更加精细化的解读，主要从静态和动态两个维度，针对现实中国家对社会权负有何种保护义务、如何履行其保护义务等问题进行了深度剖析和解读。

---

① 张翔：《基本权利的规范建构》，高等教育出版社2008年版，第3页。

首先，在静态维度。本书第三章通过对各社会权，包括劳动权、社会保障权、受教育权之立宪规定的文本考察，进而得出各国宪法关于社会权国家保护义务的规定，主要存在以下三种立宪形式：（1）仅确定各社会权的基本权利属性，对其国家保护义务则需通过权利义务一体性关系原理加以演绎；（2）单纯规定国家负有保护义务，而未提及公民具有对应之基本权利；（3）同时在公民权利和国家义务两个维度加以规定。在宪法效力上，它们因文本规定的明确性程度，以及在宪法中的结构位置不同而容有差异，但在通常情形下，这种效力的差异仅表现在系宪法训令，还是立法委托。在立宪内容的比较上，文章采取了分门别类的比较方法，通过比较可以发现当前我国关于社会权的立宪规定在整体上还是比较可取的，但也存在一些不足。对于这些不足，可以通过修宪或者由立法机关以立法形式进行补缺。

其次，在动态维度。本书第四章通过分析进而发现，当前世界各国履行社会权立法保护义务主要存在如下趋势：第一，对于宪法上明确规定社会权的国家，其关于社会权立法保护义务的履行，多是围绕"宪法委托"而展开的；第二，各国社会权立法在总体上呈现出一种"金字塔"结构，从上至下，其立法规范效力呈现出递减趋势，而立法数量则呈现出上升趋势；第三，社会权的立法进程通常深受其国内政策局势的影响；第四，各国立法机关在履行社会权宪法委托义务时，多是有条件地采取了法律保留原则，具体策略为：（1）对于宪法训令，原则上立法者不受法律保留原则制约，（2）对于"加强型"立法委托，必须严格遵循法律保留原则，（3）对于"授权性"立法委托，则须坚持"重大性理论"和"授权明确性"原则。此外，对于立法者消极怠惰之行为，可以通过设置问责制进而促成立法者树立"回避责难"的最佳方式即是积极履行其立法作为义务。

虽然在各国宪制实践中，社会权的实现首先且主要系依赖于"宪法委托"之国家立法义务的履行，但这并不代表其排斥对社会权予以司法适用。从权利维度看，社会权可诉性不仅在理论上可以被证成，同时亦为现实所必需；从义务维度看，由司法机关承担社会权的最终救济之责乃是权力分立以及权力分工协作的必然逻辑。以整体视角观之，世界范围内各国司法机关履行社会权保护义务，主要存在宪法适用和法律适用两种形式。

其中，在宪法适用层面，各国司法机关基于其具体国情的不同，对于社会权宪法适用的态度亦呈现出多样化的特点。例如，在南非等国家，其即承认并主张对社会权予以直接的宪法适用；而美国、印度等国家则仅存在间接的救济和保护策略。就我国而言，受最高人民法院多起"批复"的影响，各级人民法院对于其是否享有适用宪法的权力仍抱怀疑和观望态度。在现实中，即使存在少数社会权宪法适用案例，其亦并非典型意义上的宪法案件。也正是因为此，从某种意义上，社会权宪法层面的可诉性在我国仍主要体现在理论探讨阶段。

在现阶段，我国司法机关对社会权保护义务的履行主要体现在法律诉讼中。通过考察《人民法院案例选》所刊载的所有社会权案例，可以初步推断当前我国社会权的法律适用，主要系针对或体现为国家的尊重义务和狭义保护义务；对于具有受益权功能的给付义务，则仍很少涉及。[①] 而这恰好是社会权的核心内容。对于上述核心内容的司法保障缺位，虽然在理论上可能存在以下两种解释：一是给付义务层面的社会权保障在行政层面即可获得有效保障；二是相关内容的法律规范仍很不完善，司法机关在履行保护义务时无相应法律法规可依。并且，笔者亦更倾向于后一种解释，但鉴于体系安排，本书尚未对其予以详细论证，而只能留待到后续研究中继续予以关注。

最后，我们认为正如前文所述，社会权保障乃具有很强的政策性导向，对此我国亦不例外。在现阶段，我国政府对社会权的保障，主要系将其与民生政治相连接，而这也恰好与我国社会权立宪精神相契

---

① 对于此一研究结论，可能会有学者质疑，即《人民法院案例选》所选录的案例本身即存在一定的主观性，在理论上并不排斥具有给付义务内容的社会权案例已大量存在但因各种原因而未能入选的可能。对此，笔者认为此种理论上的担忧虽然合理但并无必要，因为《人民法院案例选》中所载案件最重要的选录标准即是刊载典型案例，而如前文所述，社会权的最典型特征即在于要求国家积极给付，如此典型的特征，通过近30年所载案例的连续考察，若其有所涉及肯定会在上述案例选中有所体现。所以，上述潜在质疑观点的存在可能性很少。而事实上，根据笔者从其他侧面对于社会权案例的相关收集，其情形与上述结论亦基本吻合。

合。具体来说，由于在宪法层面，我国社会权规定多是作为宪法训令存在的，因而据此，国家各公权力机关虽都对其负有保护义务，但对于上述义务的履行其则享有广泛的裁量空间。就目前而言，虽然宪法社会权的绝大多数条款在立法层面都得到了较好体现，但其立法内容的纲领性仍在很大程度上制约着社会权的真正实现。欲突破此一"瓶颈"，各立法义务机关（包括行政立法机关）必须肩负起细化及完善各种具体社会权，包括劳动权、社会保障权、受教育权等的立法之责，对于消极怠惰之行为必须予以严加惩办和处理。而除此之外，即在建立健全社会权立法体系的同时，司法机关亦有必要拓宽其义务履行的渠道和机制，例如，在法律诉讼层面，其有必要确立抽象行政行为的可诉性；在宪法适用层面，司法机关可以有条件借鉴德国基本权的间接第三人效力理论，进而在特定案件中将宪法社会权精神融入到案件的裁判说理部分。待条件成熟之后，其更可以发展宪法诉讼形式对公民社会权予以直接保障。

在对社会权国家保护义务作上述整体性思考之后，我们亦必须指出由于社会权主要是作为一种类概念存在，因而其在为学界研究提供便利的同时亦暴露了其自身的局限性。即社会权概念本身只能为其所涵摄的各项具体权利提供一个基本的分析框架和思路，至于以上权利的具体保障问题则仍应有待于对其加以分门别类的研究。在本书中，虽然笔者在某些方面予以了融合，但更多的工作还得留待今后继续加以研究。

参考文献

一 中文著作

北京大学司法研究中心：《宪法的精神》，中国方正出版社2003年版。

巢健茜：《劳动法与社会保障法》，科学出版社2007年版。

陈新民：《德国公法学基础理论》，山东人民出版社2001年版。

陈新民：《法治国公法学原理与实践》（下册），中国政法大学出版社2007年版。

陈新民：《中国行政法学原理》，中国政法大学出版社2002年版。

陈信勇：《劳动与社会保障法》，浙江大学出版社2007年版。

董炯：《国家、公民与行政法》，北京大学出版社2001年版。

龚向和：《民生保障的国家义务研究》，东南大学出版社2019年版。

龚向和：《受教育权论》，中国人民公安大学出版社2004年版。

龚向和：《作为人权的社会权》，人民出版社2007年版。

韩大元等：《宪法学专题研究》，中国人民大学出版社2004年版。

韩大元：《共和国六十年法学论争实录·宪法卷》，厦门大学出版社2009年版。

韩德强：《论人的尊严》，法律出版社2009年版。

何志鹏：《权利基本理论：反思与构建》，北京大学出版社2012年版。

胡芬：《劳动权的行政法保护研究》，武汉大学出版社2009年版。

胡敏洁：《福利权研究》，法律出版社2008年版。

黄金荣：《司法保障人权的限度》，社会科学文献出版社2009年版。

吉林省高级人民法院编：《人民法院裁判文书选》（吉林，2000年卷），法律出版社2001年版。

姜士林等：《世界宪法全书》，青岛出版社1997年版。

蒋银华：《国家义务论——以人权保障为视角》，中国政法大学出版社2012年版。

李宏图：《从"权力"走向"权利"：西欧近代自由主义思潮研究》，上海人民出版社2007年版。

李累：《宪法上人的尊严》，四川人民出版社2010年版。

李秀群：《宪法基本权利水平效力研究》，中国政法大学出版社2009年版。

李瑜青：《劳动纠纷仲裁与诉讼》，上海社会科学院出版社2007年版。

梁秋：《中日高等教育比较》，沈阳农业大学出版社1988年版。

林发新：《人权法论》，厦门大学出版社2010年版。

林嘉：《社会法评论》（第4卷），中国人民公安大学出版社2009年版。

林来梵：《宪法审查的原理与技术》，法律出版社2009年版。

林喆：《公民基本人权法律制度研究》，北京大学出版社2006年版。

凌维慈：《公法视野下的住房保障——以日本为研究对象》，上海三联书店2010年版。

刘连泰：《〈国际人权宪章〉与我国宪法的比较研究》，法律出版社2006年版。

刘茂林：《公法评论》（第4卷），北京大学出版社2007年版。

刘小枫：《当代政治神学文选》，吉林人民出版社2002年版。

柳华文：《经济、社会和文化权利可诉性研究》，中国社会科学出版社2008年版。

马岭：《宪法权利解读》，中国人民公安大学出版社2010年版。

苗贵山：《马克思恩格斯人权理论及其当代价值》，人民出版社2007年版。

牛文光：《美国社会保障制度的发展》，中国劳动社会保障出版社2004年版。

钱大军：《法律义务研究论纲》，科学出版社2008年版。

秦前红：《宪法原则论》，武汉大学出版社2012年版。

孙萌：《经济、社会和文化权利的可诉性——标准与实践》，知识产权出版社 2010 年版。

王方玉：《经济权利的多维透视》，知识产权出版社 2009 年版。

王惠玲：《成文宪法的比较研究：以 107 部宪法文本为研究对象》，对外经济贸易大学出版社 2010 年版。

王名扬：《美国行政法》，中国法制出版社 2005 年版。

王世杰、钱端升：《比较宪法》，商务印书馆 1999 年版。

王学辉：《宪法与行政法论坛》（第 5 辑），法律出版社 2012 年版。

王禹：《中国宪法司法化：案例评析》，北京大学出版社 2005 年版。

魏建新：《宪法实施的行政法路径研究》，知识产权出版社 2009 年版。

温辉：《受教育权入宪研究》，北京大学出版社 2003 年版。

翁岳生：《行政法》（上册），中国法制出版社 2009 年版。

吴东镐、徐炳煊：《日本行政法》，中国政法大学出版社 2011 年版。

夏勇：《公法》（第 2 卷），法律出版社 2000 年版。

夏勇：《人权概念的起源》，中国政法大学出版社 2001 年版。

夏正林：《社会权规范研究》，山东人民出版社 2007 年版。

徐邦友：《政府的逻辑：现代政府的制度原理》，上海人民出版社 2011 年版。

徐显明：《人权研究》（第 5 卷），山东人民出版社 2005 年版。

徐显明：《人权研究》（第 4 卷），山东人民出版社 2004 年版。

徐显明：《人权研究》（第 3 卷），山东人民出版社 2003 年版。

徐秀义、韩大元：《现代宪法学基本原理》，中国人民公安大学出版社 2001 年版。

薛长礼：《劳动权论》，科学出版社 2010 年版。

杨福忠：《立法不作为问题研究》，知识产权出版社 2008 年版。

杨冠宇：《联合国人权公约机构与经典要义》，中国人民公安大学出版社 2005 年版。

杨海坤：《宪法基本权利新论》，北京大学出版社 2004 年版。

杨建顺：《比较行政法——给付行政的法原理及实证性研究》，中国人民大学出版社 2009 年版。

易有禄:《立法权正当行使的控制机制研究》,中国人民大学出版社2011年版。
喻少如:《行政给付制度研究》,人民出版社2011年版。
张庆福:《宪制论丛》(第3卷),法律出版社2002年版。
张翔:《基本权利的规范建构》,高等教育出版社2008年版。
郑贤君:《基本权利原理》,法律出版社2010年版。
郑贤君:《社会基本权理论》,中国政法大学出版社2011年版。
《中国宪法学精萃》(2004年卷),高等教育出版社2004年版。
《中国宪法学精萃》(2003年卷),机械工业出版社2004年版。
仲建维:《学生权利论》,华东师范大学出版社2008年版。
周伟:《宪法基本权利司法救济研究》,中国人民公安大学出版社2003年版。
周赟:《立法用规范词研究》,法律出版社2011年版。
朱应平:《宪法非权利条款人权保障功能研究》,法律出版社2009年版。
最高人民法院中国应用法学研究所:《人民法院案例选》(第1—57辑)。

二　中文译著

《阿奎那政治著作选》,马清槐译,商务印书馆2010年版。
《列宁全集》(第27卷),人民出版社1990年版。
《列宁全集》(第36卷),人民出版社1985年版。
《马克思恩格斯全集》(第3卷),人民出版社1995年版。
《马克思恩格斯全集》(第21卷),人民出版社1965年版。
《圣西门选集》(下卷),何清新译,商务印书馆1962年版。
[奥]凯尔森:《法与国家的一般理论》,沈宗灵译,中国大百科全书出版社1995年版。
[德]Christian Starck:《法学、宪法法院审判权与基本权利》,杨子慧等译,元照出版公司2006年版。
[德]格奥格·耶利内克:《主观公法权利体系》,曾韬、赵天书译,

中国政法大学出版社2012年版。

［德］海因里希·罗门：《自然法的观念史和哲学》，上海三联书店2007年版。

［德］汉斯·J.沃尔夫等：《行政法》（第1卷），高家伟译，商务印书馆2002年版。

［德］康德：《道德形而上学原理》，苗力田译，上海人民出版社1986年版。

［德］康拉德·黑塞：《联邦德国宪法纲要》，商务印书馆2007年版。

［德］罗伯特·阿列克西：《法·理性·商谈：法哲学研究》，朱光、雷磊译，中国法制出版社2011年版。

［德］罗尔夫·施托贝尔：《经济宪法与经济行政法》，商务印书馆2008年版。

［德］齐佩利乌斯：《德国国家学》，赵宏译，法律出版社2011年版。

［德］施密特·阿斯曼：《秩序理念下的行政法体系建构》，林明锵等译，北京大学出版社2012年版，第180页。

［德］施密特：《宪法学说》，刘锋译，上海人民出版社2005年版。

［德］威廉·冯·洪堡：《论国家的作用》，林荣远、冯兴元译，中国社会科学出版社2009年版。

［德］乌茨·施利斯基：《经济公法》，喻文光译，法律出版社2006年版，第105页。

［法］勒费弗尔：《法国革命史》，顾良等译，商务印书馆1989年版。

［法］卢梭：《社会契约论》，何兆武译，商务印书馆2010年版。

［法］孟德斯鸠：《论法的精神》，张雁深译，商务印书馆1990年版。

［荷兰］马尔塞文：《成文宪法——通过计算机进行的比较研究》，陈云生译，北京大学出版社2007年版。

［美］布莱斯特等：《宪法决策的过程：案例与材料》（下册），张千帆译，中国政法大学出版社2002年版。

［美］德沃金：《认真对待权利》，信春鹰、吴玉章译，上海三联书店2008年版。

［美］德沃金：《至上的美德：平等的理论与实践》，冯克利译，江苏

人民出版社 2003 年版。

[美] 汉密尔顿、杰伊、麦迪逊：《联邦党人文集》，程逢如等译，商务印书馆 2009 年版。

[美] 亨金：《权利的时代》，信春鹰等译，知识产权出版社 1997 年版，前言 I。

[美] 肯尼思·F. 沃伦：《政治体制中的行政法》，王丛虎等译，中国人民大学出版社 2005 年版。

[美] 路易斯·亨金等：《宪制与权利》，郑戈译，生活·读书·新知三联书店 1996 年版。

[美] 罗尔斯：《作为公平的正义》，姚大志译，中国社会科学出版社 2011 年版。

[美] 史蒂芬·霍尔姆斯、凯斯 R. 桑斯坦：《权利的成本——为什么自由依赖于税》，毕竞悦译，北京大学出版社 2004 年版。

[美] 唐纳德：《普遍人权的理论与实践》，王浦劬等译，中国社会科学出版社 2001 年版。

[美] 威廉·邓宁：《政治学说史》（中卷），谢义伟译，吉林出版集团有限公司 2009 年版。

[美] 维特：《权利的变革——早期加尔文教中大法律、宗教和人权》，苗文龙等译，中国法制出版社 2010 年版。

[美] 詹姆斯·安修：《美国宪法判例与解释》，黎建飞译，中国政法大学出版社 1999 年版。

[挪威] 艾德：《经济、社会和文化的权利》，黄列译，中国社会科学出版社 2003 年版。

《潘恩选集》，马清槐等译，商务印书馆 1982 年版。

[日] 阿部照哉等：《宪法——基本人权篇》（下册），周宗宪译，中国政法大学出版社 2003 年版。

[日] 大桥洋一：《行政法学的结构性变革》，吕艳滨译，中国人民大学出版社 2008 年版。

[日] 大须贺明：《生存权论》，林浩译，法律出版社 2000 年版。

[日] 大沼保昭：《人权、国家与文明》，王志安译，生活·读书·新

知三联书店 2003 年版。

［日］宫泽俊义：《日本国宪法精解》，董璠舆译，中国民主法制出版社 1990 年版。

［日］芦部信喜：《宪法》，林来梵等译，北京大学出版社 2006 年版。

［日］美浓部达吉：《宪法学原理》，欧宗祐等译，中国政法大学出版社 2003 年版。

［日］南博方：《行政法》（第 6 版），杨建顺译，中国人民大学出版社 2009 年版。

［日］桑原洋子：《日本社会福利法制概论》，韩君玲、邹文星译，商务印书馆 2010 年版。

［印度］M. P. 赛夫：《德国行政法——普通法的分析》，周伟译，山东人民出版社 2006 年版。

［印度］阿玛蒂亚·森：《生活水准》，徐大建译，上海财经大学出版社 2007 年版。

［英］安东尼·阿巴拉斯特：《西方自由主义的兴衰》，曹海军等译，吉林人民出版社 2010 年版。

［英］登特列夫：《自然法法律哲学导论》，李日章等译，新星出版社 2008 年版。

［英］霍布斯：《利维坦》，黎思复等译，商务印书馆 2010 年版。

［英］霍布斯：《论公民》，应星、冯克利译，贵州人民出版社 2003 年版。

［英］洛克：《政府论》（下篇），叶启芳、瞿菊农译，商务印书馆 2010 年版。

［英］沃尔特·白芝浩：《英国宪法》，夏彦才译，商务印书馆 2005 年版。

［英］亚当·库珀等：《社会科学百科全书》，上海译文出版社 1989 年版。

［英］亚当·斯密：《国富论》，谢祖钧译，新世界出版社 2007 年版。

三 中文期刊

王进文：《基本权国家保护义务的疏释与展开》，《中国法律评论》

2019年第4期。

毕雁英：《行政立法不作为责任研究》，《法学杂志》2010年第8期。

陈征：《基本权利的国家保护义务》，《法学研究》2008年第1期。

杜承铭：《论基本权利之国家义务：理论基础、结构形式与中国实践》，《法学评论》2011年第2期。

范进学：《市场经济条件下的劳动权论》，《山东法学》1996年第2期。

付子堂、常安：《民生法治论》，《中国法学》2009年第6期。

甘绍平：《作为一项权利的人的尊严》，《哲学研究》2008年第6期。

龚向和：《国家义务是公民权利的根本保障——国家与公民关系新视角》，《法律科学》2010年第4期。

龚向和：《理想与现实：基本权利可诉性程度研究》，《法商研究》2009年第4期。

龚向和、刘耀辉：《国家对基本权利的保护义务》，《政治与法律》2009年第5期。

龚向和：《社会权的概念》，《河北法学》2007年第9期。

龚向和：《社会权的历史演变》，《时代法学》2005年第3期。

郭曰君、吕铁贞：《社会保障权宪法确认之比较研究》，《比较法研究》2007年第1期。

胡玉鸿：《"人的尊严"的法理疏释》，《法学评论》2007年第6期。

蒋银华：《论国家义务的基本内涵》，《广州大学学报》2010年第5期。

教育部研究室：《依法治教全面推动教育的改革和发展》，《中国教育报》1999年12月6日。

李彬：《谁来关怀弱者——也谈诺齐克与罗尔斯之争》，《伦理学研究》2010年第4期。

李磊：《社会保障权的宪法保护问题研究》，《河北法学》2009年第10期。

李运华：《社会保障权原论》，《江西社会科学》2006年第5期。

李忠夏：《人性尊严的宪法保护——德国的路径》，《学习与探索》

2011 年第 4 期。

凌维慈：《比较法视野中的八二宪法社会权条款》，《华东政法大学学报》2012 年第 6 期。

刘继同：《社会福利与社会保障界定的"国际惯例"及其中国版涵义》，《学术界》2003 年第 2 期。

刘松山：《人民法院的审判依据为什么不能是宪法》，《法学》2009 年第 2 期。

刘耀辉：《国家义务的可诉性》，《法学论坛》2010 年第 9 期。

罗朝猛：《日本〈教育基本法〉修订的历程、动因、内容及其争论》，《比较教育研究》2007 年第 8 期。

马岭：《宪法权利的对应面及其法律化》，《国家行政学院学报》2008 年第 2 期。

莫纪宏：《论对社会权的宪法保护》，《河南省政法管理干部学院学报》2008 年第 3 期。

莫纪宏：《宪法在司法审判中的适用性研究》，《北方法学》2007 年第 3 期。

聂鑫：《宪法社会权及其司法救济——比较法的视角》，《法律科学》2009 年第 4 期。

牛志奎、［日］若井弥一：《日本教育法制建设的新动向——〈教育基本法〉及相关教育法律的修订》，《中国教育法制评论》，第 6 辑。

欧爱民：《德国宪法制度性保障的二元结构及其对中国的启示》，《法学评论》2008 年第 2 期。

强世功：《宪法司法化的悖论——兼论法学家在推动宪制中的困境》，《中国社会科学》2003 年第 2 期。

秦前红：《废止齐案"批复"之举值得嘉许》，《法学》2009 年第 4 期。

任丑：《人权视阈的尊严理念》，《哲学动态》2009 年第 1 期。

上官丕亮：《论宪法上的社会权》，《江苏社会科学》2010 年第 2 期。

孙莉：《人的尊严与国家的修为》，《江苏行政学院学报》2011 年第

1期。

唐忠民：《宪法保障公民自由的规定法院应可以适用》，《法学》2009年第4期。

田科瑞：《盘点官员问责制：并非一问就灵，要完善需法制保障》，《北京日报》2005年4月4日。

童之伟：《"宪法司法化"引出的是是非非——宪法司法适用研究中的几个问题》，《法学》2001年第11期。

王蕾：《论社会权的宪法规范基础》，《环球法律评论》2009年第5期。

王学栋、冯俊海：《我国宪法的司法适用性：相关司法解释评析》，《河北法学》2002年第6期。

王压非：《配套立法辨析》，《郑州大学学报》2012年第6期。

魏波：《以"平等"看待社会主义——现代性与平等的内在张力与克服》，《社会主义研究》2009年第2期。

吴坚、赵杨：《日本教育基本法的修改与其"教育宪法"地位探讨》，《高等教育研究》2008年第12期。

许建美、单中惠：《论影响日本教育政策的因素》，《清华大学教育研究》2002年第6期。

杨立雄：《社会保障：权利还是恩赐——从历史角度的分析》，《财经科学》2003年第4期。

姚岳绒：《我国〈宪法〉第126条"法律"外延的界定》，《政治与法律》2010年第7期。

［印度］Mahendra P. Singh，Surya Deva：《印度宪法：于多样性中统一的典范》，柳建龙译，《河南省政法管理干部学院学报》2009年第5期。

于立深：《行政立法不作为研究》，《法制与社会发展》2011年第2期。

詹镇荣：《社会国原则——起源、内涵及规范效力》，《月旦法学教室》第41期。

张巍:《德国基本权第三人效力问题》,《浙江社会科学》2007年第1期。

赵宏:《社会国与公民的社会基本权:基本权利在社会国下的拓展与限定》,《比较法研究》2010年第5期。

郑贤君:《非国家行为体与社会权——兼议社会基本权的国家保护义务》,《浙江学刊》2009年第1期。

钟会兵:《作为宪法权利的社会保障权——基于文本与判例分析》,《学术论坛》2005年第10期。

朱福惠、徐振东:《现代宪制条件下的宪法效力》,《法制与社会发展》2006年第3期。

庄世同:《法治与人性尊严——从实践到理论的反思》,《法制与社会发展》2009年第1期。

[德] Chriatian Starck:《基本权利之保护义务》,李建良译,《政大法学评论》1997年第58期。

[日] 上拂耕生:《行政立法与法治行政原理》,《行政法学研究》2001年第3期。

四 硕博士学位论文

郭文姝:《社会权概念在欧洲的演变》,博士学位论文,中国人民大学,2010年。

何平:《社会救助权研究》,博士学位论文,湖南大学,2010年。

侯宇清:《南非宪法法院判例研究》,博士学位论文,湘潭大学,2011年。

胡玉浪:《劳动报酬权研究》,博士学位论文,厦门大学,2007年。

李冬俐:《社会主义本质与社会平等——社会主义本质理论的人本解读》,博士学位论文,天津师范大学,2006年。

汤晨:《我国配套立法及其监督机制研究》,硕士学位论文,上海交通大学,2010年。

姚蕴慧:《社会权思想在人权体系中之发展研究》,硕士学位论文,台湾文化大学中山学术研究所,2006年。

张姝:《社会保障权论》,博士学位论文,吉林大学,2005年。

五 外文资料

A. Bleckmann, Allgemeine Grundrechtslehren 1979.

Board of Regents of State Colleges v. Roth, 408 U. S. 564 (1972).

Bodo Pieroth/Bernhard Schlink: Grundrecht Staatsrecht Ⅱ, 21. Aufl., 2005.

Brown v. Board of Education of Topeka, 347 U. S. 483 (1954).

BVerfGE88, 203, 251.

BVerfGE 30, 1, 25f.

BVerfGE39, 1 (41f.).

BVerfGE46, 160v. 16. 10. 1977.

Cass R. Sunstein, "On Property and Constitutionalism", *Law and Economics Working Paper*, No. 3 (2d series).

Charles A. Reich, "Individual Rights and Social Welfare: The Emerging Legal Issues", in *Yale Law Journal*, Vol. 74, 1965.

Craig Scott & Patrick Macklem, "Constitutional Ropes of Sand or Justiciable Guarantees? Social Rights in a New South African Constitution", 141 *U. Pa. L. Rev.* 1, 17 (1992).

Craig Scott & Patrick Macklem, "Constitutional Ropes of Sand or Justiciable Guarantees? Social Rights in a New South African Constitution", 141 *U. Pa. L. Rev.* 1, 17 (1992).

Dandridge v. Williams, 397 U. S. 471 (1970).

Dietrich Murswiek: Die staatliche Verantwortung für die Risiken der Technik, 1985.

Ernst Benda, §17 Der soziale Rechtsstaat, in E. Benda, W. Maihofer, H. J. Vogel (Hrsg.), Handbuch des Verfassungsrechts, 2. Aufl. 1994.

Francis Chralie Muffin v. The Administrator, Union Territory of Delbi, (1981) 2 SCR 516 at 529.

Franklin D. Roosevelt, National Service Law Necessary: A Second Bill of

Rights, 10 Vital Speeches Day, 1944.

Franklin D. Roosevelt, "New Conditions Impose New Requirement upon Government and Those Who Conduct Government, Campaign Address at the Commonwealth Club, San Francisco, Calif. (Sept. 23, 1932)", in the Public Papers of Franklin D. Roosevelt, Vol. 1, 1938.

Günter Dürig, in: Maunz/ Dürig, GG, Art. 1 Abs. 1, Rn. 28.

Government of the Republic of South Africa and Others v. Grootboom and Others, 2001 (1) SALR 46 (CC).

Henry Shue, *Basic Rights: Subsistence, Affluence and U. S. Foreign Policy*, Second Edition, Princeton University Press, 1996.

Ida Elisabeth Koch, "The Justiciability of Indivisible Rights", *Nordic Journal of International Law*, Vol. 72, No. 1, 2003.

IIIan Wall, *The Aspirational Nature of Economic, Social and Cultural Rights*, C. O. L. R. V. (2004).

Inga Markovits, "Socialist vs. Bourgeois Rights—An East-West Germany Comparison", 45 *University of Chicago Law Review* (1977 – 1978).

Inga Markovits: Socialist vs. Bourgeois Rights-An East-West Germany Comparison, 45 *University of Chicago Law Review* (1977 – 1978).

Jaftha v. Schoeman; Van Rooyen v. Stoltz, 2005 (2) SA 140 (CC).

Jeremy Waldron, *Liberal Rights, Collected Papers 1981 – 1991*, Cambridge University Press, 1993.

Joseph Wronka, *Human Rights and Social Policy in the 21st Century*, University Press of America, 1998.

Juergen Christoph Goedan: The influence of the West German Constitution on the Legal System of the County, 17 *Int L. J. Lagal info.* 1989.

Katarina Tomasevski: *Manual on rights-based education*, Asia Pacific Regional Bureau for Education. UNSESCO Bangkok, 2004.

Khosa v. Minister of Social Development. 2004 (6) SA 505 (CC).

Kitty Arambulo, "Giving meaning to Economic, Social and Cultural Rights: A Continuing Struggle", *Human Rights and Human Welfare*

(2003), Vol. 3.

Marshall, "Citizenship and Social Class". In T. H. Marshall & Tom Bottomore (eds.), *Citizenship and Social Class*, Pluto Press, 1992.

Minister of Health v. Treatment Action Campaign, 2002 (5) SA 721 (CC).

Paul Hunt, *Reclaiming Social Rights*, Dartmouth Publishing Company, 1996.

Perry v. Sindermann, 408 U. S. 593 (1972).

Ralph Beddard & Dilys M. Hill, Economic, *Social and Cultural Rights Progress and Achievement*, Macmillan Academic and Professional LTD.

Randy E. Barnett: "The Proper Scope of the Police Power", in *Noter Dame Law Review*, Vol. 79, No. 2, 2004.

Soobramoney v. Minister of Health, KwaZulu Natal, 1998 (1) SA 765 (CC).

S. P. Gupta v. Union of India, 1981 (Supp) SCC 87.

The Government of South Africa v. Irene Grootboom and Others, Case CCT11/00, judgment of 4 October 2000.

The Maastricht Guidelines on Violations of Economic, Social and Cultural Rights, Utrecht: SIM Special No. 20, 1998.

West Coast Hotel Co. v. Parrish, 300 U. S. 379 (1937).

后 记

本书是我的博士学位论文,也是我出版的首部专著。自2013年博士毕业,距今已经七载。七年间,社会权研究的时代背景发生了重要变化,我国社会的主要矛盾变成了人民日益增长的美好生活需要和不平衡不充分的发展之间的矛盾。随之,学界对于社会权及国家义务的研究,也呈现出诸多新的时代特征。相关主题的研究成果,规范性、实践性特点明显加强,精细化研究、多学科融合研究已经成为了主流学术研究路径。

在本书出版前夕,本想围绕社会权研究的最新时代背景对相关章节和内容进行相应修改完善和数据更新,但思考再三,最终还是决定拿博士论文原稿进行出版。毕竟,这份博士论文承载着太多的记忆和奋斗点滴。曾经的青春岁月,通过出版的形式进行定格,或许会更有价值和意义。

作为博士学位论文,能够顺利通过答辩并出版,首先特别感谢博士阶段导师汪太贤教授。在略显浮夸的中国式学术中,恩师高风亮节、淡泊名利、严谨治学的精神和心态,深为学生顶礼膜拜。三年博士求学,恩师以及师母吴晓秋教授给予的无私教诲和帮助,学生今生难忘。本书出版之际,恩师欣然应允作序,字里行间感受到恩师含情的温度、扎实的文风和深厚的法理根基。

感谢硕士阶段导师东南大学龚向和教授。我对宪法及人权法的关注,主要是出于先生的谆谆教导和耳濡目染。博士阶段,继续选择对社会权问题加以研究,得到先生义无反顾的支持和帮助。其间,以主要参加人身份参加先生主持的多项国家社科基金项目,从中受益匪浅。本著作也是先生主持的国家社科基金项目："民生保障的国家义务研究"的重要阶段性研究成果之一。

本书原稿在通过博士答辩后，先后获得西南政法大学校级优秀博士学位论文和重庆市优秀博士学位论文。本书中的部分内容，曾在《法商研究》《北方法学》《甘肃政法学院学报》等刊物获得发表，并多篇被中国人民大学报刊复印资料《宪法学、行政法学》全文转载。在此，向各位编辑老师和审稿专家的认可和厚爱表示衷心感谢！感谢西南政法大学宪法学与行政法学导师组唐忠民教授、王学辉教授、肖唐镖教授在我求学路上给予的关心与照顾。特别感谢中国人民大学张翔教授在当时不相识、未曾谋面的情况下，还非常热情地通过电话等方式对本书撰写提供的指导！感谢中国社会科学出版社许琳博士，本书的付梓出版，离不开您的支持和辛勤劳动！

歌乐山下，曾经留给我太多感怀。感谢我亲爱的博士同窗，他们分别是朱玉苗、杨建生、曾志华、李晓定、丁庚强、鄢广、范文进、徐庭祥、钟碧莹等；感谢师兄（姐）陈建平、林孝文、李鼎楚等各位博士。

感谢父母、岳父母以及爱人、姐姐姐夫和其他亲人，感谢我的小宝贝。有些爱，在心中，虽然没有表白，但是彼此都懂得。不知道，摆在案头的这本著作，能否给你们些许慰藉。

博士毕业后，我进入广西民族大学法学院工作至今。感谢谢尚果校长和法学院各位领导、同事的关心与支持。感谢学校为本书出版提供的经费支持。

最后，再次感谢所有陪伴我走过漫漫人生的你们！前头的路，不管平坦与否，你们都是我今生最大的财富。此刻，应该是一个终点，但也是一个起点，终点的起点，告诉自己只是一个中点。似乎我又站在转角处，闻到了桂花花香的味道……

邓炜辉
2020 年 6 月 28 日